中国新闻生产的视觉逻辑变迁

王晓培 著

The Visual Logic Transformation of News Production in China

中国国际广播出版社

前　言

　　20世纪90年代开始，视觉文化从边缘走向中心，成为我国主导的社会文化形态。我国新闻业也经历多次转型，视觉化成为新闻业发展的重要议题，创造出了全新的新闻秩序。新兴技术的涌现催生了新闻产品多元的视觉表现形式，同时也在实践和理念层面改变着中国新闻业本身。新闻作为人类最重要的公共文化产品之一，是人类认识、理解世界最主要的透镜。一方面，视觉化趋势必然会导致新闻生产过程的变革；另一方面，新闻生产和传播方式的演变也反过来会引发知识图景和信息图景的更新。

　　本书希望能够系统讨论中国新闻生产视觉逻辑自1990年以来的发展变迁，试图发掘纷繁的产品形式背后隐藏的规律及其对新闻业的影响。本书首先从视觉入手，考察人类对于视觉的认知变化：从一种次于理性的、代表混沌和秩序缺失的感性存在，发展成为后现代社会的主导存在。在视觉化转向的过程中，技术起到了关键性作用，甚至可以说技术就是图像的一部分。因而，技术作为视觉化的原初推动力为考察新闻产品提供了有效进路。为避免走入"技术决定论"的陷阱，本书使用可供性理论作为构成性诠释的分析工具，考察生产主体的诉求与技术能力的接合地带，发掘技术为媒体视觉话语提供的可能性，进而揭示其发展规律。当下，我国新闻生产中存在三套最主要的"技术—观念"话语，即蒙太奇、数据可视化与虚拟现实。这三套技术话语遵循不同的新闻生产流程、观念和实践方式，共同组成了我国新闻业的总体版图。

第二至四章分别对三种视觉技术话语进行讨论，以信息内容、时空调度、话语组织、表现性内容四个面向所构建的分析框架为基础，从技术可供性角度挖掘不同视觉技术话语的特征。作为首个以视觉为主要呈现形式的新闻媒介，电视的普及标志着视觉霸权时代的来临。源于电影艺术的蒙太奇有着与生俱来的艺术气质，从电视新闻开始，新闻实践在其感染下，叙事开始呈现出一定的艺术特性，并增加了对画面审美方面的要求。新闻蒙太奇为新闻叙事提供了信息新奇化、重塑时空、拼贴整合、统制意义和刺激情绪的可能性。

在数据呈现指数增长的信息时代，人类对于数据的解读能力远远落后于其产生速度。可视化作为处理、转化数据的重要抓手，在这一过程中起到了非常重要的作用。更重要的是，数据及其可视化形式不再只是充当辅助新闻叙事的手段，而构成了新闻本身，促成了新闻在呈现形态、表征方式和思维逻辑的转型。作为一种技术话语，数据可视化为新闻生产提供了信息科学化、时空多元化、可视化叙事、交互协作和具象化情感等五个维度的可能性。

以虚拟现实为代表的沉浸式技术无疑构成了未来信息传播的发展方向。在虚拟现实技术所营造的沉浸式新闻场景中，曾经分隔用户与影像世界之间的"第四堵墙"被打破——用户能够直接置身虚拟环境。虚拟现实技术将新闻的视觉化提升到了前所未有的高度，并催生了沉浸式新闻。沉浸式新闻的目的不仅是展现事实，还更多是为用户提供体验事实的机会。虚拟现实技术为新闻生产提供了升维信息、超越时空、身体叙事、"适人化"交互和共情等五个维度的可能性。

虽然新形态不断更替，但每个技术的出现和盛行背后都折射出了视觉逻辑变迁的一个侧面。从事件影像的旁观者到影像活动的参与者，再到将身心浸润于影像环境，人们开始全面卷入媒介世界。第五章在前述视觉技术可供性讨论的基础上，提炼和总结了视觉逻辑的演化规律及其为叙事带来的变化，包括时空关系的解构与重构、认知维度的拓展与深化、多元交互的叙事与对话以及人机边界的消解与融合。第六章从理论层面探索视觉逻辑对新闻相关理论和价值观的影响和重塑。本书基于对新闻本质的反思，试图通过建构"视觉客观性体系"和"视觉新闻价值"阐释视觉主导下新闻边界的解构与重构。最后的结语部分就未来技术的发展对人类及社会的影响进行了开放式的批判思考。未来视觉媒介或将转型为"全觉"的媒介系统，然而，这可能会为人们带来比视觉传播更为彻底、颠覆的主体性问题。因此，对技术发展趋势的前瞻性及批判性研究十分重要，只有这样才能实现一种更加智慧的生存方式。

目　录

绪　论

　　近年来，视觉文化从边缘走向中心，成为我国主要的社会文化形态。有学者以人类对自然和社会认知特征为标准，将人类文明发展分为四个阶段：图画时代、文字时代、印刷时代和视像时代。数字技术带领我们进入视像时代。自电视和互联网流行以来，媒介主要作用于人类的视觉与听觉器官，借助文字、声音、视频等视听形式完成综合表意。视像时代冲击了人类既有审美经验、重建了人际关系，更带来了"文化理念的重新确立及社会文化的重新整合"①。

　　新闻业也经历多次转型，视觉化逐渐成为新闻业发展的重要议题，创造出了全新的新闻秩序。路透新闻研究所发布的《2023数字新闻报告》（*Digital News Report 2023*）指出，以播客、短视频、网络视频为代表的视听化进程成为公认的数字新闻未来趋势。②以千禧一代（Millennials）和Z世代为代表的年轻群体对于视觉元素的偏好出现了较大改变，他们更喜欢接受虚拟现实和增强现实技术的新闻。③数字技术在新闻生产各环节的广泛应用提升了视觉、听觉等要素在新闻报道中的重要性。自从首个以视觉为主导的新闻形式——电视新闻开始，新闻质量下滑的问题就一直困扰着新闻界——肤浅、偏见、娱乐化……唱衰新闻的声音似乎从未停止。视觉化

---

①　林少雄. 视像与人：视像人类学论纲［M］. 上海：学林出版社，2005：1-6.

②　NEWMAN N，FLETCHER R，EDDY K，et al. Digital News Report 2023［R］. Reuters Institute for the Study of Journalism，2023.

③　Gen Z and sensory journalism［R］. Brodeur Partners，2018.

真的让新闻大不如前了吗？通过对不同形态的新闻视觉产品特征及其演变脉络的深入考察，本书期望可以为理解中国新闻生产的视觉逻辑发展及视觉的社会建构作用提供有益参考。

第一节　研究背景

一、图像宰制的世界

我们正愈发依赖视觉认识世界。英国艺术批评家约翰·伯格（John Berger）这样描述现代社会："在历史上的任何社会形态中，都不曾有过如此集中的形象，如此强烈的视觉信息。"[1]"互联网女皇"玛丽·米克尔（Mary Meeker）在《2019年互联网趋势报告》中指出，"人类一直都喜欢视觉化"，而且越来越多的人借助经过处理的图片或视频讲故事。2019年推特（Twitter）超过半数的推文除了文字还包含图片、视频或其他媒体形式。[2]我国的网络视听已占据互联网数据访问总流量的80%以上。[3]第52次《中国互联网络发展状况统计报告》显示，截至2023年6月，我国网络视频（含短视频）用户规模达10.44亿人，占整体网民的96.8%。[4]图像逐渐与文字并肩，成为人类社会信息传播和消费的主要形式。

---

[1]　转引自周宪.崎岖的思路：文化批判论集［M］.武汉：湖北教育出版社，2000：134.

[2]　MEEKER M. Internet Trends 2019［R/OL］.（2019-06-11）［2023-10-08］. https://www.bondcap.com/#view/1.

[3]　网络视听节目管理司.持续推进网络视听高质量发展［EB/OL］.（2021-06-03）［2023-10-08］. https://www.nrta.gov.cn/art/2021/6/3/art_3576_56712.html.

[4]　中国互联网络信息中心.第52次《中国互联网络发展状况统计报告》［R/OL］.（2023-08-28）［2023-10-08］. https://www.cnnic.net.cn/n4/2023/0828/c88-10829.html.

图像也在潜移默化地影响着我们的生活。皮尤研究中心的一项调研显示，Z世代的年轻人正在逐渐抛弃Facebook而转投图像社交平台Instagram和Snapchat；[1]近三分之一的美国和英国儿童在被问到长大之后的职业选择时表示，未来想成为Vlog或视频博主[2]，数量远超教师、运动员、宇航员等[3]，甚至谣言也呈现出了视觉化的传播新趋势。正如尼古拉斯·米尔佐夫（Nicholas Mirzoeff）曾总结的："新的视觉文化最惊人的特征之一是它越来越趋于把那些本身并非视觉性的东西予以视觉化。"[4]图像凭借自身强大的魅力赋予视觉优先性，在信息传播过程中日趋占据优势地位。

二、回望：我国新闻的发展历程

改革开放以来，中国将战略重点转移到经济发展上，社会发生了剧变：工业化、城市化、全球化……40多年里，中国基础设施大跨步发展，供给能力从匮乏到富裕；资本市场从无到有，社会消费品零售总额同比增长约302倍[5]；人民生活水平显著提高，人均可支配收入显著提升。改革开放不仅让经济发展成为可能，更为大众文化的发展和繁荣提供了契机。

据国家统计局数据显示，2023年末广播节目综合人口覆盖率为99.7%，电视节目综合人口覆盖率为99.8%。全年生产电视剧156部4632集，电视

---

① ANDERSON M, JIANG J. Teens, social media & technology 2018［R/OL］.（2018-05-31）［2023-10-08］. https://www.pewresearch.org/internet/2018/05/31/teens-social-media-technology-2018/.

② Vlog或视频博主也就是通过在互联网制作和发布视频出名并赚钱的职业。

③ BERGER E. American kids would much rather be YouTubers than astronauts［EB/OL］.（2019-07-16）［2023-10-08］. https://arstechnica.com/science/2019/07/american-kids-would-much-rather-be-youtubers-than-astronauts/?utm_source=nextdraft&utm_medium=email.

④ 米尔佐夫. 视觉文化导论［M］. 倪伟，译. 南京：江苏人民出版社，2006：5.

⑤ 1978年中国社会消费品零售总额1559亿元，2023年中国社会消费品零售总额达471495亿元，同比增长约302倍。

动画片93811分钟。生产故事影片792部，科教、纪录、动画和特种影片179部。出版各类报纸258亿份，各类期刊18亿册，图书119亿册（张）。[①]一次对我国11个省（市）调研发现，居民一天中自由支配活动平均用时3小时56分钟。其中涉及媒介接触的活动，如听广播或音乐的平均时间为6分钟、看电视的平均时间为1小时40分钟、阅读书报期刊的平均时间为9分钟、休闲娱乐的平均时间为1小时5分钟（包括上网浏览新闻等）。[②]可以看出，媒介接触占据了我国居民的绝大部分闲暇时间（76.3%）。中国也已经从之前的传媒弱国成长为真正意义上的世界传媒大国。

新中国成立初期，新闻被当作"阶级斗争工具"[③]。1978年党的十一届三中全会后，新闻界配合中国共产党进行拨乱反正，力争重塑媒体形象。1979年在北京召开的两次会议以及1980年2月在北京新闻学会成立大会上胡乔木发表的长篇讲话，共同被视为推动全国性新闻改革的主要动力。[④]初期，改革的着力点主要放在具体的、微观的新闻业务层面上，努力改变"千报一面、千台一腔"的报道局面。

新闻改革在1992年第二次改革开放的热潮中重整旗鼓。尽管中国媒体在90年代走向市场化、产业化，形成了具有中国特色的"完全国有的有限商业运作模式"[⑤]，即事业性质，企业化管理。1996年广州日报报业集团成立，成为中国第一家被国家新闻出版署批准成立的报业集团，迈出了传媒体制改革的第一步。到2004年，我国获批组建的报业、期刊、广电、出

① 国家统计局.中华人民共和国 2023 年国民经济和社会发展统计公报［EB/OL］.（2024-02-29）［2024-03-24］. https://www.stats.gov.cn/sj/zxfb/202402/t20240228_1947915.html.

② 国家统计局.2018 年全国时间利用调查公报［EB/OL］.（2019-01-25）［2023-10-08］. https://www.gov.cn/xinwen/2019-01/25/content_5361065.htm.

③ 童兵.主体与喉舌：共和国新闻传播轨迹审视［M］.郑州：河南人民出版社，1994：145-146.

④ 童兵.突破体制瓶颈 推进新闻改革：纪念中国新闻改革 30 周年［M］//技术、制度与媒介变迁：中国传媒改革开放 30 年论集.上海：复旦大学出版社，2009：13-14.

⑤ 李良荣.西方新闻媒体变革 20 年［J］.新闻大学，2000（4）：12-15.

版、发行、电影各类传媒集团达到了67个。[①]20世纪90年代以来，我国新闻业引进并借鉴众多西方新闻学、传播学理论，逐渐发展出了一套具有中国特色的新闻系统，在专业实践和经营理念上都取得了新发展。值得注意的是，除了机制与理念，不断创新的传播技术也成为我国新闻业变革的主要推动力。

　　1980年代高速发展的报业于1990年代初期经历了一段辉煌岁月，从最初的铅字印刷到胶版印刷、激光电子照排，印刷技术进步为90年代的"扩版"潮和都市报的涌现打下基础。2005年，报业发展进入了拐点：由于新兴媒体的冲击，报刊开始逐渐走下坡路。改革开放以来，广播经历了三次突破：直播、开设热线、分台。[②]1980年代，电视的迅速发展为广播带来危机，1986年珠江经济台及其首创的"珠江模式"引领了广播改革的热潮。1990年代初，广播传输技术从微波技术发展为数字卫星和宽带数据传输，使其摆脱了时空限制，大大提高了传送范围，影响力日益攀升。国家广播电影电视总局将2003年定为"广播发展年"。移动互联网时代的到来对广播而言既是挑战也是机遇，音频的伴随优势被重新发掘，跨媒体发展也让电台看到了更多机遇。1958年草创的电视台到1990年代已经成为我国绝对的主流媒体，有线电视、卫星电视、数字电视等技术极大地扩展了信号覆盖范围，同时提升了图像质量。电视节目形态和姿态也有了很大改进：节目形式更加丰富、多元；制作者更加重视受众，制作上采取平民化语态。然而进入互联网时代，传统电视台似乎也风光难再。从2001年起，电视观众人均收视时长呈波动下行的发展态势。2010年开始，"颓势"益发显著，收视时长数据持续下滑，广告份额也不断被新媒体蚕食。

　　1994年4月20日中国正式接入互联网，世纪之交时，一批门户网站

①　童兵.改革实践与理论创新的互动：纪念中国新闻改革与新闻学研究30周年［J］.新闻大学，2008（2）：1-8.
②　陈昌凤.中国新闻传播史：传媒社会学的视角［M］.2版.北京：清华大学出版社，2009：374.

就已蓬勃成长起来——网易（1997）、搜狐（1998）、新浪（1998）、腾讯（1998）、百度（2000）。信息技术以惊人的速度迭代升级。2004年，Web 2.0概念诞生，更注重用户交互作用的Web 2.0"可读写"模式逐渐取代了以静态HTML网页为主的Web 1.0"只读"模式；2009年工业和信息化部发放三张第三代移动通信（3G）牌照，移动互联网开始快速普及；此后，社交平台微博（2008）、即时通讯软件微信（2011）凭借强大的影响力逐渐进化为网民获取信息的重要渠道，"两微一端"①也成为各大新闻机构的"标配"；2015年Web 3.0概念横空出世；2016年被称为网络直播元年、短视频元年，此后AR/VR、4K/8K、人工智能、5G等新技术应用不断涌现……互联网及新技术重塑了中国新闻业的格局，传统媒体积极开展媒体融合改革。2018年，中央电视台（中国国际电视台）、中央人民广播电台、中国国际广播电台正式整合，组建中央广播电视总台，标志着机构融合已从机构内部改制上升到了国家战略层面。大众媒体的发展以及经济水平的提升给予了视觉文化兴盛的土壤，也赋予了相关研究以更为重要的意义。

第二节　研究问题与对象

一、研究问题与范围

本书通过考察1990年以来我国传播技术与新闻视觉产品形态的演变，尝试发掘主导的技术话语和视觉逻辑的变迁规律，总结其对传统新闻理念与价值观的重构，以及对人类认知模式的影响。之所以选取1990年作为研究的起点，是因为经过改革开放十余年的发展，我国已经基本确定了中国

---

① "两微"指微博、微信，"一端"指手机客户端。

特色社会主义的道路、经济架构和发展目标。虽然在此前经历了短暂的经济动荡，经济增长速度一度跌至新低，但这也提供了一个全新的发展契机。1990年在北京举办的第十一届亚运会是自1978年以来我国首次举办国际性体育赛事，以此为转折点，中国打开国门、拥抱市场，国民经济在最初几年的短暂调整后开始高速增长。

在市场化语境中，我国的新闻业也发生了转型。一方面，电视逐渐取代报纸、广播成为占据绝对优势的大众媒体，视觉产品成为社会的主要文化形态；另一方面，中国新闻行业开始逐步实现专业性的自足发展。1980年代的新闻学围绕党性、人民性展开，多以政论形式出现。进入1990年代后，"专业性"成为行业的核心议题，也造就了中国新闻业的"黄金时代"[①]。这同样体现在新闻学术研究领域。尽管20世纪80年代我国就已零散出现了探讨新闻客观性的文章，但直到1997年李金铨对专业主义的引介[②]才称得上是新闻专业主义理论在中国的真正落地。此外，视觉化与专业主义理论均是在1990年后的中国生根发芽，因而选取1990年作为研究的起始可以相对完整地考察我国新闻生产的视觉逻辑的演进过程。

此外，本书讨论的视听新闻产品意指专业新闻媒体机构生产的报道，主要考察借由图片、影像、声音等进行信息传递的表现形式。本书从深入分析新闻产品的文本入手，通过厘清数字技术的特征、叙事模式，把握视觉逻辑的运作与演进。视觉逻辑即以视觉为主要表现手段的新闻产品组织内容的主要规则。近年来，大众文化跨媒体、全媒体、融媒体的发展趋势益发显著，广播台跨界拍视频、纸媒跨界新媒体的现象早已屡见不鲜。中央广播电视总台的组建成为中央在制度层面推进媒体深度融合的改革实践，也标志着媒体融合由机构内部转型上升为国家主导的机构改革。在全面融

---

① 李红涛."点燃理想的日子"：新闻界怀旧中的"黄金时代"神话［J］.国际新闻界，2016，38（5）：6-30.
② 李金铨.香港媒介专业主义与政治过渡［J］.新闻与传播研究，1997（2）：38-43，94-95.

合的语境下，电视、广播或报刊等单纯以媒介形态划分的平台的界限愈发模糊，因而本书选取新闻产品形态作为研究对象，而非依据媒体类型进行划分。

同时，本书仅选取专业的媒体机构及其新闻产品作为考察对象，即国家许可的专业新闻媒体机构以及获得互联网新闻信息服务资质的组织，不包含其他非新闻机构或公司、个人运营的自媒体。虽然现在市面上存在一些严肃、专业的自媒体账号，但是整体来看，自媒体在信息生产中普遍具有随意性，非专业的处理方式导致信息产品的可信度和可读性较低。特别是近年来涌现出的"做号"模式，为获取商业利益，不少自媒体平台成为洗稿、谣言、标题党的重灾区。尽管在新浪、腾讯、百度等互联网公司的推动下，自媒体的影响力逐渐扩大，但其目前仍然不是公众获取新闻的主流渠道，因此不将其划入考察范围。

基于此，本书接下来将尝试对以下问题进行解答：

第一，我国新闻业存在哪些主导的视觉技术话语？主要的技术特性和叙事规律分别是什么？

第二，视觉逻辑的演变呈现出了哪些特征和规律？如何形塑了意义的生产？

第三，作为一种生产话语，视觉逻辑如何重塑了中国新闻业的边界？

二、主要研究方法

本书采用问题导向的研究范式，从新闻产品的视觉形态入手，以案例研究和历史分析为主要研究手段，综合运用新闻传播学、社会学、电影学等跨学科资源，探究视觉技术与新闻、社会之间复杂的互动关系，在此过程中尝试进行理论建构。本书主要参考吉莉恩·罗斯（Gillian Rose）的视觉地点和模态框架，选取影像自身地点对新闻产品进行考察，采用构成性诠释法与多模态话语分析的进路分别从不同面向展开分析。

（一）构成性诠释法

吉莉恩·罗斯在其经典作品《观看的方法：如何解读视觉材料》[①]中总结了影像意义生产的三个地点：生产地点、影像自身地点以及收视地点；每一个地点中还包含了三种不同面向，即技术性模态、构成性模态和社会模态（如图0-1）。在此基础上，她形成了批判性视觉方法地图，其中包括构成性诠释法、内容分析、符号学、精神分析、话语分析、受众研究、道德规范等。她首次提出作为视觉形象研究路径之一的构成性诠释法（compositional interpretation），为能够更加详细地描述图像外观（图像中的元素及其相互关系）提供了一个工具。

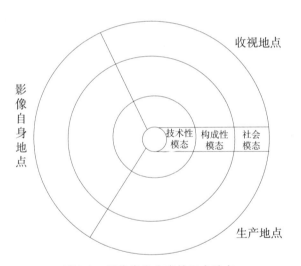

图0-1 影像意义生产的三个地点

这一概念的阐发根植于艺术史，有赖于伊雷特·罗格夫（Irit Rogoff）的"好眼力"（the good eye）[②]的说法。其作为理解图像和理论研究的根本阶段，一直以来并未得到应有的重视——该方法主要是为了判断和检视图

---

① 罗斯.观看的方法：如何解读视觉材料（原书第3版）[M].肖伟胜，译.重庆：重庆大学出版社，2017：25-49.

② ROGOFF I. Studying visual culture [M] //MIRZOEFF N. The visual culture reader. London：Routledge，1998：17.

像"是什么",而不关注图像做了什么以及人类如何对其进行使用。正如罗斯总结的:"构成性诠释法也关注影像的生产,特别是它们的技术,但在构成模态上它主要关注影像自身。"① 按照此逻辑,此方法在研究中更加看重图像制造的技术模态而非生产流程、机制等社会模态。因为图像受制于技术的影响,通过对技术的分析有助于认识某一产品形态和构成的"特殊性"。她还开创了一套用于影像构成性分析的图解工具,包含内容、颜色、空间组织(包括场面调度)、光线、蒙太奇和表达性内容(expressive content)。其中,表达性内容指涉影像中的情绪和氛围,是对于影像情感特征的唤起,补充完善了影像研究面向的全貌。②

不过,正是由于对影像自身的强调,导致了该方法对视觉影像的社会惯行(如视觉表征、观看方式等)的忽略。有人建议,应将构成性诠释与其他类型的分析结合实现对影像的考察。③ 本书将其与话语分析进行结合:一方面,构成性诠释法为话语分析的进行打下了坚实基础;另一方面,话语分析可以作为其缺失的社会建构部分的有力补充。

(二)多模态话语分析

自1952年美国语言学家 Z.S.哈里斯(Z.S.Harris)首次使用"话语分析"(discourse analysis)以来,话语分析理论经历了一系列发展和转向。开始阶段,研究者普遍持有结构主义立场,因而该理论并未在国际学界掀起波澜。随着多学科对话语分析的应用,话语研究的适用范围被逐渐扩展,同时推动了其跨学科的发展。

---

① 罗斯.观看的方法:如何解读视觉材料(原书第3版)[M].肖伟胜,译.重庆:重庆大学出版社,2017:94.

② 罗斯.观看的方法:如何解读视觉材料(原书第3版)[M].肖伟胜,译.重庆:重庆大学出版社,2017:88.

③ WHITELEY N. Readers of the lost art [M] //HEYWOOD I, SANDYWELL B. Interpreting visual culture: explorations in the hermeneutics of the visual. London: Routledge, 2005: 99-122.

　　20世纪中期，社会科学研究出现了"语言学转向"，话语分析作为新的质化研究方法受到越来越多人的关注。这一转变在很大程度上起源于法国后结构主义者米歇尔·福柯（Michel Foucault）。[1]福柯研究的出发点是话语能够驾驭个体的感知、思维和行动。在他看来，话语不仅是符号的总和，更是根据一定规则系统生产话语对象的实践；[2]话语不仅能够再现文化，而且能引发和建构文化。权力通过话语发生作用，话语实践是意识形态的产物。话语的意义源自文化和历史，同时也改变着当下。其历史—社会的分析模式将话语分析作为探索构成规则和权力关系的有效工具，为话语理论发展奠定了基础。

　　1990年代以降，批判性话语分析兴起。"话语既是语言，也是实践。"[3]这一观点在批判性分析中反复被强调。斯图亚特·霍尔（Stuart Hall）提出，话语是指涉或建构有关某一实践特定话题的知识的方式。[4]批判性话语分析一派把语言学的话语分析理论与社会批评理论及文化研究相结合，推动了话语与社会、文化变迁的关系的研究。[5]话语包括人们使用语言的特定方法以及被社会接受的关系[6]。作为批判话语分析的主要奠基人之一梵·迪克（Teun A. Van Dijk）首次将话语分析与媒介研究结合。在他看来，话语分析和媒介研究领域是"如此紧密地相互联系"，二者都涉及话语研究，而且大众媒介"本身就是一种公众话语"。[7]话语理论不只将符号实践视为语

---

[1]　王鹏，林聚任.话语分析与社会研究方法论变革［J］.天津社会科学，2012（5）：69-74.

[2]　FOUCAULT M. The order of things：an archaeology of the Human Sciences［M］. London & New York：Routledge，2005：74.

[3]　BURR V. An introduction to social constructionism［M］. London：Routledge，1995：63.

[4]　HALL S. Representation：cultural representations and signifying practices［M］. London：SAGE Publications，1997.

[5]　胡春阳.话语分析：传播研究的新路径［M］.上海：上海人民出版社，2007：41.

[6]　吉.话语分析导论：理论与方法［M］.杨炳钧，译.重庆：重庆大学出版社，2011：28.

[7]　迪克.中译本序［M］//作为话语的新闻.曾庆香，译.北京：华夏出版社，2003：1.

言学，还将其视为社会结构和权力关系的反映。

话语研究早期仅关注语言这一单一模态，随着话语分析的深入，研究者的视野逐渐扩展到了语言之外的其他符号。冈瑟克雷斯（Gunther Kress）和凡鲁文（Theo van Leeuwen）于1996年出版的《阅读图像》一书中，首次提出了多模态（multimodal）的话语分析方式。[①]多模态话语指运用听觉、视觉、触觉等多种感觉，通过语言、图像、声音、动作等多种手段和符号资源进行交际的现象。[②]李战子于2003年将多模态话语分析引入中国[③]，此后研究者们开始对话语的"多模态特征"进行系统研究[④]。多模态话语分析似乎正在成为一门新兴的人文学科，具有代表性的多模态话语理论框架包括多模态话语框架、新闻话语分析模型、多模态互动认知框架、视觉元话语分析模型和图像解码理论框架。[⑤]使用话语分析可对视觉文化进行两个层面的阐释：其一是对视觉文化话语进行阐释，其二是对视觉文化体制进行分析。[⑥]本书通过对新闻视觉文本和技术的话语分析，对其结构、用法、功能等方面进行描述与总结，透视其背后视觉逻辑的演进规律及其建构作用。

三、主要创新与不足

传播技术的发展带来信息生产的视觉化，这已成为有目共睹的事实。

① KRESS G，LEEUWEN T V. Reading images：the grammar of visual design［M］. London & New York：Routledge，1996.

② 张德禄.多模态话语分析综合理论框架探索［J］.中国外语，2009，6（1）：24-30.

③ 李战子.多模式话语的社会符号学分析［J］.外语研究，2003（5）：1-8，80.

④ 代树兰.多模态话语研究的缘起与进展［J］.外语学刊，2013（2）：17-23.

⑤ 陈风华，韦洛索.多模态话语研究的过去、现在与未来：基于国内与国际核心期刊的可视化分析［J］.西南民族大学学报（人文社科版），2018，39（2）：233-240.

⑥ 祁林.视觉文化视野中的话语分析［J］.南京社会科学，2013（5）：119-124，130.

然而，对于视觉信息的生产和传播模式，学界尚未形成系统性的深刻认识。本书选取新闻这一人类最重要的公共信息产品作为研究切口，通过梳理新闻产品的视觉逻辑变迁，考察视觉化为新闻生产规律和专业边界带来的变革，同时为建构相关理论指明可能的径路。主要创新之处体现在如下三个方面。

第一，研究拓展了一种理解中国新闻传播史的新视角。在新的媒体环境中，我国的新闻产品展现出了多元形态，新闻生产也呈现出了区别于传统媒介产品制作的全新规律，对新闻媒体提出了新要求。学界已经对不同新闻产品形态分别进行了富有开创性的深度分析。如黄雅兰等对中外四个数据新闻栏目可视化现状的比较研究；[①] 常江等借鉴西方主流媒体的实践经验为我国短视频的发展提出建议；[②] 杨奇光关注新闻室在可视化实践中的矛盾；[③] 李轲探索了沉浸式新闻的发展现状、现存问题及未来趋势[④] 等。本书站在前人的肩膀上，以视觉化的发展脉络为主线，首次系统地整合、考察了我国自1990年开始新闻领域的几乎所有主导视觉产品形态，并通过不同主导形态之间的对比提炼我国新闻生产规律的整体发展轨迹。

第二，技术作为影响视觉呈现的核心因素之一，已经构成了学界讨论视觉产品、文化的主要研究范式。然而，若仅对单个技术进行现象性描述极易让分析表面化，结论也会在技术快速变革中面临速朽。并且，对技术的倚重可能导致研究带有较强的技术决定论倾向。本书并未拘泥于产品的形态或技术本身，而是归纳、提炼出了多样产品背后的主导技术话语。本

[①] 黄雅兰，仇筠茜.信息告知还是视觉吸引？——对中外四个数据新闻栏目可视化现状的比较研究［J］.新闻大学，2018（1）：1-8，34，147.

[②] 常江，王晓培.短视频新闻生产：西方模式与本土经验［J］.中国出版，2017（16）：3-8.

[③] 杨奇光.媒体融合时代的新闻室矛盾：基于新闻可视化生产实践的考察［J］.新闻大学，2018（1）：18-26，148.

[④] 李轲.沉浸式新闻：虚拟现实技术对新闻生产的重塑［J］.新闻传播，2018（6）：4-5，7.

书还将其纳入技术可供性理论的分析框架下，兼顾技术特性与新闻媒体的诉求关系，形成对技术话语变迁规律的总体把握。不仅有助于重释历史，还具备一定的前瞻性，显著提升了研究的生命力。

第三，我国新闻传播学的大部分理论属于西方舶来品或对其移植、改造的产物，虽具有相当的学术价值，但由于其所根植的政治、经济、文化土壤与我国存在差异，不少理论存在"水土不服"的问题。在新媒体环境下，有人批判商业化带来了专业主义的进一步消解，也有人认为互联网的流行为本已局部化、碎片化的专业主义带来了新的重构可能。[①]这一重构对于中国新闻业来说既是机遇也是挑战：新技术的应用引发了新闻业内的一系列动荡——大批领军人物出走、新闻地位遭受质疑等；同时新的语境也给予了重建更适合我国现状的理论的机会。本书尝试从视觉技术话语的变迁，透视视觉化对新闻边界和相关理论的解构与重构，为形成根植于中国的本土化理论奠定基础。新闻作为人类交流沟通、获取知识、认识世界的重要中介，折射出了信息的再现方式及其建构社会的现实命题，有助于管窥人、媒介与社会之间的互动关系，并对未来发展进行启示。

不足之处主要体现在三个方面：首先，本书主要通过梳理文献资料以及分析已存在的新闻产品类型展开对新闻生产的考察，虽然在本书中已尽可能地拓展资料覆盖范围，但是由于30余年媒介变化日新月异，难免会存在遗漏之处，更多资料还需未来进一步补充和完善；其次，本书在第六章对新闻生产视觉边界的探讨以探索性为主，虽然已经搭建起了新的理论框架，但仍然需要在实践中更加系统地加以论证，有待于后续补充深入媒体一线实践的民族志或深度访谈资料，使得理论建构更加扎实、丰满；最后，视觉技术话语为理解新闻生产提供了一个全新的面向，但囿于研究的整体结构设计，对视觉生产过程中的经济、政治等其他重要影响因素并未进行过多讨论，尚待更多研究进一步添补完整版图。

---

① 张志安，吴涛.互联网与中国新闻业的重构：以结构、生产、公共性为维度的研究［J］.现代传播（中国传媒大学学报），2016，38（1）：44-50.

第一章

信息生产的视觉转向

我们的社会正在成为一个影像媒介的社会。人们对于外部世界的理解也在很大程度上依赖于对这种影像的理解。[①]

人类视觉系统可以快速有效地处理复杂环境中有关物体的信息[②]，视觉拥有远超其他感官的最大信息处理带宽（bandwidth）[③]，具有并行接收、处理海量视觉信号的能力。迄今为止，有关视觉信息感知的心理学研究均基于艾伦·佩维奥（Allan Paivio）提出的、具有深远影响的双重编码理论（dual coding theory），即人类的知觉系统由两个子系统构成：一个负责语言材料，另一个负责其他活动（特别是视觉信息）。[④]后续研究发现，大脑有超过50%的功能用于接收视觉信息[⑤]，人类识别和理解一幅图像只需13毫

① 莱斯特.视觉传播：形象载动信息［M］.霍文利，史雪云，王海茹，等译.北京：北京广播学院出版社，2003：446.
② THORPE S J，FIZE D，MARLOT C. Speed of processing in the human visual system［J］.Nature，1996，381（6582）：520-522.
③ KEIM D，KOHLHAMMER J，ELLIS G，et al. Mastering the information age solving problems with visual analytics［M］. Goslar：Eurographics Association，2010：111.
④ PAIVIO A. Mental representations：a dual coding approach［M］. New York：Oxford University Press，1990：53-54.
⑤ WARD M，GRINSTEIN G，KEIM D. Interactive data visualization：foundations，techniques，and applications［M］. Natick：A K Peters Ltd.，2010.

秒①，比处理文字的速度要快出几个数量级。从生理结构层面看，人类天生就是视觉动物。在日常生活中，我们也有类似的体验：一个恰当的表情包可以胜过一段对情绪反应的文字描述，并且极具感染力；相比充满各种抽象数字、长达几百个字符的文字阐释，一张图片就可以直观地呈现出12种不同咖啡的成分比例差别……视觉化也不仅仅体现在信息的呈现方式上，更潜移默化地影响着我们思考、行动的方式。

在互联网普及后，视觉文化产品在日常生活中越来越常见：网络社区中流行的"无图无真相"、社交媒体时代的各类自拍、视频网站的Vlog和各种短视频……再加上大数据、VR/AR、人工智能等一系列新技术为视觉文化的繁盛注入了新活力。视觉已经渗透我们日常生活的方方面面，成为当代文化的主导因素②。本章将围绕如下三个问题展开：作为一种传播方式，人类对视觉的认识出现了哪些变化？技术的发展如何使得更丰富、生动的视觉呈现手段成为可能？视觉化对新闻的生产和传播意味着什么？

第一节　视觉之辨

一、知觉与理性的弥合

无论是远古时期的岩画、仰韶文化的彩陶，还是油画、版画、照片、电影、电视……视觉传达一直伴随人类文明的发展。一直以来，视觉之于人类是与生俱来的、获取信息的最基本渠道，"视觉在人类为一切感觉中最

---

① POTTER M C，WYBLE B，HAGMANN C E，et al. Detecting meaning in RSVP at 13 ms per picture［J］. Attention，perception & psychophysics，2014，76（2）：270-279.

② 周宪. 视觉文化的转向［J］. 学术研究，2004（2）：110-115.

有势力的，其次为听觉"①。马歇尔·麦克卢汉（Marshall McLuhan）的一次实验也提供了佐证。实验中，四组参与者分别通过讲稿、讲演、广播和电视四个单一渠道接收同一个讲演，结果显示，看电视的小组对新材料的理解最好，其次是听广播的小组。②纽约大学的心理学教授詹里姆·布鲁诺（Jerome Bruner）的研究更加精确地显示，人类记忆的60%来自视觉和实践，剩下的30%来自阅读、10%来自听觉。③不同的传播媒介通过调动人类的不同感观，产生了不同的认知效果。视听觉作为"人类社会中最社会化、最丰富和最贴切的符号系统"④，可将多种不同形式、意义集合于一身，其直观性、表现力是单纯的文字表达无法比拟的。

然而在很长一段时间里，人们只将视觉作为一种获取感性材料的知觉途径，并将感性与理性对立，认为感性代表混沌、秩序的缺失，是不可或缺但却低级的"粗活"。鲁道夫·阿恩海姆（Rudolf Arnheim）提出"视觉思维"的概念，试图弥合知觉与思维之间的割裂，主张思维并非"比知觉更高级的其他心理能力的特权"，而是"知觉本身的基本构成成分"。⑤伊芙特·皮洛（Yvette Biro）认为视觉生成的过程是"理性引导和渗入感性知觉"⑥；阿尔多斯·赫胥黎（Aldous Huxley）将观看的公式总结为："感觉＋选择＋理解＝观看"⑦；莫里斯·梅洛-庞蒂（Maurice Merleau-Ponty）曾直言

① 张耀翔.感觉、情绪及其他：心理学文集续编［M］.上海：上海人民出版社，1986：136.
② 麦克卢汉.视像、声音与狂热［M］//福柯，哈贝马斯，布尔迪厄，等.激进的美学锋芒.周宪，译.北京：中国人民大学出版社，2003：334-341.
③ 莱斯特.视觉传播：形象载动信息［M］.霍文利，史雪云，王海茹，译.北京：北京广播学院出版社，2003：447.
④ 霍克斯.结构主义和符号学［M］.瞿铁鹏，译.上海：上海译文出版社，1987：139.
⑤ 阿恩海姆.视觉思维［M］.滕守尧，译.成都：四川人民出版社，2019：19.
⑥ 皮洛.世俗神话：电影的野性思维［M］.崔君衍，译.北京：中国电影出版社，1991：59.
⑦ 莱斯特.视觉传播：形象载动信息［M］.霍文利，史雪云，王海茹，译.北京：北京广播学院出版社，2003：3.

"我的视觉就是一种看的思维"①。也就是说，人在观看中就已经完成了理性的思维过程。德国近年来兴起的视觉哲学也证明了这一观点：思想并不独立于视觉；图像不仅仅影响到思考的过程，它们就是思维本身。②视觉不仅包含感性过程，更是理性认知的体现。

二、文化的图像转向

马丁·海德格尔（Martin Heidegger）在20世纪末的著名论断颇具前瞻性："从本质上看来，世界图像并非意指一幅关于世界的图像，而是指世界被把握为图像了——毋宁说，根本上世界成为图像，这样一回事情标志着现代之本质。"③苏珊·桑塔格（Susan Sontag）也曾断言："当一个社会的其中一项主要活动是生产和消费影像，当影像极其强有力地决定我们对现实的需求、且本身也成为受觊觎的第一手经验的替代物，因而对经济健康、政体稳定和个人幸福的追求起到不可或缺的作用时，这个社会就变成'现代'。"④

自文艺复兴和科学革命以来，现代性通常被认为是以视觉为中心的（ocularcentric）。马丁·杰伊（Martin Jay）在20世纪末表示，从很多方面看来，人们不得不承认，视觉已经成为现代西方文化的主因。⑤不仅在西方，视觉图像的生产、流通与消费的急剧膨胀已成为世界各地的"显性表

---

① 梅洛-庞蒂.知觉现象学［M］.姜志辉，译.北京：商务印书馆，2001：507.

② 恩格尔.不可见之见：从观念时代到全球时代的德国视觉哲学［M］//孟建，Stefan Friedrich.图像时代：视觉文化传播的理论诠释.上海：复旦大学出版社，2005：4.

③ 海德格尔.世界图象的时代［M］//海德格尔选集：下.孙周兴，选编.上海：生活·读书·新知上海三联书店，1996：899.

④ 桑塔格.论摄影：插图珍藏本［M］.黄灿然，译.上海：上海译文出版社，2010：237.

⑤ JAY M. Scopic regimes of modernity［M］//MIRZOEFF N. The visual culture reader. London and New York：Routledge，1998：66.

征"①。视觉不仅仅是生活的组成部分，而已经成为生活本身。20世纪90年代初，W. J. T. 米歇尔（W. J. T. Mitchell，也译为 W. J. T. 米切尔）提出"图形转向"，主张将图像表征纳入研究视野。如他所言，其初衷是考虑到：

> 观看行为（spectatorship）（看、凝视、浏览、观察实践、监视和视觉愉悦）可能和不同的阅读形式（解读、解码、解释等）一样是一个深刻的问题，并且'视觉经验'或'视觉素养'在文本模式下不能被充分解释。②

他预言文化将被视觉形象统治，提倡学界应给予图像与词语同等重要的理论地位。同时，米歇尔还提出，观看与阅读在本质上并非对立，它们相互交叠、缠绕；③视觉化也没有取代语言，只是使其表达更易理解、更快速、更有效。④有学者总结了文字传播和图像传播的区别（见表1-1）⑤，同样作为思维的一种形式，视觉文化更多被视为语言文化的补充与提升而不是其替代物。

表1-1 语言和图像的差别

语言	图像
历时态	共时态
时间为主、空间为辅	空间为主、时间为辅
民族的	世界的

---

① 张伟."图像转向"与视觉生态的现代逻辑：兼及"图像事件"舆情效应的生成机制［J］.文艺争鸣，2019（3）：130-136.

② MITCHELL W J T. Picture theory：essays on verbal and visual representation［M］. Chicago & London：University of Chicago Press，1994：16.

③ MITCHELL W J T. Iconology：image，text，ideology［M］. Chicago & London：University of Chicago Press，1986.

④ MITCHELL W J T. Picture theory：essays on verbal and visual representation［M］. Chicago & London：University of Chicago Press，1994：49.

⑤ 范文霈.图像传播引论［M］.南京：南京大学出版社，2017：274-275.

续表

语言	图像
线性的	空间并列的，是瞬间"爆炸"呈现的
有序排列的，必须按照语法规则和使用习惯排列	整体的，不强调有序排列，而受"格式塔"阅读规律的影响
概念的、抽象的理性文化	感性的、体验的感性文化
宁静、沉思的	瞬间的直观体验

当然，视觉思维与以文字为代表的言语思维存在本质不同，它的原材料来自对客观事物的直接感知——有学者将其称为基于知觉刺激的"直觉思维方式"[①]；其不仅是逻辑判断，更天然具有审美判断。因而，视觉传播时代的到来导致了文化的转向，也意味着人类思维范式的转换。

三、后现代、景观与拟像

报纸、杂志、广告牌、电视、监视器、显示屏幕……视觉技术经由图像为我们提供了认识世界、获取信息的渠道。W.E.B.杜波依斯（W.E.B. Du Bois）曾说："20世纪的问题就是彩色线条的问题。"[②]米歇尔模仿这一句式提出"21世纪的问题就是图像的问题"，并指出"我们生活在被图片、视觉仿真、刻板印象、幻觉、拷贝（copies）、复制品（reproductions）、仿像和想象主宰的文化中"。[③]

启蒙运动奠定了现代性的基石，直到20世纪五六十年代，后现代概念的出现对现代性提出了批判与反思。而时至今日，学界也无法给出对这一概念的明确定义，更多地将其视为一种模式、一种思潮、一种文化情

---

① 范文霱.图像传播引论［M］.南京：南京大学出版社，2017：183.

② DUBOIS W E B. The souls of black folk［M］. New Haven & London：Yale University Press，2015：xxxi.

③ MITCHELL W J T. Picture theory：essays on verbal and visual representation［M］. Chicago & London：University of Chicago Press，1994：2.

绪。后现代性对现代性所推崇的理性、真理、现实等进行解构与反叛，阿诺德·约瑟夫·汤因比（Arnold Joseph Toynbee）认为后现代主义是一种"突变"，是与现代时期的断裂[①]；而伊哈布·哈桑（Ihab Hassan）、让-弗朗索瓦·利奥塔尔（Jean-Francois Lyotard）、弗雷德里克·詹明信（Fredric Jameson）等理论家则认为，后现代主义是对现代主义的"批判性介入"，是隐含于现代性之中的，两者并不是非此即彼而是连续、缠绕的关系。当然，后现代主义具备有别于现代主义的显著特征，如反对"僵化和呆滞的形而上学体系"，以及对身体和感性层面的压抑；[②]元叙事的衰弛和对宏大叙事的消解；[③]深度的消解、历史意识的消解、情感的消解和距离感的消解等[④]。后现代性代表对理性至上主义和主体性的批判、对稳定性和系统性的拒绝、差异性压倒统一性的多元、大众文化与高雅文化界限的打破以及对人的自由彻底实现的追求。

在众多后现代文化研究者中，福柯、雅克·拉康（Jacques Lacan）、罗兰·巴特（Roland Barthes）、居伊·德波（Guy Debord）、让·鲍德里亚（Jean Baudrillard，也译为让·波德里亚）等均关注到了视觉方面的议题。视觉在后现代文化中占据重要地位，甚至米尔佐夫宣称"后现代即视觉文化"[⑤]。视觉及其效果是现代主义的主要特征之一，正是文化的视觉危机引发了后现代文化；甚至现代性与后现代性之间的分水岭就是这种"视觉的、'图像'的丰富，以及媒体文化的过剩"。[⑥]视觉化是想象和理解断裂的

---

① 汤因比. 历史研究［M］. 郭小凌，王皖强，杜庭广，等译. 上海：上海人民出版社，2010.

② 汪民安. 后现代性的哲学话语［J］. 外国文学，2001（1）：53-59.

③ 利奥塔尔. 后现代状态：关于知识的报告［M］. 车槿山，译. 南京：南京大学出版社，2011.

④ 詹明信. 晚期资本主义的文化逻辑：詹明信批评理论文选［M］. 陈清侨，等译. 北京：生活·读书·新知三联书店，1997.

⑤ MIRZOEFF N. What is visual culture?［M］//The visual culture reader. London and New York：Routledge，1998：4.

⑥ 艾尔雅维茨. 图像时代［M］. 胡菊兰，张云鹏，译. 长春：吉林人民出版社，2003：27.

（disjunctured）、碎片化的后现代文化最好的方式，就像人们通常用报纸和小说来代表19世纪一样。①后现代主义理论为视觉研究开辟了新的视野和理论高度。德波创造了"景观社会"（the society of spectacles）的概念，指的是在拥有现代生产条件的社会，生活本身成为景观（spectacles）的堆聚。"直接存在的一切全都转化为一个表象。"②经济统治下的社会从存在到占有，再到从占有到显现，"景观是人们自始至终相互联系的主导模式"③，在这样的世界，人的真实需要似乎已被景观的展示性目标和异化性需要取代。

鲍德里亚承袭德波的景观理论，并提出"拟像"（simulacrum）、"超真实"（hyperreality）的概念。在他看来，拟像的发展经历了三个等级，即仿造（counterfeit）、生产（production）和仿真（simulation）。④第一等级是自文艺复兴时期开始的对自然的模仿，遵循价值的自然规律；第二等级建立在工业生产系统的基础上，机械复制与再生产成为可能，复制品与原型的差异消失，进入了价值的商品规律；第三等级是受代码支配的价值的结构规律，符号的差异和能指出现漂移，试图对人和社会进行全面控制。⑤此后，鲍德里亚在《恶的透明性》中补充了第四个等级，即进入数字化时代后的价值的碎片阶段，符号不再是再现性的手段，而只是它自身，符号取代了现实并可以自身为拟像进行复制，社会全面进入超真实的状态。在后现代社会，媒体成为制造仿真的关键机器。特别是以电视为代表的影像媒体，其所"生产的符号、符号媒介与影像成为当代文化的主要控制力量，主宰了我们的生活，我们的世界"⑥。

① MIRZOEFF N. What is visual culture?［M］//The visual culture reader. London and New York：Routledge，1998：4-5.
② 德波.景观社会［M］.王昭风，译.南京：南京大学出版社，2006：3.
③ 德波.景观社会［M］.王昭风，译.南京：南京大学出版社，2006：174.
④ 波德里亚.象征交换与死亡［M］.车槿山，译.南京：译林出版社，2006：61.
⑤ 孔明安.物·象征·仿真：鲍德里亚哲学思想研究［M］.芜湖：安徽师范大学出版社，2010：100.
⑥ 邵培仁，等.媒介生态学：媒介作为绿色生态的研究［M］.北京：中国传媒大学出版社，2008：190.

四、视觉文化研究概述

一般认为，20世纪80年代的"视觉转向"使得视觉文化开始进入研究视野，直到20世纪90年代米歇尔提出"图形转向"之后才真正引发关注。也有学者认为，电影的诞生就标志了视觉文化的兴起。[①]对于视觉文化的起源见仁见智，但毋庸置疑的是，作为新的表意系统的图像挑战了一直以来语言独尊的霸权地位。米歇尔将视觉文化视为"学科间的实践"，是对视觉经验的社会构建的研究。[②]同时，他还延伸了视觉文化研究的范畴，认为其不限于形象或媒体的研究，而是"扩展到看和展示的日常实践"。视觉文化不仅囊括视觉图像的能指、所指，还包含获取意义过程。[③]对视觉文化的研究也超越了单纯的符号学视角，成为有关社会的综合性领域。基思·莫克西（Keith Moxey）区分了两种视觉文化的研究方向：一种是文化研究式方法，以米尔佐夫为代表，把对象看作再现或表征（representation），从符号学和权力角度讨论对象的意义或意识形态；另一种是图形转向式的方法，把对象看作呈现（presentation），注重对象的在场和生命性质。[④]

周宪总结了对于视觉文化概念的几种观点：其一，认为视觉文化是一个重要的文化形态或文化发展趋势；其二，认为视觉文化意指一些与视觉媒介密切相关的领域，它们构成了一个文化场域；其三，强调视觉文化的谱系学特征，发展为对视觉的社会体制的研究；其四，认为视觉文化既是对一个研究领域或对象的界定，又是对一种特定的研究的界定，强调其属于交叉学科。他认为，视觉文化研究的关键是观看背后隐藏的复杂的视觉观念，即人们如何看并如何理解所看之物的方式。[⑤]理查德·豪厄尔斯

① 巴拉兹.电影美学［M］.何力，译.北京：中国电影出版社，1982：20-26.
② 米切尔.学科间性与视觉文化［J］.朱橙，译.世界美术，2019（1）：65-69.
③ 韩丛耀.视觉传播研究刍议［J］.中国出版，2010（20）：36-39.
④ MOXEY K. Visual studies and the iconic turn［J］. Journal of visual culture，2008，7（2）：131-146.
⑤ 周宪.文化表征与文化研究：修订本［M］.上海：上海人民出版社，2015：357-360.

（Richard Howells）曾尝试在《视觉文化》一书中对不同的研究进路进行简单总结，主要涵盖了包括潘诺夫斯基的图像学，罗杰·弗莱从形式入手的研究方式，贡布里希的艺术史研究，约翰·柏格、劳拉·穆维和布尔迪厄意识形态研究角度，罗兰·巴特的符号学视角，克利福德·吉尔兹的解释学方式在内的六大理论方向。[①] 此外，精神分析、心理学、结构主义等也曾应用于该领域。可见，视觉文化本身是一个庞杂的研究领域，身处不同学科的学者们从各自专业角度出发建构理论，使得该领域拥有数量众多的研究范式，为研究提供了丰富的理论资源。

第二节　技术作为视觉转向的重要动力

我们登上了一个有关信息技术发展历史和发展未来的旅程，一个信息技术的发展如何对我们的世界产生影响的旅程，一个信息技术的发展将如何影响未来世界的旅程。[②]

一、技术发展与视觉化趋势

图像的生产与技术的关系与文字相比更加紧密。[③] 视觉图像的生产和传播与技术密不可分：色彩、光线、形状等关键组成元素的呈现需依赖相应技术的支持才能得以显现，因而技术构成了视觉的基础。甚至可以说，技

---

① 豪厄尔斯. 视觉文化［M］. 葛红兵，等译. 桂林：广西师范大学出版社，2007.

② 利文森. 软边缘：信息革命的历史与未来［M］. 熊澄宇，等译. 北京：清华大学出版社，2002：10.

③ 黄匡宇，黄雅堃. 当代电视新闻语言学［M］. 北京：中国社会科学出版社，2011：190.

术就是图像的一部分。摄影术的发明实现了"技术历史和人类历史上第一个将现实世界在时间中延伸的媒介"①，而且完全保持了本体的原貌。同时，也让人类完全复制世界的渴求不再是幻想，图像成为人类记忆的替代物。正如安德烈·巴赞（Andre Bazin）所言，图像技术的出现是对人类深层欲望的满足："唯有摄影机镜头拍下的客体影像能够满足我们潜意识提出的再现原物的需要，它比几可乱真的仿印更真切，因为它就是这件实物的原型，但已摆脱了时间流逝的影响。"②瓦尔特·本雅明（Walter Benjamin）提出"技术化观视"（the technological visuality），其通过对机械复制艺术品的分析，反思了技术对艺术的生产和接受的冲击。"技术化观视"指视觉技术产生的有别于人类肉眼观察的图像，为人类提供了"前所未见的视像"，改变了人类感知世界的方式。③技术的迭代不断克服原有的局限，为视觉呈现提供了新的可能。

1979年，保罗·莱文森（Paul Levinson）在博士论文中创造性地提出了媒介技术发展的"人性化趋势"，他和麦克卢汉均认为，媒介发展的终极结果是对自然、对人类本身的回归。他将技术媒介的演进总结为三个阶段：A阶段，所有传播都是通过非技术的、面对面的方式实现，真实世界元素被完全地呈现出来，同时呈现出的还有跨时空传播的局限；B阶段，人类开始使用技术克服时空局限，然而早期技术不得不舍弃色彩、动作等元素；C阶段，愈加复杂的技术重新打捞曾被舍弃的元素，同时保持对时空的延伸。

因此，先进的技术将"B阶段"的延伸功能与"A阶段"中的现实功能结合起来——使我们既拥有延伸时空这块蛋糕，又能实实在在地享用它。或者说，假如技术是一只让我们认识世界，让我们走出自然

① 莱文森.人类历程回放：媒介进化论［M］.邬建中，译.重庆：西南师范大学出版社，2017：100.

② 巴赞.电影是什么？［M］.崔君衍，译.北京：文化艺术出版社，2008：10.

③ 罗岗.视觉"互文"、身体想象和凝视的政治：丁玲的《梦珂》与后五四的都市图景［J］.华东师范大学学报（哲学社会科学版），2005（5）：36-43，122.

伊甸园的苹果，那它最终也会是那只能够使我们重返伊甸园的苹果。①

前技术时期，在人类的所有感官中，视觉是获取信息最主要的方式。因而根据莱文森的"人性化趋势"逻辑，视觉化也是媒介技术发展的一个必然趋势，并且通过技术实现的视觉效果会越来越逼真、越来越"接近现实生活"。

二、视觉技术与社会的互构

"所谓'文明'与其说是狭义的伦理文化、宗教、艺术、科学甚或政治，不如说是一种技术状态，一种技术力量的关系。"②这样的说法虽然不免有技术决定论的嫌疑，但不可否认的是，技术作为影响现代社会的一支重要力量，在某种程度上其支配性作用不可被忽视。就如麦克卢汉所宣称的："如果在人类通讯传播历史中存在着什么不言自明之理的话，那就是任何外在传播手段的发明都会带来一连串的社会变化的震荡。"③作为技术乐观派，他认为技术的发展最终会导致人类回归田园牧歌的"部落化"，形成"地球村"。而鲍德里亚则认为大众媒体不会带来社会的进步，反而可能带来"致命"的效果，甚至是一个"完美的罪行"。④技术为人类社会带来的作用无疑是复杂的，以积极或消极为主在学界尚存争议，但技术具备影响社会行为的能力却是毋庸置疑的。

---

① 莱文森.人类历程回放：媒介进化论［M］.邬建中，译.重庆：西南师范大学出版社，2017：6.
② 斯蒂格勒.技术与时间：爱比米修斯的过失［M］.裴程，译.南京：译林出版社，2000：67.
③ 麦克卢汉.视像、声音与狂热［M］// 福柯，哈贝马斯，布尔迪厄，等.激进的美学锋芒.周宪，译.北京：中国人民大学出版社，2003：339.
④ 孔明安.物·象征·仿真：鲍德里亚哲学思想研究［M］.芜湖：安徽师范大学出版社，2010：130.

　　一般认为，目前对于技术与社会的总体关系主要有三种理论取向：其一是技术决定论，也称硬技术决定论。其认为技术具有自主性，存在自身的运行规律和发展模式，是引发社会变迁的首要因素；其二是社会建构论，即软技术决定论，其假设技术并不是客观决定的，而是生成于社会的建构之中，受到政治、经济、文化的影响。也就是说技术只是为事物的发生提供条件，但并不一定会产生"不可避免的绝对的结果"①。比如，英国社会学家约翰·B.汤普森（John B.Thompson）认为，媒介技术并不是以单因论的方式决定着社会结构，而是根植于社会与体制环境下。新技术在破除旧互动形式的同时创造了新的中心和场所，"从而有助于重构现有的社会关系以及它们所处的机构与组织"，使新的社会互动成为可能②；其二是技术—社会互构论，也称"文化/技术共生论"，认为技术或媒介和社会是互相建构的，强调相互依存的互动关系③，两者在相互博弈之中形成了现有形态。技术所具备的潜能并不一定会被媒介悉数应用，还会受到技术与其他社会因素的互动影响，"创新过程会被诸多社会因素所'驯服'"。④本书采取第三种取向，认为视觉技术决定社会的认知和发展，同时社会对视觉技术又存在制约。

三、技术模态的理论基础：可供性理论

　　技术的变化日新月异、纷繁多样。一段时间内，某一技术可能出现多

---

① 利文森.软边缘：信息革命的历史与未来［M］.熊澄宇，等译.北京：清华大学出版社，2002：4.

② 汤普森.意识形态与现代文化［M］.高铦，文涓，高戈，等译.南京：译林出版社，2005：246.

③ 林文刚.媒介环境学：思想沿革与多维视野［M］.何道宽，译.北京：北京大学出版社，2007：32.

④ 李艳红.在开放与保守策略间游移："不确定性"逻辑下的新闻创新——对三家新闻组织采纳数据新闻的研究［J］.新闻与传播研究，2017，24（9）：40-60，126-127.

次迭代或涌现新的技术；同一时期，特定技术也可能呈现不同的形态。若只对某一技术形态进行现象性的描述，研究不仅容易流于表面、难以接近本质，更会因技术的更迭而速朽。此外，对技术的过分关注很容易使研究者掉入"技术决定论"的陷阱。近年来，国外学界掀起对于技术可供性（technology affordances）的讨论，这一带有媒介环境学色彩的理论为研究者提供了一个更加微妙的辩证视角：通过关注技术本质特性与媒介、用户能力诉求关系，选择了介于技术决定主义和社会建构主义的中间道路。可供性理论为对图像进行构成性诠释提供了理论支撑，更为深入探察视觉技术的变迁，及其与媒体机构、社会之间的互动提供了有益参考。

詹姆斯·J.吉布森（James J. Gibson）首创了可供性概念，用于生态心理学领域研究，以考察某一主体或环境为行动提供（affords）的可能性。[①]该理论强调的不是某一抽象的属性，而必须是能与主体产生关联的属性。比如，一块地面接近水平而非倾斜，近乎平整而不是凸起或下陷，并且足够延展（与动物的尺寸有关）、表面坚硬（与动物的重量有关），那么这一地面对于某一动物就具有可站性、可走性和可跑性。作为物理属性的水平、平整、延展和坚硬，必须与主体相关联，才形成了对特定动物的支撑可供性。后续研究将可供性描述为"有机体能力和环境特征之间的关系"[②]，更加强调某一环境能够支持特定动物的行为，而另一些则不行。

此后，唐纳德·A.诺曼（Donald A. Norman）、威廉·W.盖弗（William W. Gaver）等学者对其进行了完善与发展，将这一概念引入设计等领域。[③④]诺曼区分了感知可供性（perceived affordance）与可供性的概念，关注社

① GIBSON J J. The ecological approach to visual perception [M]. New York and London：Psychology Press，1986：119.
② CHEMERO A. An outline of a theory of affordances [J]. Ecological psychology，2003，15（2）：189.
③ 景义新，沈静.新媒体可供性概念的引入与拓展 [J].当代传播，2019（1）：92-95.
④ 张耀兰，原平方.智媒体生态中人工智能技术的可供性理论探究 [J].中国传媒科技，2019（5）：22-24.

会、技术与受众之间的互动，而盖弗更加关注技术元素本身。可供性理论还被拓展到了人机交互界面（human-computer interfaces，简称 HCI）设计，包括认知的、物理的、功能的和感官的四种可供性类型。[①]有研究进一步细化阐释了"功能可供性"，将其定义为技术对象和特定用户（用户群）之间的某种关系，其明确用户通过该对象可以实现什么。[②]从管理学的视角看，技术可供性被定义为一种"行为潜能"，即有特定目标的个体或组织能够通过技术或信息系统做什么。这一概念有别于技术功能以及个体或组织的特性，强调"人与技术之间的可能互动"。理解信息系统和技术使用与结果的最佳途径是考察个体或组织与技术功能之间的关系。[③]

可供性理论是基于物质世界以及人类如何在物理约束下进行互动和人造产品（artefacts）特性建立起来的理论。[④]可供性就像一枚硬币，环境与行动者构成了其不可分割的两面。采取这一视角迫使研究者去考察某一语境中所采取的行为与技术能力之间的共生关系。[⑤]可供性包含三个维度：系统（system）层面，指技术特性、功能等；用户（user）层面，指用户自身

① HARTSON R. Cognitive, physical, sensory, and functional affordances in interaction design [J]. Behaviour & information technology, 2003, 22 (5): 315-338.

② MARKUS M L, SILVER M. A foundation for the study of IT effects: a new look at DeSanctis and Poole's concepts of structural features and spirit [J]. Journal of the association for information systems, 2008, 9 (10): 609-632.

③ MAJCHRZAK A, MARKUS M L. Technology affordances and constraints in management information systems [M] // KESSLER E H. Encyclopedia of management theory. Thousand Oaks: SAGE Publications, 2012: 832.

④ MOLONEY J, SPEHAR B, GLOBA A, et al. The affordance of virtual reality to enable the sensory representation of multi-dimensional data for immersive analytics: from experience to insight [J]. Journal of Big Data, 2018, 5 (1): 53.

⑤ LEE C S. Managing perceived communication failures with affordances of ICTs [J]. Computers in human behavior, 2010, 26 (4): 572-580.

能力、惯习等；环境（context）层面，指社会环境、政策、准则等。① 这为研究技术的可供性提供了一个更为完整的分析框架。国外学者在实践应用中也对此理论进行了大量探索。有学者总结了在网络公共知识的分享中，社交媒介为参与公共知识对话提供的四种可供性；② 有研究考察了技术可供性在危机事件中对讲故事的方式影响；③ 还有学者使用技术可供性视角，对比了中国、美国、马来西亚三国学生的网络互动差异。④ 此外，技术既推动了发展，也可能在某一方面限制传播者的传播力。与可供性相对应，有学者将其称作约束性（constraint）。⑤

　　2017年，潘忠党在一次访谈中首次将"可供性"的概念引入国内研究视野，并将其定义为"用于探讨信息技术对拥有特定感知和技能的行动者而言所具备的行动之可能"⑥。越来越多的学者开始关注并使用这一理论，并将其视为理解新的媒介现象以及评估新的媒介技术、形态、结构发展潜力的有效手段。⑦ 该理论还提供了一种"我们传统的思维惯式所缺少的"、研

① MESGARI M，FARAJ S. Technology affordances：the case of Wikipedia［EB/OL］.（2012-07-29）［2024-05-06］. AMCIS 2012 Proceedings. 13. http://aisel.aisnet.org/amcis2012/proceedings/VirtualCommunities/13.

② MAJCHRZAK A，FARAJ S，KANE G C，et al. The contradictory influence of social media affordances on online communal knowledge sharing［J］. Journal of computer-mediated communication，2013，19（1）：38-55.

③ BARRETT A K. Digital storytelling：using new technology affordances to organize during high uncertainty［J］. Narrative inquiry，2019，29（7）：213-243.

④ TODD L，SANDEL R B，VARGHESE M. Online interaction across three contexts：an analysis of culture and technological affordances［J］. Journal of intercultural communication research，2019，48（1）：52-71.

⑤ LEONARDI P M，VAAST E. Social media and their affordances for organizing：a review and agenda for research［J］. Academy of management annals，2017，11（1）：150-188.

⑥ 潘忠党，刘于思. 以何为"新"？"新媒体"话语中的权力陷阱与研究者的理论自省：潘忠党教授访谈录［J］.新闻与传播评论，2017（1）：2-19.

⑦ 喻国明，赵睿. 媒体可供性视角下"四全媒体"产业格局与增长空间［J］.学术界，2019（7）：37-44.

究互联网文化的重要视角，并指出，对技术自身规律的剖析是思想进步的必需。[①]本书使用可供性理论作为构成性诠释的分析工具，有助于发现技术为媒体的视觉话语提供的可能性，进而揭示其背后的发展规律。

第三节　中国新闻生产的视觉技术话语

1920年，著名报人戈公振就认识到了视觉的重要性。他创办了我国首个报纸摄影附刊《图画周刊》，并在6月9日的发刊《导言》中写道：

> 世界愈进步，事愈繁琐；有非言语所能形容者，必藉图画以明之。夫象有鼎，由风有图。彰善阐恶，由来已久。今国民敝锢，政教未及清明，本刊将继文学之未逮，一一揭而出之，尽像穷形，俾举世有所观感，此其本旨也。若夫提倡美术，增进阅者之兴趣，乃其余事耳。[②]

图像具有超越文字的表达能力，能够阐明"非言语所能形容者"，并且还能提高"阅者之兴趣"。如果说最开始的画报、电影等视觉媒介是以娱乐为主要目的，随着电视新闻普及，其开始更多承载信息传递的功能。中央电视台对全国电视观众的抽样调查显示，1992年开始我国电视观众的收视心理出现了显著变化。1992年以前电视对于我国电视观众来说意味着"娱乐消遣"，而1992年以后"了解世界、获取信息"成为看电视的首要动机。[③]互联网时代，信息的获取渠道越发多样，但新闻作为最重要的公共文化产品，仍然是人们接触得最多的信息类型之一。

新闻媒体对新技术具有较高的敏感度，新技术也助力其在注意力稀缺

---

① 常江.互联网、技术可供性与情感公众［J］.青年记者，2019（25）：92.

② 戈公振.图画周刊导言［N］.图画周刊，1920-06-09.

③ 刘习良.中国电视史［M］.北京：中国广播电视出版社，2007：311.

的时代寻求报道的新突破。有研究对2015年、2016年全国两会新闻报道进行量化分析后发现，2014年HTML 5（Hyper Text Markup Language 5，超文本标记语言第五版，以下简称H5）标准完成制定，次年两会就有51件相关作品面世；2016年虚拟现实技术开始走向大众市场，当年两会就有77件虚拟现实作品推出。[①]这在一定程度上说明，新闻媒体在对新技术应用上反应迅速。新技术在新闻业的应用不仅丰富了新闻生产手段和产品形态，更从根本上对新闻生产的流程、理念等产生冲击，颠覆了新闻界的专业实践系统与行业图景。

一、新闻生产研究综述

崛起于20世纪70年代的新闻生产研究一直以来都是新闻传播学术界的重要组成部分。彼时，学者深入新闻编辑室内部，以田野调查的方式开展民族志研究，一批经典著作的涌现形成了"新闻室观察研究"的第一波浪潮[②]。迈克尔·舒德森（Michael Schudson）总结了新闻生产的三个主要研究视角：第一，政治经济路径，将新闻生产结果与新闻组织的经济结构相联系；第二，社会学路径，即记者如何受到机构体制和职业惯习的约束；第三，文化（或称人类学）路径，强调文化符号系统而不是机构和职业层面的惯例。[③]

进入21世纪以来，在新的媒介环境下，新闻生产的过程本身和研究方式均呈现出新的发展动向。新闻生产在产品形态、生产流程和生产理念方面都实现了革新。经典新闻生产流程已成为媒体的"仪式和策展"，传统

①　曾祥敏，董小染.2016全国"两会"新闻报道信息可视化产品研究［J］.传媒，
　　2016（6）：32-35.
②　王敏.回到田野：新闻生产社会学的路径与转向［J］.南京社会科学，2016（12）：
　　100-105，113.
③　SCHUDSON M. The sociology of new production［J］. Media，culture & society，
　　1989（11）：263-282.

的新闻生产范式在新的媒介语境中已经逐渐丧失解释力，亟待变革和创建新的理论范式。① 融合新闻生产呈"四无"态势，即无权威、无中心、无边界、无预知后果。② 有学者探索新制度主义范式，从社会学角度为新闻生产研究开拓了新空间③；有学者使用布尔迪厄对"习性"的阐述作为理论参考，寻求拓展文化视维的途径。④

新闻生产研究的一个新的发展就是对于产品的关注。研究大多将新的产品形态作为考察主体，如网络视频新闻（短视频新闻）、数据新闻、VR新闻等。也有关注新媒体环境下电视新闻的生产流程、模式和理念的变革与创新。比如，"大编辑部"模式下新闻制作的工业化转型⑤；为适应"宽带播出"的需要，电视新闻生产流程的再造⑥；电视新闻在新媒体环境下面临的三重挑战及多重转变⑦；电视新闻的创作出现电影化倾向⑧等。在网络视频新闻领域，因其为"有别于传统电视新闻的全新形态"⑨，部分传统视听语言已经不再适用于网络传播环境⑩。现存研究主要通过梳理发展现状或国外

① 胡翼青，王聪.超越"框架"与"场域"：媒介化社会的新闻生产研究［J］.福建师范大学学报（哲学社会科学版），2019（4）：138-144.

② 邵鹏.论新媒体时代融合新闻生产的"四无"态势［J］.新闻大学，2014（2）：121-124.

③ 叶青青.新制度主义视野下的新闻生产研究［J］.国际新闻界，2012，34（1）：60-66.

④ 邱鸿峰.论新闻生产文化视维的社会学转向［J］.国际新闻界，2012，34（11）：78-85.

⑤ 曾晶.电视新闻生产的"大编辑部"模式：运行中的问题及对策［J］.新闻大学，2006（4）：54-58.

⑥ 周亭.从"广播"到"宽带"：媒介融合时代电视新闻生产的流程再造［J］.现代传播（中国传媒大学学报），2012，34（1）：98-101.

⑦ 孟建，董军.新媒体环境下我国电视新闻的嬗变与发展［J］.国际新闻界，2013，35（2）：6-12.

⑧ 孙振虎.视频新闻创作的电影化倾向［J］.新闻与写作，2017（2）：38-41.

⑨ 常江，王晓培.移动互联网生态下的视频新闻编排革新［J］.编辑之友，2017（9）：70-75.

⑩ 张梓轩，梁君健.因袭与重塑：移动传播时代的新闻视听语言特征研究——以三大央媒两会短视频报道为例［J］.新闻大学，2017（5）：52-60，148.

经验，对短视频新闻的叙事方式、传播渠道、现状趋势、发展困境等方面进行考察。如常江等①、强月新等②、王晓红等③、姬德强等④学者。周勇等⑤、许向东⑥、郭小平等⑦、史安斌⑧、杨奇光⑨等对大数据和虚拟现实新闻进行了探索。整体来看，对新闻产品的生产研究多集中于某一种或若干新形态的描述、策略分析和经验总结上，在探究表象背后的深层逻辑和理论建构方面仍具有较大空间。不过，已有越来越多学者对此进行探索，并取得了有益的研究成果：张梓轩等提出移动短视频的"动态社交语言"⑩；黄海对比主流媒体与商业媒体不同的话语和叙事模式，提出二者共谋构建"大叙事"⑪；于博讨论了蒙太奇意识在电视新闻剪辑中的发展⑫等。有学者更进一步提炼

① 常江，王晓培.短视频新闻生产：西方模式与本土经验［J］.中国出版，2017（16）：3-8.

② 强月新，梁湘毅.短视频新闻评论话语方式的四种转向：以央视《主播说联播》为个案分析［J］.现代传播（中国传媒大学学报），2021，43（4）：61-67.

③ 王晓红，包圆圆，吕强.移动短视频的发展现状及趋势观察［J］.中国编辑，2015（3）：7-12.

④ 姬德强，杜学志.短视频规制：国际实践与中国对策［J］.中国出版，2017（16）：13-16.

⑤ 周勇，倪乐融，李潇潇."沉浸式新闻"传播效果的实证研究：基于信息认知、情感感知与态度意向的实验［J］.现代传播（中国传媒大学学报），2018，40（5）：31-36.

⑥ 许向东.大数据时代新闻生产新模式：传感器新闻的理念、实践与思考［J］.国际新闻界，2015，37（10）：107-116.

⑦ 郭小平，陈虹虹.论大数据时代的电视变革［J］.现代传播（中国传媒大学学报），2014，36（11）：96-98，106.

⑧ 史安斌，张耀钟.虚拟/增强现实技术的兴起与传统新闻业的转向［J］.新闻记者，2016（1）：34-41.

⑨ 杨奇光.媒体融合时代的新闻室矛盾：基于新闻可视化生产实践的考察［J］.新闻大学，2018（1）：18-26，148.

⑩ 张梓轩，汤嫣，王海.动态社交语言对表意功能的革新：探析"移动短视频社交应用"赋予新闻传播的新空间［J］.中国编辑，2015（5）：77-81.

⑪ 黄海.移动互联时代新闻短视频的话语与叙事分析［J］.新闻与传播评论，2019，72（5）：120-128.

⑫ 于博.蒙太奇意识在电视新闻剪辑中的应用［J］.科技传播，2019，11（9）：72-73.

了新闻产品形态的发展趋势，总结出了全球新闻生产的基本规律，即由再现性生产到体验性生产、由真实性生产到精确性生产、由霸权性生产到民主性生产的规律。[①]

现代科学技术处于生产力诸因素的主导位置，技术也已成为新闻生产研究的重要取向之一。有学者梳理近年来对于网络新闻生产的相关研究，在舒德森的基础上归纳总结出了四种理论取向，即技术取向、传播政治经济学取向、文化研究取向以及社会组织的网络取向。[②]数字时代的新闻生产研究遵循了"经典阐释与传统媒体研究—传媒转型与融合研究—社会化生产与大数据研究—人工智能与算法新闻研究"的路径。学者们积极拥抱技术，开展技术范式视野的研究。研究内容形成电视新闻、生产模式创新和新闻规律等五大聚类中心。[③]技术重构了新闻报道的内在意义和要素，倒逼传统新闻内容的革新，并助推新形态的发展。不过，现存技术视域下的媒介生产研究大多停留在描述阶段，"缺乏对影响后果的理论抽象和普遍性解释"，未能有效揭示技术与政治、经济、文化等因素影响交织之下新闻业变革的趋势与规律，也无法深入挖掘技术变革对信息生产者的意义。[④]

二、新闻报道的视觉化趋势

除了视觉技术的助推新闻报道的视觉化，用户对视觉新闻的消费也引导了新闻生产的视觉转型。众多纸媒开始在新媒体平台涉足曾被广播电视

---

① 常江.蒙太奇、可视化与虚拟现实：新闻生产的视觉逻辑变迁［J］.新闻大学，2017（1）：55-61，148.
② 王琪.网络新闻生产研究的四种理论取向［J］.青年记者，2017（22）：49-50.
③ 方朝晖，夏德元.从经典阐释到技术迷思：数字丛林新闻生产研究十四年——基于CiteSpace对知网CSSCI研究的考察［J］.北方传媒研究，2018（5）：62-66，69.
④ 陈阳.为什么经典不再继续？——兼论新闻生产社会学研究的转型［J］.国际新闻界，2018，40（6）：10-21.

媒体主导的视听领域，制作新闻短视频、进行现场直播，如《新京报》的"我们视频"、浙江报业集团旗下的"辣焦视频"等。许多媒体开始使用"一张图"的形式实现报道，将原本晦涩难懂的信息转化为图表、图示、图形等视觉形式，大大提高了可读性，同时让读者产生视觉愉悦。如央视新闻的《一张图，带你了解政府工作报告》、央视财经《一张图，带你读懂2018中国经济"成绩单"》、中国气象报社《[图文]影响我国的"冷空气"跑得到底有多快？》、中国天气网《一张图带你认遍全国春花》等。

视觉化手段越来越多地出现在新闻叙事中，视觉叙事方式本身也出现了转变。在电视新闻时代吸引观众或彰显新闻专业性的大部分视听语言对移动端的实际收视并不具有正面效果，甚至有些还具有负面作用。[1]这种情况也出现在了虚拟现实新闻作品中[2]。正如法国学者雷吉斯·德布雷（Régis Debray）在一次访谈中表示，在以影像为主导的世界，即"视听域"的世界中，"一些源出'印刷媒介圈'的思想难以继续产生飞跃式的发展"[3]。王侠在对国内新闻客户端M的田野调查中发现，新闻叙事转向"最明显的是部分报道视觉化"。在对编辑部的分层访谈中受访者普遍表示，相比技术，记者转型中视觉思维的转变更难跨越。一位视频编辑H说道：

> 放下文字这个用惯了的工具，很多人最开始会觉得自己都不会讲话了；接下来，会担心到底这些画面和声音能不能让受众看懂我要说什么。要建立对画面的信心，练习使用画面、声音"写作"，就像重新学说话的一样。[4]

---

[1] 张梓轩、梁君健.因袭与重塑：移动传播时代的新闻视听语言特征研究——以三大央媒两会短视频报道为例[J].新闻大学，2017（5）：52-60，148.

[2] 常江，杨奇光.重构叙事？虚拟现实技术对传统新闻生产的影响[J].新闻记者，2016（9）：29-38.

[3] 陈卫星，德布雷.媒介学：观念与命题——关于媒介学的学术对谈[J].南京社会科学，2015（4）：101-106，139.

[4] 王侠.液态社会中新闻生产的变革与延续：基于对新闻客户端M的分层访谈[J].国际新闻界，2019，41（5）：60-79.

三、新闻视觉形态发展概述

我国新闻产品在技术的加持下自1990年以来出现了飞跃式发展。互联网/移动互联网、社交媒体、大数据、人工智能、VR/AR等技术不断为新闻业带来新的生命力：数字化的超文本特性实现了不同内容、形式之间的互联，双向性的场景化互动以及感官多元化呈现等，从根本上改变了新闻的构架与理念。

相对于电视等传统大屏，移动互联网的发展使得智能手机、iPad等小屏幕成为信息传播、接收的主要渠道。短视频的生活化表达，展现出与传统电视新闻截然不同的理念：以我为主、日常场景、多样主题、碎片呈现、粗放加工等。[①]基于体验方式、阅读时间和分享场景的变化，短视频改变着故事化新闻的生产理念。[②]互联网技术让网络新闻直播不仅继承了电视直播的实时性、现场感，还突破了电视单向、线性传播的限制，让节目与观众、观众与观众之间实现场景化的实时互动。[③]再如媒体基于H5技术开发的交互网页应用产品，近年来产生了不少爆款产品，影响力极为广泛。该技术适应移动端阅读习惯，允许报道同时应用图片、文字、音视频等手段，并通过多种控件、动效等实现用户交互。[④]此外，H5为用户的多种消费需求提供了技术支撑，构建起"浸入式的移动阅读场景"[⑤]。

2016年兴起的虚拟现实新闻仍处于初级实践阶段，其或将进一步改写新闻生产。相较于传统的二维新闻画面，虚拟现实新闻所呈现的不仅仅是

①　彭兰.短视频：视频生产力的"转基因"与再培育［J］.新闻界，2019（1）：34-43.

②　马彧.短视频新闻：改变故事化新闻理念［J］.青年记者，2017（29）：6-7.

③　詹晨林，陈洁.移动新闻直播报道：定义、特征与趋势［J］.电视研究，2018（3）：35-37.

④　王志.基于H5技术的移动融媒新闻创新［J］.新闻记者，2019（3）：10-12.

⑤　张小波.新闻H5产品：移动阅读场景的新贵［J］.传媒，2018（13）：57-58.

单一的平面画面、声音或文字，而是通过多元化的感官体验，强调身临其境的"体验感"。同时借助具身的交互设计，为观众提供强烈的真实感，实现一种"让人看不到、摸不到、觉不到的超越时空的泛在体验"①。媒体对于技术的追逐，一方面是出于信息传播的需要，另一方面也是期望通过制造新的视觉刺激获得更多的关注、提供更好的体验。技术推动新闻生产所呈现的视觉化趋势不仅代表了一种生产技术的革新，更是新闻生产方式和思维逻辑的升级。

四、三套主导的视觉技术话语与分析框架

视觉技术的应用为新闻生产提供了众多可能，也带来了视觉生产逻辑的变革。曾几何时，电视新闻在新闻视觉产品中占据独一无二的地位，蒙太奇作为其核心技术话语自然成为影像组织的不二法门。然而，新视觉形态的普及却使蒙太奇的统治地位受到了前所未有的挑战——蒙太奇在新形态的技术逻辑下似乎不再适用。基于对新闻视觉生产历史经验的理解与挖掘，并结合有学者对当下新闻生产过程中"技术—观念"话语的梳理与总结②，提出了三套主要的技术话语，即蒙太奇、数据可视化与虚拟现实。这三套技术话语基本涵盖了现存的主要产品形态，各自遵循不同的新闻生产流程、观念和实践方式，共同组成了我国新闻业的总体版图。其一是蒙太奇，该概念最初来源于电影，是电视新闻以及后来的互联网视频新闻、短视频新闻形式共同遵从的底层逻辑——其制作方式、美学标准、意义创造机制等都是相同的；其二是在大数据时代，对于海量数据的视觉化呈现可以让新闻具有全新的形式和内涵，包括H5页面、条形图、交互图表等都可

---

① 李沁.沉浸传播：第三媒介时代的传播范式［M］.北京：清华大学出版社，2013：43.

② 常江.蒙太奇、可视化与虚拟现实：新闻生产的视觉逻辑变迁［J］.新闻大学，2017（1）：55-61，148.

以统摄于数据可视化的技术话语之下；其三是最新的虚拟现实技术，借助计算机制造虚拟环境，将新闻用户和新闻的情境融合，让用户能够获得前所未有的沉浸感。

当然，虽然三种主导的视觉形式依托技术先后出现、流行，但并非后者的出现就替代或淘汰前者——他们会在相当长的一段时间内共同存在、互为补充，满足不同的用户需要。文化史研究中存在两种相互对立的思维方式，后者正是本研究所秉持的历史观：一种是文化断裂论，即主张不同时代文化内部存在逻辑的断裂；一种是连续论，认为虽然文化在不同阶段可能出现差异，但其存在"某种内在的连续性和变化的逻辑"。[①]约翰·杜伦·彼德斯（John Durham Peters）回顾了人类媒介的发展历史，挖掘"交流"观念的沿革，在序言中他转引了本雅明的观点，提出了他们共同认可的一种历史观："过去的现象会选择性地在当下复活。历史并非总是以单线展开，而是以星罗棋布、群星灿烂的方式呈现。"[②]在考察媒介发展规律时，麦克卢汉及其子提出的"媒介四元律"也采取了相似的历史观：媒介的进化可能是提升、逆转、再现或过时，是多线、同步的发展。历史的发展往往不是一个先行后续的线性关系，而是一种交叠往复的过程，阶段划分不可避免地存在中断历史的嫌疑。在视觉化这一更高的抽象层次上，本书将各阶段的新闻视觉形式放入历史视野中一并考察，不仅更加符合新闻业的实际发展情况，同时有助于系统性地把握视觉生产的总体逻辑。因而，接下来本书在对三者进行历史研究时仅界定了某一阶段的起始点。

本书意在系统深研中国新闻视觉逻辑的发展变迁，首先需要厘清新闻生产中主导的视觉技术话语（蒙太奇、数据可视化和虚拟现实）的发展和特征，研究使用构成性诠释的分析思路，从"是什么"的角度对新闻的视觉产品形态进行分析和判断，借用可供性的理论资源，总结技术为新闻视觉话语提供的不同可能性。叙事学认为，完整的叙事文本由故事和话语组

---

① 周宪.审美现代性批判［M］.北京：商务印书馆，2005：268-277.
② 彼德斯.交流的无奈：传播思想史［M］.何道宽，译.北京：华夏出版社，2003：3.

成：一个是故事，内容或一连串事件（行为、事件）加上人物、环境等；一个是话语，即如何对故事内容进行表达。[①]新闻图像中同样存在类似的故事（信息）与话语结构。在此基础上，借鉴前述的构成性诠释法的图解工具（包含内容、颜色、空间组织/场面调度、光线、蒙太奇和表达性内容等）并结合图像属性，本书将以信息内容、时空调度、话语组织、表现性内容[②]四个面向所组构的分析框架展开。信息内容指实际展现的影像，是考察观看对象的起点；任何影像均可视为对时间和空间的某种组织，时空调度包含影像内部层面及观看层面的安排；话语组织涵盖针对信息的结构编排、意义建构等叙事手段；表现性内容关涉认知过程所引发的情感体验，强调事物表达情感的结构性质和情感意味[③]。在此框架下，从技术可供性角度挖掘不同视觉技术话语的特征及其为新闻生产提供了哪些可能，为提炼视觉逻辑的演变规律打下基础。

---

① 巴雷特，纽博尔德.媒介研究的进路［M］.汪凯，刘晓红，译.北京：新华出版社，2004：590.
② 相比译著中采用的"表达性"译法，本书认为将expressive译为"表现性"更为妥当：一方面，"表现性"属于心理学术语，另一方面，更加符合该概念的含义。
③ 林崇德，杨治良，黄希庭.心理学大辞典：上［M］.上海：上海教育出版社，2003：73.

第二章

视觉的基本语法：蒙太奇
与新闻叙事的再造

"每个镜头都增添了它自身不具有但通过与其他镜头的联系而纳入的一个概念或一个意义。结果，在不同连续体中（或在同一连续体的另一位置上）的同一影像就获得了——或可以获得——不同的含义……影像化内容的意义既取决于自身，也取决于——也许更取决于——造型化内容。形式可以改变内容。"①

1990年代以来，电视经历曲折发展，逐渐代替报纸、杂志等成为人们生活中获取信息、娱乐的主要途径。作为首个以视觉为主要呈现形式的新闻媒介，电视的普及标志着视觉霸权时代的到来。互联网让我们看到了更多视频形态的出现。然而，无论是电视节目，还是网络长视频或短视频，尽管播放平台、传播渠道和表现形式不同，但在生产过程中，它们均使用以视觉形象为主因的视听语言，遵循相似的创作规律和视觉逻辑。这就是沿袭自电影艺术的叙述规则——蒙太奇。

蒙太奇（Montage）一词最早来源于建筑术语，有构成、装配之意，后被引申到电影艺术领域。一般认为，狭义蒙太奇指后期制作过程中综合考虑各元素，通过镜头间的组接和声画配合完成叙事和表意的过程；而广义蒙太奇则是一种影视创作的思考方式，涵盖了从策划、写作到拍摄、剪辑的全部过程。其不仅可以实现叙事，还能通过组合为镜头内容增添含义之外的效果和意义。蒙太奇作为视觉的基本语法，意味着视觉逻辑在新闻生

---

① 米特里.电影美学与心理学［M］.崔君衍，译.南京：江苏文艺出版社，2012：138.

产中的首次主导，同时也标志了对传统文字叙事模式的颠覆。本书将其视为一种贯穿视听内容生产过程的技术话语、一种视觉思维方式，从实践角度关注其内在规律、发展及对叙事的再造过程。

第一节　理论溯源：电影艺术中的蒙太奇

有人说，电影艺术就是蒙太奇艺术。作为现代电影的基石，电影界对于蒙太奇存在多种经典定义。整体来看可以分为两类：一些定义侧重蒙太奇的组接功能，如普多夫金（Vsevolod Illarionovich Pudovkin）将蒙太奇视为"将若干片段构成场面，将若干场面构成段落，将若干段落构成一本片子的方法"[①]；贝拉·巴拉兹（Béla Balázs）将蒙太奇定义为"按照一定的顺序把镜头连结起来，其中不仅是各个完整场面的互相衔接（场面不论长短），并且还包括最细致的细节画面……整个场面就仿佛是由一大堆形形色色的画面按照时间顺序排列而成的"[②]；夏衍认为蒙太奇是"依照情节的发展和观众注意力和关心的程序，把一个个镜头合乎逻辑地、有节奏地连接起来，使观众得到一个明确、生动的印象或感觉，从而使他们正确地了解一件事的发展的一种技巧"。[③]另一些定义更加关注蒙太奇对于意义的创造，如谢尔盖·M.爱森斯坦（Sergei M. Eisenstein）强调两个接合的镜头是"一个新的创造"[④]；巴赞总结了蒙太奇的共同特点，将其定义为"通过各种画面的关系，创造出画面本身并未含有的新意义"[⑤]；让-吕克·戈达尔（Jean-

---

[①] 普多夫金.论电影的编剧、导演和演员［M］.何力，译.北京：中国电影出版社，1957：41.

[②] 贝拉.电影美学［M］.何力，译.北京：中国电影出版社，1982：18.

[③] 夏衍.写电影剧本的几个问题［M］.上海：复旦大学出版社，2004.

[④] 转引自赖兹，米勒.电影剪辑技巧［M］.方国伟，郭建中，黄海，译.北京：中国电影出版社，1982：33.

[⑤] 巴赞.电影语言的演进［J］.崔君衍，译.电影艺术译丛，1980（2）：3-19.

Luc Godard）提出蒙太奇是"一种修辞手法""一种'心跳'"①；让·米特里
（Jean Mitry）认为，蒙太奇"可以超越被再现内容的原意"，通过多个镜头
的组接产生新的表现力。②

我国学者邓烛非总结并批判了九种来自世界各国的蒙太奇理论：第一，
镜头剪辑的方法；第二，镜头组接的方法；第三，镜头的冲突；第四，处
理现实的方法；第五，模仿观察者注意的方法；第六，电影的特殊手法；
第七，动作的分解与组合；第八，电影的场面与段落的结构方法；第九，
时间造型的手法。③在他看来，这九个理论都存在自身的局限，分别表现了
蒙太奇的单一侧面而未能触及蒙太奇的核心。他还特别批判了"镜头组合
创造新整体"的认知框架，认为蒙太奇并不是通过镜头组接创造不确定的
新内涵（局部—整体），而是生动再现了艺术家脑海中已经存在的整体构
思（整体—局部—整体）。因而，蒙太奇的本质是"一种电影时空的结构方
法"，是"选择若干处在不同时空的部分（或要素）及其序列用以表现某种
特定的主题内容的技巧"④。

一、"蒙太奇"的诞生

1895年，卢米埃尔兄弟（Auguste Lumière 和 Louis Lumière）在巴黎
一家咖啡馆地下室举办的放映活动标志了电影的诞生。然而，彼时的电影
更多是重现现实，采取一镜到底的拍摄方式，完成对现实场景的复制。此
后，卢米埃尔兄弟麾下的摄影师们大量拍摄新闻片、纪录片。乔治·梅里
爱（Georges Melies）借用戏剧的理念拍摄电影，将电影作为一种艺术形
式，经由一次"停机再拍"的意外开始探索电影特技所能实现的"令人惊

---

① 转引自梅洛-庞蒂.电影与新心理学［M］.方尔平，译.北京：商务印书馆，2018：129.
② 米特里.电影美学与心理学［M］.崔君衍，译.南京：江苏文艺出版社，2012：101.
③ 邓烛非.电影蒙太奇概论［M］.北京：中国广播影视出版社，1998：15-42.
④ 邓烛非.电影蒙太奇概论［M］.北京：中国广播影视出版社，1998：49-51.

奇"的效果。埃德温·S.鲍特（Edwin S. Porter）将这一效果发扬光大，于1902年利用蒙太奇为影像叙事提供了最初的连续感。他在作品《一个美国消防队员的生活》中，通过一系列的场景组合，形成了最原始形态的叙事效果，并首次赋予了特写镜头以叙事作用。此后，鲍特通过一系列作品对不同的剪辑结构进行了探索和尝试。[①]其所创造的连续性剪接方式注重影片内事物的发展和运动的内在逻辑。

戴维·卢埃林·沃克·格里菲斯（David Llewelyn Wark Griffith）进一步丰富了蒙太奇的表现手法，将镜头而不是场景作为电影的最小构成单位，并明确了镜头组接的意义：影像更多地通过安排和布局，以及镜头之间的时长关系、组合关系，而不是所展现的事物形象进行表意。[②]1915年，格里菲斯的作品《一个国家的诞生》标志了古典剪接方式的诞生：蒙太奇不再仅局限于接续动作和情节的功能性作用，而产生了制造冲突、渲染情感的戏剧化效果。[③]一年之后，格里菲斯又拍出了其巅峰作品《党同伐异》。该片讲述了四段相隔数千年且互不相关的故事，通过交叉蒙太奇和平行蒙太奇的手法在四个时空中来回穿梭、对比完成叙事。蒙太奇作为影像表达的手段彻底重塑了影视叙事方式，1910年后真正成为电影领域类似"语法"的通用存在。

二、蒙太奇理论的形成与发展

（一）苏维埃学派：从美学到哲学

格里菲斯被誉为"现代电影之父"，然而他更多的是在实践中进行直觉式探索，并未将蒙太奇上升到理论层面。苏联电影从业者们受到格里菲斯

---

① 米特里.电影美学与心理学［M］.崔君衍，译.南京：江苏文艺出版社，2012：98.
② 米特里.电影美学与心理学［M］.崔君衍，译.南京：江苏文艺出版社，2012：134.
③ 从《党同伐异》中看剪接的前世今生及蒙太奇的发展.［EB/OL］.（2018-05-21）［2022-07-12］.https://movie.douban.com/review/9384760/.

的影响，在实验和实践中形成了较为系统的蒙太奇理论，将其从美学概念提升到了哲学高度①。

1922年，苏维埃政权的宣传新闻片负责人吉卡·维尔托夫（Dziga Vertov）与朋友创建了"电影眼睛派"，主张用摄像机"即时捕捉现实"。该学派提倡使用多种角度、景别和视角拍摄的镜头来捕捉事实作为客观的文献资料，通过后期对镜头的选择、剪辑和组织赋予意义，实现对深度真实的提炼和表现。"电影眼睛派"强调蒙太奇的重要性，将蒙太奇视为影像创作的主要手段。

列夫·弗拉基米罗维奇·库里肖夫（Lev Vladimirovich Kuleshov）是蒙太奇理论发展过程中极为重要的人物。他在莫斯科国立电影学院创立了实验创作室，并展开了一系列实验证实蒙太奇的表现意义，建构了一套影视美学表达系统。其中最为著名的"库里肖夫效应"②证明，与镜头自身的内容相比，两个不同镜头的组合和它们之间联系、变化更为重要③。镜头组接通过并置画面引发联想，激发观众内心的相关经验最终实现意义的生产。普多夫金曾是库里肖夫的学生，后二人因观念不和而分道扬镳。有研究总结了普多夫金对蒙太奇研究的三个阶段，即技术蒙太奇、艺术蒙太奇和思维蒙太奇。④在普多夫金看来，蒙太奇作为一种建构性而非写实性的思维方式，是通过细节的积累实现整体意义的传达；在处理素材时，需要符合行为动作的连贯性和观众的心理期待；通过不同类型蒙太奇手法使用，如对比蒙太奇、平行蒙太奇、交叉蒙太奇等，实现对观众情绪的感染效果。他

① 曹毅梅.世界电影史概论［M］.开封：河南大学出版社，2010：76.
② 实验将演员莫斯尤金面无表情的一个特写镜头与三个不同镜头（一碗冒着热气的汤、棺材里躺着的女尸、一个小女孩玩玩具熊或说是躺在沙发上的半裸女人）拼接，观众却表示在演员的脸上读出了三种不同的情绪。
③ KULESHOV L V. Kuleshov on film：writings of Lev Kuleshov［M］. Oakland, California：University of California Press，1974：46-47.
④ 金虎.试论普多夫金的电影语言观［J］.郧阳师范高等专科学校学报，2012，32（1）：47-49.

以"镜头—段落—事件—影片整体"的逻辑方式，将单个镜头视为构筑整部影片大楼的"砖块"——一个个"砖块"的叠加最终构成了大楼本身。后期，普多夫金还从唯物辩证法的角度提出了"联想蒙太奇"，认为蒙太奇就是要揭示出现实生活中的内在联系——不仅包括一般的因果逻辑联系，还包含各层次的思想哲学意义。[①]普多夫金为蒙太奇理论做出了巨大贡献，而蒙太奇学派的另一巨擘爱森斯坦则与他有着截然不同的观点。

与普多夫金强调蒙太奇的联结和叙事功能不同，爱森斯坦更加关注蒙太奇在叙事中形成的对立和冲突效果。在影片中，他将不相关的镜头插入段落以实现特定的表达效果，使两个互不相干的画面和不完全的意义"在碰撞后生成一个全新的意义"[②]。此外，爱森斯坦并不认同普多夫金的"砖块"比喻，他认为单个镜头并不具有意义，只是一个"细胞"，唯有构成序列才能产生意义。1920年代末，爱森斯坦提出理性蒙太奇理论，对电影艺术产生了深远影响。理性蒙太奇使用辩证法构造叙述，而不是以连续的叙述本身表达理念。通过将不相关的事件剪辑在一起形成新的内涵，爱森斯坦强调蒙太奇对抽象概念的表达能力，帮助观众将荧幕上的视觉形象转化为理性认知。他反对分裂理性和感性的二元论，认为理性与感性互为基础、不可分割，在电影制作中需要兼顾"正确的思想"和"原始的感觉、情感"。因而，理性蒙太奇是理性与感性的融合，能够实现作者思想与情感的传达，并实现与观众的共鸣。《战舰波将金号》中的著名片段"敖德萨阶梯"就是最好的例证。以普多夫金和爱森斯坦为代表的苏维埃学派丰富并发展了蒙太奇理论，并将其上升为一种哲学思辨，为现代电影的发展打下了基础。

（二）电影纪实派：对现实的回归

爱森斯坦等人倡导的蒙太奇在1950年代受到了法国理论家巴赞等人的抨击。随着有声电影技术的出现与成熟，基于默片时代的蒙太奇手法一时

---

① 多林斯基.普多夫金论文选集［M］.罗慧生，何力，黄定语，译.北京：中国电影出版社，1985：136.

② 布朗.电影理论史评［M］.徐建生，译.北京：中国电影出版社，1994：26.

间难以适应新的时代：有声画面不像单纯的视觉画面那样容易处理，蒙太奇开始扩展到声音与图像及其相互关系的多元领域。这种对影片更加深入的人为干预限制了观众的视角，观众只能看到导演认为他/她应该看的，破坏了电影时空的真实性：一方面，其剥夺了观众自主理解的主观能动性；另一方面，事件的单一化趋向也消解了现实的复杂性和暧昧性。特别是理性蒙太奇，巴赞认为其将抽象概念强加于观众，违反了他们的审美规律、损害了参与感。"剪辑的艺术就是欺骗的艺术。"[①]巴赞与德国电影理论家齐格弗里德·克拉考尔（Siegfried Kracauer）提出了与传统蒙太奇理论对立的纪实理论系统。当然，他们并未否认蒙太奇对于电影的意义——巴赞承认"蒙太奇是电影的本性"[②]，只是不再一味地鼓吹"蒙太奇至上论"，造成蒙太奇的滥用。

巴赞将当时奥逊·威尔斯（Orson Welles）、罗伯特·弗拉哈迪（Robert Flaherty）等导演的拍摄方式总结、提炼，形成了以长镜头和景深镜头为核心的纪实理论，推动了电影艺术的新发展。"时空的完整，含义的暧昧，从多种角度观察动作的可能性"[③]构成了其理论的基本内容。巴赞主张保持电影中时空的统一性，"若一个事件的主要内容要求两个或多个动作元素同时存在，蒙太奇应被禁用"[④]。当空间统一性的可能会使现实变为单纯的想象性再现时，需要遵循空间统一规律，也应摒弃蒙太奇的使用。他强调，可以使用长镜头和景深镜头对抗蒙太奇理论引发的电影创作的断裂化、简单化、主观化倾向。长镜头可以通过推拉摇移等镜头运动形式实现对某一事物、场景进行多角度、多景别、不间断地拍摄；景深镜头借助前中后景的清晰呈现，完成相对大量信息的传递。二者均可以更加连续、完整、真实地记

① 奥斯廷.看不见的剪辑［M］.张晓元，丁舟洋，译.北京：北京联合出版公司，2016：11.

② 巴赞.电影是什么？［M］.崔君衍，译.南京：江苏教育出版社，2005：51.

③ 黄匡宇，黄雅堃.当代电视新闻语言学［M］.北京：中国社会科学出版社，2011：25.

④ 巴赞.电影是什么？［M］.崔君衍，译.南京：江苏教育出版社，2005：55.

录复杂的现实情况，并且赋予观众一定的自由选择权利。克拉考尔继承并发扬了巴赞的理论，强调电影的纪实性及与现实的亲缘性，反对蒙太奇引发的"主观幻想的自我扩张"。①

以让·米特里为代表的西方学者并不认同巴赞对于蒙太奇技巧本身的批判，在他看来，巴赞总是选择拙劣的应用案例进行分析，使其批判总是立于不败之地。那么与其质疑技巧本身，更应该斥责滥用技巧的人。但是他也肯定了纪实派理论的价值，认为在二者的对立中形成了两种同样有效但有着不同追求的美学。②随着蒙太奇的进一步发展，越来越多的人发现二者的同一性，甚至将长镜头称为"镜头内部蒙太奇"，认为长镜头同样是关于蒙太奇的理论，只不过把关注点放在了镜头内部。③

第二节　蒙太奇在中国新闻领域的应用与发展

与电影艺术不同，新闻报道是对现实中真实发生的人物、事件进行记录，追求客观、真实。因而，作为新闻报道遵循的视觉生产规律，新闻中的蒙太奇（以下简称新闻蒙太奇）在很多方面有别于电影创作中的蒙太奇，具有自身的特征和使用规则。而目前，对于新闻蒙太奇规律的研究较为少见。新闻生产与电影创作的核心区别在于创作思维的不同。电影在拍摄前就已经明确了故事情节的走向与理念，同时在前期完成了充分的准备工作，包括项目策划、文字剧本、场地搭建、分镜脚本、演员遴选等。在拍摄之前，电影就已基本形成了对影片画面内容、拍摄方式、镜头组接等的大致规划，为后期剪辑提供了非常充分的素材。就像著名导演阿尔弗雷德·希

---

① 周爱军.爱森斯坦与普多夫金的蒙太奇理论及其文化意义的比较研究［D］.上海：上海戏剧学院，2013.
② 米特里.电影美学与心理学［M］.崔君衍，译.南京：江苏文艺出版社，2012：201.
③ 林奇.电视新闻视听心理研究［M］.北京：中国传媒大学出版社，2014：220.

区柯克（Alfred Hitchcock）所言："编剧完成之后，我不会马上着手进行拍摄……我有一个非常视觉化的大脑，已经在脑海里完成了画面的最终剪辑。然后我会将这些想法在脚本中详细地写出来……"大多数电影在拍摄前就有了详尽的方案，拍摄和剪辑更多是按照蓝图设计的进行。

　　而新闻往往是记录正在发生或即将发生的事件，特别是对突发事件的报道，记者无法预知现场的具体情形，更无从在拍摄前进行确切规划。新闻生产的方式与电影相反：一般是在拍摄过程中，根据实际情况提炼、确定要表现的主题，并尽量以蒙太奇思维进行拍摄——画面对于成片的作用是什么？这个镜头与其他镜头应如何衔接？在制作时，需要依照实际拍摄到的素材，并根据素材的质量与可能性，经由选择、组织和提炼完成理念的表达。这与维尔托夫提出的"电影眼睛论"颇具相似性。米特里将这一逆向的生产方式类比为诗人："他并不根据选定的主题去构思韵脚和韵律，而是借助他想到的韵脚表达思想或情感。"[①]比如2018年12月20日湖北卫视播出的电视消息《问政现场：书记递上小纸条》[②]。记者原本是去拍摄湖北省仙桃市纪委、监委主办的全媒体问政会议，却因为现场仙桃市委书记临时递上的小纸条而调整了报道主题。书记在小纸条中批评相关负责人面对问政时态度不端正，说"大话、空话、套话，离题万里，令人生气"，记者敏锐地抓住了这一新闻点，在剪辑时着重对比了递纸条前各负责人的敷衍态度和递纸条后他们态度的转变，并在最后加入市委书记的教育讲话。将一个普通的会议报道变成了地方纠正"四风"、加强作风建设的生动缩影。新闻蒙太奇作为一种思维方式，影响着新闻的内容选择和组织形式。

---

① 米特里.电影美学与心理学［M］.崔君衍，译.南京：江苏文艺出版社，2012：176.

② 问政现场：书记递上小纸条［EB/OL］.（2018-12-20）［2020-01-15］. http://news.cctv.com/ 2018/12/20/VIDEaigobr7JjIx1JAJqQKqk181220.shtml.

一、艰难起步：新闻蒙太奇意识缺位

1958年5月中国第一座电视台、中央电视台的前身——北京电视台开始试验播出，标志了中国电视的诞生。同时期，欧美电视台已经拥有一套较为成熟的生产、播出流程和运营机制，而处于创始初期的中国电视则命途多舛。当时，"电视新闻"对于民众还是新鲜事物，曾任播音员的夏之平回忆，电视记者到达采访现场每每都会被质问："电视新闻是什么玩意儿？"[1]

电视诞生之初受到"大跃进"思想的影响，各地秉持着"没有条件也要创造条件的想法"，纷纷"土法上马"，刚刚启动就面临资金和设备的不足。紧接着又遭遇严重的经济困难，四分之三的地方电视台被关停。[2]除了设备条件艰苦，电视从业者对于电视新闻的认识也没有形成共识，导致新闻作品普遍缺乏时效性、专业性。电视台的工作人员多来自电影厂，用拍电影的思路做新闻：在新闻片的摄制观念上，偏重于画面的表现力和欣赏性。每条新闻首先构思画面，文字依附于画面，起配合作用。拍摄时则采用电影惯用的组织法，用主观的构想组织场面，要求当事人重新表演一次。彼时，新闻报道面窄、可看性差，很多报道都是半个月甚至一个月以前的"旧闻"。

二、走出阴影：新闻蒙太奇思维的逐步确立

1976年之后，随着物质条件和专业意识的提升，中国电视才逐渐走出

---

① 夏之平.铭心往事：一个广播电视人的记述［M］.北京：中国广播电视出版社，2009：58.

② 郭镇之.中国电视史［M］.北京：文化艺术出版社，1997：8.

阴影，成长壮大，逐渐确立了强势的媒体地位①。1978年元旦，北京电视台《新闻联播》栏目正式播出，并且成为新闻节目的模板范例；电视新闻的时效性全面超过报纸，成为用户获取信息的首要渠道；②诸如真实性、时效性等电视新闻的基本理念也开始被业界重视和讨论。

20世纪80年代，电视终于成长为一个自足的独立专业行业与文化领域。1980年代初，我国开始使用电子新闻采集设备（ENG），逐渐摆脱了新闻电影模式。伴随新闻改革，电视新闻也逐渐走向了正轨，开始占据电视节目的主体地位。然而，此阶段由于技术条件等限制，电视新闻画面非常有限，镜头组接也较为随意，蒙太奇应用不够专业。有观众反映电视新闻"画面乱、杂、挤"，"图像平平常常，直来直去"，希望能够看到"几个令人拍案的精彩镜头"。③不少节目甚至使用重复的画面填充旁白时间，损害了新闻的真实性和传播效果。还有节目大量存在"只播音不显像"的口播文字新闻，在报道中丧失了电视的自身优势，成为"电视报纸"。一位观众在给电视台去信时表示"很多观众已成为广播电台的听众，想从电视新闻的图像中加深印象，可往往只是再当一次听众而已"④。此外，不重视同期声、依赖解说词等对声画关系的错误处理也较为突出。⑤

不过，当时学界和业界已经开始了对电视新闻生产的反思和创新。有学者批评很多电视新闻没有遵循蒙太奇法则，无章法地进行组接，严重影响了新闻的表现力。⑥还有人指出电视新闻报道忽视画面的重要性，提出真正"完美和谐、别具一格的电视新闻"需要将音响与画面两种要素有

---

① 刘习良.中国电视史［M］.北京：中国广播电视出版社，2007：295.
② 常江.中国电视史［M］.北京：北京大学出版社，2018：157.
③ 李明超.对新闻节目的几点意见［N］.电视周报，1985.45.
④ 文剑.把电视新闻办得更有可看性［N］.电视周报，1985. 21.
⑤ 朱天.观念、体制、话语：1990年代中国电视新闻改革研究的三个视域［M］.北京：中国书籍出版社，2012：221.
⑥ 张菱，冯照亮.谈谈电视新闻中的蒙太奇手法［J］.山西大学师范学院学报（综合版），1991（2）：29-32.

机结合。①为解决时效性和专业性问题，有人大力提倡"无剪辑"的报道手法，以争取新闻时效，即记者在报道现场完成构思，在拍摄中只选择必要的镜头进行拍摄并规划好镜头转场，将拍摄与剪辑的过程合二为一，实现不复制、一次完成的播出。②这种手段可以增强真实感，摒弃新闻电影的痕迹。③还有人提出要"采摄分离"，将新闻采访、拍摄的任务分配给专人负责，让记者、摄像师各司其职，提升记者素质和报道质量。④

进入1990年代，随着改革开放的深化，电视也开启了飞速发展，成为大众生活中首要的信息、文化和娱乐消费渠道。1993年，在中宣部的指示下，中央电视台开始了新一轮新闻改革。5月1日"电视新闻杂志"《东方时空》栏目的开播被视为改革到达高潮的标志。10月下旬，《东方时空》的子栏目"生活空间"首次尝试"讲故事"的报道方式⑤，为电视新闻故事化打下基础。正如孙玉胜所述，始于1993年的电视新闻改革是从新的电视叙述方式开始的："叙述的态度应该是真诚和和平的；叙述的内容应该是观众关心和真实的；叙述的技巧应该是有过程有悬念的；叙述的效果应该是具有真实感和吸引力的……"⑥1994年4月1日开播的《焦点访谈》则使电视新闻直接介入舆论监督，成为深度报道的典范。1999年5月，福建电视台创建了中国第一个专业新闻频道。这一时期，电视新闻也迎来了一系列改

---

① 傅清.试论电视新闻语言的结构关系［M］//《中国广播电视年鉴》编辑委员会.中国广播电视年鉴1987.北京：中国广播电视出版社，1987：286-287.

② 洪浚浩.谈谈电视新闻的无剪辑摄制［M］//《中国广播电视年鉴》编辑委员会.中国广播电视年鉴1986.北京：中国广播电视出版社，1986：274.

③ 邹凡扬.广播电视新闻要讲求四个"度"［M］//《中国广播电视年鉴》编辑委员会.中国广播电视年鉴1986.北京：中国广播电视出版社，1986：263.

④ 姜文斌.采摄分离：电视新闻的希望所在［M］//《中国广播电视年鉴》编辑委员会.中国广播电视年鉴1990.北京：中国广播电视出版社，1990：170.

⑤ 董晴.如何用故事化手法讲述电视新闻［J］.新闻与写作，2010（3）：84-86.

⑥ 孙玉胜.十年：从改变电视的语态开始［M］.北京：生活·读书·新知三联书店，2003：4.

革：制片人制、平民话语、节目形态创新等。我国的电视新闻专业意识得到了极大提升，对于电视新闻语言的关注也大大增加。有学者提出了电视新闻语言系统，并将其分为语言符号系统和非语言符号系统。[①]学界还出现了对电视新闻是否应"声画同构"的争论。[②③④]电视业与国际接轨，完成了产业化转型以及"文化电视"向"商业电视"的身份转换。[⑤]

三、新形态与新闻蒙太奇的新发展

进入21世纪后，我国广播电视事业出现了新发展。2000年底，经过三年的努力和逾16亿的投资，我国超额完成了全国行政村"村村通广播电视"的任务，让10万多个曾经的广播电视盲村终于能够接收到广播电视信号，将我国的广播电视人口覆盖率分别提升至92.1%和93.4%。[⑥]2003年5月1日清晨6点，我国首个具有全国性影响力的专业新闻频道——央视新闻频道正式开播。虽然有些姗姗来迟，但这意味着我国的电视新闻终于迈入了新的发展阶段。专业的新闻频道一方面打破了原有固定栏目和时段的限制，另一方面通过现场报道、常规化直播等报道机制，延伸了电视新闻报道的速度、广度和深度，打造了一个重大事件权威发布、民众第一时间获取信息的重要平台。此阶段，电视已经毋庸置疑地成为我国的第一媒介；同时凭借数量最为庞大的受众群体和最为雄厚的资金，在国人的日常生活

---

① 黄匡宇.电视新闻学［M］.上海：华东师范大学出版社，1990：144.

② 黄匡宇.电视新闻：用语言叙述，用画面证实［J］.现代传播（北京广播电视学院学报），1997（4）：46-50.

③ 马莉.电视声画不再分离：兼与黄匡宇先生商榷［J］.现代传播（北京广播电视学院学报），1998（2）：85-87，75.

④ 杨竞.略论电视新闻中的声画同构［J］.现代传播（北京广播电视学院学报），1998（2）：88-89，96.

⑤ 常江.中国电视史［M］.北京：北京大学出版社，2018：379.

⑥ 全国通电行政村基本通广播电视　广电总局　国家计委召开表彰大会［M］//国家广播电影电视总局，《中国广播电视年鉴》编辑委员会.中国广播电视年鉴（2001）.北京：中国广播电视年鉴社，2001：37.

和公众文化中占据了核心地位。①

此阶段，电视新闻报道也出现了娱乐化倾向，严肃、精英式的新闻节目出现了显著的收视下滑。在2000年有学者提出，中国电视迎来"人际传播"的时代，电视营造了一个富于弹性的人文空间。具体表现为新闻播稿方式的口语化、平民化，将"播音员"的形象定位向"主持人"转变等。②2002年元旦，江苏电视台城市频道推出直播新闻节目《南京零距离》，标志着我国"民生新闻"的诞生并引发了各地电视台的民生新闻热潮。这些节目关注的问题、表达的方式都具有显著的平民气质，一经播出就受到了观众热捧。在这一背景下，新闻报道的"故事性"不断增强、媒体姿态不断降低，新闻生产开始关注叙述的技巧，以提高悬念感和真实感。③这导致媒体对于新闻蒙太奇的使用越来越重视、越来越专业。

在互联网和新技术的加持下，传统电视新闻的收视份额遭到了以网络视频为首的新形式的蚕食，在近年来呈现出显著下滑的趋势。2018年中国网络视听节目服务协会调研显示，仅有31.9%的网络视频用户还在收看传统电视。④许多人开始唱衰传统电视，甚至预言电视台将和纸媒一样逐渐消失。路透新闻研究院这样描述我们所处的时代："我们生活在一个属于电视⑤（television）的，而不是电视新闻（television news）的黄金时代。"⑥线性的、栏目化的电视新闻似乎越来越不受欢迎，在线视频（如发布在社交媒体、新闻客户端的网络长视频和短视频等）正在取代电视新闻的地位。

---

① 常江. 中国电视史［M］.北京：北京大学出版社，2018：382.

② 于丹. 中国电视迎来人际传播的特色时代［N］.中国教育报，2000-11-28（7）.

③ 岳淼，陈琪.中国电视新闻50年发展史论略［J］.东南传播，2010（3）：76-78.

④ 中国网络视听节目服务协会.2018中国网络视听发展研究报告［EB/OL］.（2019-01-31）［2023-09-28］. https://max.book118.com/html/2019/0131/7145010154002004.shtm.

⑤ 此处的"电视"，更多意指视频这一展现形式而不是作为物品的电视机；剑桥词典是这样定义的，指一个使用电信号传播图像和声音的系统，或呈现的电视节目。

⑥ NIELSEN R K，SAMBROOK R. What is happening to television news?［R］. Reuters Institute for the Study of Journalism，2017：5.

电视新闻叙事在新媒体环境下面临三重挑战，即"共时"新闻时空的出现、双向传播时代的来临和开放话语空间的形成。①

在新媒体环境下，新闻蒙太奇也出现了新发展。有人称数字技术让我们进入了"后蒙太奇"时代，镜头已不再是最基本的结构元素，技术进步为蒙太奇增添了新的形式与内涵。②新的技术形式虽然催生了新的逻辑规则，然而蒙太奇依然是影视内容制作的核心，并且变得越来越重要。比如，移动短视频新闻为适应互联网用户的观看习惯，整体的叙事节奏更快，这意味着同样时长的报道包含的镜头数量更多、切换更加频繁；故事性、趣味性更强，除了实现叙事，报道还需要在保证真实的前提下尽量营造戏剧化效果……这都对新闻蒙太奇的运用提出了更高的要求。

第三节 新闻蒙太奇的可供性分析

现代新闻叙事偏重纪实功能，语言平实、克制，虽然曾短暂出现借鉴文学写作手法的新新闻主义（New Journalism），但新闻长久以来都保持着与艺术的距离。然而，源于电影艺术的蒙太奇带有与生俱来的艺术气质，从电视新闻开始，新闻生产实践受其感染，在叙事方面也开始呈现出一定的艺术特性，并增加了对审美的要求。新闻蒙太奇作为一种新闻生产的惯例，不仅能够帮助新闻机构和记者更加有效地展开报道活动，将"特定事件"变成"常规新闻事件"③并形成视觉话语，同时开拓了新闻叙事的艺术性维度。当然，新闻仍然不属于艺术，其图像讲求得也并非极致的艺术性，而更多是基于视觉感知的展示意义。本节使用构成性诠释法，从信息内容、

① 孟建，董军.新媒体环境下我国电视新闻的嬗变与发展［J］.国际新闻界，2013，35（2）：6-12.
② 孙振涛."后蒙太奇"时代的电影语言［J］.理论与创作，2010（1）：91-94，104.
③ 塔奇曼.做新闻［M］.麻争旗，刘笑盈，徐扬，译.北京：华夏出版社，2008：134.

时空调度、话语组织、表现性内容四个面向考察新闻蒙太奇的特征及其可供性，以深入把握这一技术话语的形态和特性。

一、信息新奇化

> 我们能够清楚认识的只是正在形成和变化的事物，而不是处于常态的事物……反之，引入变化的事物，新的事物，则几乎总是特别刺激我们的意识。[①]

德波用"景观社会"的概念形容资本主义发展的新阶段，认为在这一阶段所有事物都变成了表征，资本不再利用饥饿而是使用物质的表征、外观进行统治。1990年代以来，图像在我国的文化中逐渐占据主导地位，在某种程度上我国也进入了"景观社会"。形象、符号成为愈发重要的表达手段，一些在文字时代被认为不具有新闻价值的纯视觉事件开始成为电视、视频新闻的重要部分。1980年代末，有人曾做过一个实验：在一个月内的前15天，连续不看画面，用电视机"听"央视的《新闻联播》节目播出的528条新闻，结果只有一条不知所云；而后16天则不听声音，只"看"该节目播出的543条新闻，结果没有一条能够看懂。[②]该学者因此提出，声音在电视新闻的叙事中占据主导地位，画面的主要作用是体现其"照相本性"，以满足观众"百闻不如一见"的好奇心。在电视新闻转型之初，媒体更加看重其视觉的展示功能为用户所带来的新奇感。

不过当人们对视觉影像本身司空见惯后，视觉叙事的重要程度在不断提升。新闻蒙太奇迎合了人类喜爱新奇、变化的心理。相比稀松平常或一成不变的事物，变化更能够吸引注意并刺激人类产生心理或行动方面的反应——"闻所未闻、见所未见"的事物往往会给我们留下深刻的印象。在

[①] 米特里.电影美学与心理学 [M].崔君衍，译.南京：江苏文艺出版社，2012：161.

[②] 黄匡宇.电视新闻学 [M].上海：华东师范大学出版社，1990：155.

信息内容方面，新闻蒙太奇技术为媒体机构提供了信息新奇化的可供性。其通过镜头的中断与衔接，赋予媒体区别于日常生活经验的呈现方式以及将平常信息新奇化、陌生化的有效手段。借助这些新奇景象和时刻变化的活动图像，视频新闻实现了对用户注意力的有效掌控。

在日常生活中，周围事物的变化是具有连续性的。多数主体行动、事物发展需经历渐进的过程，同时，变化的事物是处于相对稳定的整体环境和关系之中。而在视觉影像的表达中，画框与新闻蒙太奇则将变化直截了当地呈现出来——画框切断了主体与整体环境之间的包含关系，使得主体本身得到凸显；新闻蒙太奇省略了事件的中间过渡，直接呈现变化前后的状态，使其看起来更具显著性。而若用镜头悉数记录现实，不仅会使得影片结构松散、节奏缓慢，且会因与日常经验相似而无法激发用户兴趣。画面作用之所以强烈，正是因为新闻蒙太奇是对"原来的现实进行各种纯化和强化处理"[①]。以电视新闻为代表的视频新闻报道正是受益于此。

有研究选取2011年1月1日—2017年12月31日7年间《新闻联播》对叙利亚战争的报道作为样本进行内容分析发现，单条报道时长在60秒至120秒之间的数量最多，占总数的33.91%；其次是30秒以内的报道占31.03%。[②]一条电视新闻消息或网络短视频需在两分钟的时间内，展示长达几个小时甚至几天、几周范围的事件动态（新闻专题片可能长达数十分钟，其中很多需要完成对以年为单位的时间范围的记述）。新闻蒙太奇通过对关键截面而非完整现实时空的再现，不仅实现了高效叙事，同时借助剪裁关键内容完成了信息的重构。正如普多夫金所言："删掉现实生活中难以避免的只起连接作用的一切不重要的中间过程，而只保存那些鲜明的尖锐的片段，电影创作的基本方法——蒙太奇的感染力其实质就建立在这种去粗取精的可能性上。"[③]如1999年9月21日中央电视台零点新闻中一条题为

①　马尔丹.电影语言［M］.何振淦，译.北京：中国电影出版社，1980：9.

②　潘月.《新闻联播》中关于叙利亚战争报道的框架研究［D］.锦州：渤海大学，2018.

③　邓烛非.电影蒙太奇概论［M］.北京：中国广播影视出版社，1998：33.

《澳大利亚等国维和部队抵达东帝汶》的新闻消息，用33秒的时间就浓缩了东帝汶地区一天的情况。由于当地民兵暴乱，联合国批准国际维和部队进驻东帝汶。9月20日，各国首批维和部队陆续抵达。报道抽取维和部队陆续抵达机场、运送武器的关键画面以及印尼军方在雅加达对此做出回应等场景画面完成了对部队进驻过程的高度概括，各色部队、武器形象也赋予了新闻更多看点。

除了选择具有视觉冲击力的内容，通过蒙太奇的组接方式还能够提供超越人眼的视觉体验。正是因为现实总是不够精彩，所以对其进行修饰（embellishment）和夸张非常常见。所有新闻都是经过精心选择的。[1]比如通过对不同视角、不同景别镜头的组接，让观众可以从不同角度全面把握某一物体的形态特征，全景结合特写的方式更能让观众在一览全貌的同时看到现实中很难观察到的细节。央视新闻频道2017年9月12日播出《故宫年度大展：青绿交织〈千里江山图〉全卷开展》的报道，其中，报道对本次展览最引人关注的宋代画家王希孟的传世名作《千里江山图》进行了全方位的展示。在该展览中，故宫首次将长达11.9米的画卷全部打开。记者使用蒙太奇手法，在6个镜头中综合运用了全景、近景、特写和大特写的景别及不同角度全面展示了《千里江山图》的精美风貌和细节。即使观众亲自到展馆内进行参观，因参观时间和展柜等现实条件的限制，也无法获得如此近距离的观看体验。

新闻蒙太奇还通过画面组接创造节奏，形成对于用户接受和情绪的引导。节奏常被视为一种周期性运动模式，"只是一种动态显现的时空形式"[2]，通过对各种元素的组织，在快与慢、张与弛之间形成连贯的、和谐的有机整体。对于视频新闻报道来说，合适的节奏是恰当再现事件原貌、渲染情绪状态的关键一环，直接影响观者的心理感受。然而，影视画面的节

---

① EKSTRÖM M. Information，storytelling and attractions：TV journalism in three modes of communication [J]. Media，culture & society，2000，22（4）：465-492.

② 米特里.电影美学与心理学 [M].崔君衍，译.南京：江苏文艺出版社，2012：196.

奏无法单纯通过镜头时间的长短进行量化评估。有学者提出叙事的两种时间性，即讲述事件的时间性、叙述行为本身的时间性；[1]也有人提出了类似的故事时间与话语时间概念，通过能指时间的畸变展现所指时间实现两种时间的"兑现"；[2]还有人认为，在电视新闻中需要区分客观钟表时间与主观心理时间——钟表时间可用数字进行量化测量，而心理时间则是依据感知的质化概念。[3]参考这一思路，本书将视频新闻报道中的时间概念概括为三种，即现实时间、镜头时间和心理时间。现实时间指的是事件在现实中真实发生的时间跨度；镜头时间指在叙事过程中，每个镜头片段的时间长短；心理时间则指观众在观看过程中心理层面感知到的时间长短。三者之间不存在必然的数量关联性，比如镜头时间长并不意味着心理时间长。作为一个综合性概念，心理时间不仅受到镜头时间长度的影响，还取决于画面所包含的信息强度。在电影大银幕上长度合适的空镜头，放在电视屏幕上就会显得冗长。这是由于大银幕可以容纳更多信息，观众需要花时间去接受和吸收，而电视的屏幕容纳信息有限，信息强度不足会让观众产生拖沓之感。这一规则同样适用于电视屏幕与手机屏幕。

影片节奏的快慢主要由心理时间控制。新闻蒙太奇经由对画面运动、声音的打断与连接，实现了影片节奏的构建；同时，其能够决定整体的叙事结构和每个镜头的长短与组合。比如，1995年中央电视台晚间新闻对中国宝武钢铁集团有限公司的成功经验进行了系列报道。以3月22日播出的《再看宝钢（三）：宝钢的高效益》为例，报道镜头以5—6秒为主，虽然借助镜头移动提升了画面信息量，但整体节奏偏慢，特别是与激情洋溢的旁白解说的配合略显脱节。再如2017年12月30日，山东广播电视台播出的

---

① 戈德罗，若斯特.什么是电影叙事学［M］.刘云舟，译.北京：商务印书馆，2005：19.

② 热奈特.叙事话语　新叙事话语［M］.王文融，译.北京：中国社会科学出版社，1990.

③ 泽特尔.图像　声音　运动：实用媒体美学［M］.赵淼淼，译.3版.北京：北京广播学院出版社，2003：212.

长消息《海尔：全球家电巨头的小微化转型》关注海尔集团为培育、孵化小微团队，实行传统架构的转型和升级。同样是对企业成功经验的报道，不同的蒙太奇应用方式呈现出了截然不同的画面节奏。该报道广泛运用镜头运动、升格、延时摄影的手法，搭配使用全、中、近、特景别，除了长镜头，单个镜头长度控制在3秒以下。虽然消息的总镜头时间长达3分57秒，但整体节奏紧凑和谐、张弛有度。该报道获得了第二十八届中国新闻奖电视消息类二等奖，评委在评语中特别提出，该报道"镜头精美，运用恰当，剪辑紧凑流畅"。

此外，新闻蒙太奇还可通过画面、声音组接实现快感的传递，其不再拘泥于叙事逻辑，而是"直接服务于视觉快感生产"①。特别是在互联网短视频新闻领域得到了广泛应用。就像德波曾描述的："景象的基本特征在于这样一个简单事实，即它的手段同时也是它的目的。"②这属于新闻传播的"超常态"③，通过拓展或压缩时空的方式营造强烈的视觉冲击力，更加符合人们的猎奇和审美心理。比如央视新闻在抖音短视频平台中对庆祝中华人民共和国成立70周年阅兵式的系列报道，就是这一手法的典型案例。"礼炮轰鸣，正步铿锵！威武军容，请祖国人民检阅！"的视频用19秒、8个镜头精准地组接士兵动作（见表2-1），并配合激昂的配乐形成紧凑有力的影像节奏，凸显了中国人民解放军仪仗队在鸣放礼炮时不差纤毫的整齐动作，为观者提供了非比寻常的视觉奇观与享受。该条视频在抖音获得了超过2000万点赞和40余万条评论，远远高出该账号的平均点赞水平。"8倍慢放整齐如一，中国排面无懈可击"的短视频在18秒的时间内，将不同角度、不同景别和不同速度的镜头采取积累蒙太奇的手法连接，配合动感的音乐节奏，全方位地展现了整齐划一的预备役部队方队。新奇化的视觉效

---

① 周宪. 论奇观电影与视觉文化［J］. 文艺研究，2005（3）：18-26，158.
② 德波. 景象的社会. 肖胜伟，译［M］// 陶东风，金元浦，高丙中. 文化研究：第3辑. 天津：天津社会科学出版社，2002：58.
③ 林奇. 超常态新闻传播的超视听现象探析［J］. 现代传播（中国传媒大学学报），2012，34（3）：151-152.

果引得众多网友感叹："像是特效""比特效还整齐"。

表2-1 "礼炮轰鸣"短视频分镜头表

镜头	时长	景别	镜头运动	内容
1	3秒	大全景	固定镜头	正阳门前整齐排列的礼炮
2	2秒	全景	固定镜头	仪仗队士兵交接礼炮
3	3秒	中景	固定镜头	仪仗队士兵跪姿
4	3秒	全景	固定镜头	仪仗队士兵交接礼炮
5	1秒	特写	固定镜头	正在鸣放礼炮的炮口特写
6	3秒	中近景	上摇镜头	正步行进的仪仗队伍
7	2秒	中景	固定镜头	正步行进的仪仗队伍
8	2秒	全景	固定镜头	正步行进的三位仪仗队领队

二、重塑时空

"电影、电视（不仅是故事片或电视剧）首先是一种时空艺术。"[1]剪辑技巧为电影中两个镜头提供了四种基本控制，包括图形关系（graphic relation）、节奏关系（rhythmic relation）、空间关系（spatial relation）、时间关系（temporal relation）。[2]蒙太奇是进行叙事时空再造的有力工具。从动态影像的基础技术来看，以电影、电视为代表的视频影像中时间和空间互为基础、紧密相连。一方面，现实的三维世界投射至二维屏幕，画面中的透视关系、景深虚实虽有助于营造立体空间，但仍旧无法弥补纵深维度的缺失。然而，当一帧帧连续的静态图像按时间顺序开始流动后，画面中的人、物就产生了运动，"运动决定纵深感，确实创造出纵深感"[3]，从而制

---

① 戴锦华.电影理论与批评［M］.北京：北京大学出版社，2007：4.

② 波德维尔，汤普森.电影艺术：形式与风格［M］.曾伟祯，译.8版.北京：北京联合出版公司，2015：258.

③ 米特里.电影美学与心理学［M］.崔君衍，译.南京：江苏文艺出版社，2012：58.

造出了深度，形成了一个可被感知的立体空间。另一方面，影像时间通过一幅幅静态画帧的运动实现，拍摄中每秒所记录的画帧数量可以决定影像在播放时时间流逝的快慢（拍摄帧数越少，播放时影像时间越快；拍摄帧数越多，播放时影像时间越慢）。对时间、空间的控制可被视为影像的核心属性，蒙太奇是实现再现和重塑时空的关键手段。其打破现实中时间和空间的限制，通过对现实时空的取舍、拼接或将不同时间、不同地点发生的事件交叠串联，创造了现实中并不存在的新时空。

克里斯蒂安·麦茨（Christian Metz）借助索绪尔和罗兰·巴特的符号学理论资源，试图发现电影的语言学规律，最后却得出电影是"没有语言系统的语言"（un langage sans langue）的结论。于是麦茨转变考察对象，将研究视角转向了"影像与影像、镜头与镜头之间的关系"[①]。其研究正是从时空关系入手，参照结构语言学的二元模式，提出了电影的大组合段理论[②]，从组合段这一单位和定型化的时空结构入手发掘电影语言的特征和规律，试图总结蒙太奇的所有叙事结构，形成了第一电影符号学。大组合段中包含七种关系和八种组合方式，有学者为了更好地理解大组合段的划分方式，增加了能指和所指以及时空结构的说明。[③]

---

① 金虎.试论麦茨的电影大组合段：电影语言研究系列麦茨之二［J］.电影文学，2011（23）：19-21.

② 麦茨认为，镜头构成了场景，场景又组成了组合段，根据组合段在影片整体中所起的作用可划分为七种关系和八种组合方式：一是根据镜头的数量区分出自主（独立）镜头和组合段；二是根据组合段有无顺序区分出非时序性组合段和时序性组合段；三是在非时序性组合段中根据组成组合段的镜头有无系列区分出平行组合段和包括式（括号）组合段；四是在时序性组合段中根据有无叙事动机区分出描写组合段和叙事组合段；五是在叙事组合段中根据连续序列的数量区分出交替组合段和线性（直线）叙事组合段；六是在线性组合段中根据陈述是否中断区分出场面和段落；七是在段落中根据中断的镜头是否有组织性区分出插曲式段落和常规（一般）段落。摘自林奇.电视新闻视听心理研究［M］.北京：中国传媒大学出版社，2014：226.

③ 慈祥.再论电影符号学以及麦茨的大组合段理论［J］.南京师范大学文学院学报，2009（2）：116-120.

虽然许多学者质疑该理论的严谨性和局限性，如组合划分逻辑的缺陷以及未考虑声音与画面之间的组合等，但作为描述叙事影像普遍存在的结构关系的大组合段理论仍不失为理解影像时空、叙事提供了一个进路。新闻蒙太奇构建时空的主要方式与电影基本一致，因而此处将不再重复总结对新闻蒙太奇形式的描述，而是基于此对其特征进行分析。除了画面自身，声音与画面之间的蒙太奇处理也可塑造新的时空。

以电视新闻为代表的视频新闻普遍具有现在时态的特征，分别表现在两个方面。一是技术呈现方面，视频图像本身的线性特征决定了其正在进行的时态——观众能够看到的只有当下播放的画面，无法看到过去已播或未来将播的场景。正如在现实生活中，人类也只能生活在当下时刻一样，影像也是稍纵即逝的。因而，以电视为代表的视频新闻从技术的呈现本质来看就是对当下的聚焦。二是视觉叙事方面，影像最擅长于展现事物的进行状态，即使是已经发生的往事，在叙述中也多以现在的形式出现，类似英文中的"过去进行时"。在此过程中，新闻蒙太奇一般以不着痕迹的方式连接画面，即根据场景转换或者事物发展变化进行剪接制造现场感。有时候，新闻蒙太奇会以一种较为原始，甚至是粗糙的形式，为观众营造较为强烈、生动的现场感。现场性可以被视为证明新闻自身合法性的一种方式，"将新闻证实为一种揭示社会真相的，重要的社会装置"[①]。

与虚构的电影艺术不同，新闻影像是对现实生活中在某一时间、空间真实发生过的事件、真实存在的人物的记录。米特里曾说："事物之间的关系归根结底比事物本身更重要。"[②]新闻蒙太奇正是使用画面关系，完成对信息的再现。同样的镜头采取不同的组合方式会产生不同的表达效果。视频新闻除了要遵守真实性的内在要求，还要试图实现某种意义的美学价值，

---

① 梅钦，波尔策.视觉新闻［M］.朱戈，陈伟军，译.北京：清华大学出版社，2017：174.

② 米特里.电影美学与心理学［M］.崔君衍，译.南京：江苏文艺出版社，2012：178.

以求"在二者综合作用中达成一种微妙而复杂的动态平衡"①。归根结底，新闻蒙太奇是对于时间和空间的重塑，即打破事物隶属的时空关系，构建一个全新的时空连续体。因而，其也制造出了一个与现实时空维度相关却又区别于现实的、陌生化的"他物"。

三、拼贴整合

人类对于世界的感知并不是连续的。大脑无法在长时间内对同一事物保持全神贯注，注意力的不断转移导致了人类认知的跳跃性和断裂性。但是，记忆会将片段化的认知进行重新组合与分化，这一过程在某种程度上与蒙太奇的原理非常类似。我们关注并感知自己认为重要的事件/事物，并将其在大脑中拼贴成为对于该事物的整体印象。这使得大脑对事物形成的感知是连续而非断裂的。对于同一事件/事物，不同的人可能因为关注点和组合方式的不同，形成不同的印象。可以说，蒙太奇手法在一定程度上符合人类的认知世界本原方式，同时更是对这一认知方式的极致化应用。现实生活中，人类注意力发生转移致使关注的主体发生变化，但其所处的背景环境一般不会改变。而在影视空间中，这种转移却可以是彻底的、剥离了背景环境的。蒙太奇给予了新闻报道时空切换、组合的自由，同时还通过混合使得断裂被合理化，特别是在对画面的处理上，中断、跳跃成为视觉的常态。

受限于报道时长、视觉感知局限等因素，大多数视频新闻的画面本身不具备完整的情节性和独立的叙事功能，需要依赖旁白解说、字幕等形式实现对报道关键信息要素的传递（"5W+1H"）。这也导致了视频新闻的画面叙事语言与电影存在较大差距。一方面由于不受故事情节发展的限制，镜头内容、时空之间可能存在极大的跳跃性，严密的场景内叙事并非必须；

---

① 张军华.影像 话语 文本：叙事分析视野中电视新闻传播［M］.长沙：湖南师范大学出版社，2012：79.

另一方面不会过度强调镜头语言的美感，如景别相差过大的两极镜头不能直接相连、景别相似的镜头避免直接切换等电影中的"禁忌"却频繁出现在视频新闻报道中。这些都导致新闻画面存在更严重的片段化倾向。新闻蒙太奇能够为断裂的镜头制造连续感。其通过剥离单个镜头的语境背景，使用平行蒙太奇、隐喻蒙太奇等手法按照时间、空间、事件等主线将多个看似不相关的画面并置、拼贴形成一定逻辑。此外，声画蒙太奇和增加字幕的手段也帮助弥合了因记录不全面和时空断裂导致的认知断层。值得一提的是，网络视频新闻更加重视画面内部的叙事能力。以手机、平板电脑为代表的移动设备具有便携性与场景化的观看特点，但在很多情境下观者却不方便经由声音获取信息。有数据显示，Facebook上近80%的视频都是在静音状态下播放的。我国许多网络视频新闻甚至放弃了传统电视新闻的旁白解说，采用"画面+字幕"形式实现信息的传达。借由画面、声音组接中的逻辑性，新闻蒙太奇合情合理地接合不同片段，引导观众注意力的自然转移。

　　蒙太奇思维不仅存在于单条视频的编辑中，对于整个新闻节目的编排也具有重要意义。不同新闻的组合有时可以达到1+1>2的表达效果，有人将其称作"互文性叙事模式"，即电视新闻可以通过选择性突出头条新闻以及组合编排新闻的方式，运用蒙太奇思维排列新闻，使得单条新闻产生组合性的附加意义。[①]蒙太奇还减弱了无关新闻之间切换的突兀感、断裂感，再加之主持人"让我们的视野转向……""接下来让我们关注……"的转折语，有效地引导了关注点的转换。比如2009年7月14日中央电视台播出的《朝闻天下》节目，第一条新闻关注全国财政的好消息，连续两个月收入增幅回升表明经济出现好转。接下来主持人通过"好，我们再来看一下乌鲁木齐人现在的生活"，引出五条有关新疆乌鲁木齐"7·5"事件的后续报道，均延续了第一条新闻的正面情绪基础，通过多方位报道乌鲁木齐的日

---

① 张军华.影像 话语 文本：叙事分析视野中电视新闻传播［M］.长沙：湖南师范大学出版社，2012：63.

常生活已恢复正常，聚焦"7·5"事件当天发生的好人好事，减弱了该事件所引发的社会担忧和恐慌情绪，凸显和平、稳定、民族团结理念。接下来，通过主持人口播"更多消息再来看一组朝闻快报"进入快报版块，用每条几十秒的时间播报了不同主题、不同内容的国内新闻简讯。在后续对国际新闻的编排中，各条新闻之间没有显著联系，有着不同的背景、情绪和关注点。但因为蒙太奇营造的接续感，这样的断裂方式不会对观众的认知造成阻碍。

蒙太奇虽然为媒体提供了接合断裂片段的能力，但同时也意味着将这种断裂进行了合理化，让用户在拼贴和混合中逐渐了适应了片段化的思维方式，促进信息碎片化的趋势。这一现象在互联网时代更加凸显，特别是在社交媒体平台或短视频平台发布的视频新闻，没有了电视台的统一编排，各条新闻之间更加独立，信息编排进一步碎片化。比如在抖音短视频平台，通过上下滑动屏幕就可以实现不同视频间的切换。通常情况下，前后几条视频不存在任何联系。可能上一条视频的情绪非常悲痛，紧接着下一条就是轻松搞笑的趣味新闻。

"闪电新闻"是山东广播电视台的官方抖音账号，此处以该账号在2019年12月26日发布的几条视频为例。第一条视频题为"痛心！平安夜当晚，安徽一名辅警执勤中被撞牺牲，年仅24岁"，讲述一名辅警在检查酒驾时被一辆小型越野车撞倒后殉职。视频以该辅警黑白照片作为结尾，并配以"英雄 一路走好"的字幕，视频基调以悲伤、缅怀为主。紧接着的下一条题为"广西桂林：未办ETC上高速被阻，'我们不差你这一个客户'。涉事收费员已被开除"。该条视频曝光一位高速收费员，因司机不办ETC卡而态度恶劣、出言不逊，语气傲慢跋扈，让人感到愤怒。再下一条题为"密集恐惧者慎入！上千万红蟹迁徙遍布路面 网友：能吃吗？"，展现了澳大利亚圣诞岛上的红蟹在马路上迁徙的场景，并使用庞麦郎的《我的滑板鞋》作为配乐，属轻松、搞笑类的趣味新闻。这三条新闻之间无论是内容、背景，还是情绪上都没有任何关联。碎片化的轻量传播能够更好地嵌入日常的零碎时间，但也有学者担心"零星破碎的信息无法汇集成一个连贯而充满智慧的整体"[1]。

四、统制意义

"一部影片里的各种画面一经接触，便会引起互为因果的联想过程。"[2]在新闻生产中，蒙太奇通过对镜头内容的安排与结构，为媒体提供了创造画面内容之外的意义的可供性。蒙太奇不仅影响情节的发展，同时可以通过组接镜头产生修辞效果。[3]作为连续、整体的影像超越了单个镜头叠加的意义，在某种程度上能够引导观众产生联想、解读，并激发其产生相应情绪、采取相关行动。蒙太奇在进行意义生产时呈现出灵活性、指向性和强制性。灵活性是指蒙太奇在组接中具有相当的自由度，可以按照不同的逻辑方式完成画面组接，不必拘束于画面内容、因果顺序等客观限制。甚至即使两个原本不存在联系的镜头，在认知中也可能会因为蒙太奇的作用而产生某种联系。然而，新闻蒙太奇这种灵活性也在一定程度上威胁了新闻中的事实，可能因画面组接的"偷梁换柱""无中生有"等损害报道的真实性。

指向性是指特定组接方式所产生特定的意义效果——通过选择、组接不同镜头，实现意义的传递。即使是同样的镜头内容，不同的蒙太奇手法也会形成不同的效果和意义。信息传播都带有一定的目的性，新闻节目的制作者/机构希望能够通过报道以某种方式在某些方面对观众产生特定的影响。有时，这一目的较为明确，有时可能比较模糊。作为思维的产物，蒙太奇通过组合特定画面内容的过程，既实现了生产者对于图像意义的捕捉，

---

[1] 转引自波兹曼. 娱乐至死 [M]. 章艳，吴燕莛，译. 桂林：广西师范大学出版社，2009：118.

[2] 巴拉兹. 电影美学 [M]. 何力，译. 北京：中国电影出版社，1982：112.

[3] 埃亨鲍姆. 电影修辞问题. 杨远婴，译 [M]// 李恒基，杨远婴. 外国电影理论文选：修订本. 北京：生活·读书·新知三联书店，2006：119.

也实现了该意义的传递。蒙太奇"绝不仅仅是组合镜头的技术手段，也不只是继拍摄之后的人为操作，而是一种修辞手法"。①多种类型的蒙太奇，如对比蒙太奇、隐喻蒙太奇（也称象征蒙太奇、比喻蒙太奇、类比蒙太奇）、反复蒙太奇等也为传递特定观点提供了有效的表达方式，新闻视频借助画面组接渗透了创作者的主观观点和立场。蒙太奇是新闻视频构建意义、传递观点的重要手段。

比如2019年11月26日央视财经频道《天下财经》节目播出的新闻《今昔图像对比揭示瑞士冰川快速消融史》。节目将几十年前的瑞士山地景观与现在的景象组接，用对比蒙太奇的手法将时空交错，今昔对照直观地展示出了瑞士冰川触目惊心的消广速度，实现了单个镜头无法达到的警醒效果。再如四川卫视于2018年5月3日播出的"汶川十年"系列报道《空中看巨变·北川》，若拆分来看，每个镜头都只是对北川新城区某一建筑样貌的展现，如北川中学、新北川宾馆、北川民俗博物馆等。而将这些镜头组接在一起，特别是借助对比蒙太奇与几乎被夷为平地的北川遗址组合之后，其迸发出了新的意义——重生与巨变。十年中，北川人在全国人民和政府的驰援之下于悲痛中异地重建了新的家园，正一步步走出灾难的阴影：基础设施完善、经济快速增长……震毁的北川获得了新生。十年对比不仅展现了国人快速建设能力，更凸显了众志成城、坚忍不拔、努力向前的精神。

强制性是指新闻蒙太奇对意义的接受具有较强的统制能力。一方面，其对事实的呈现多数情况并非全貌，而是生产者所选取的特定角度和姿态，暗含了一定的意义倾向，但图像天然具备的"眼见为实"的属性往往让人将其与事实画上了等号；另一方面，虽然用户在观看时具有解码的自由，但不断变化的画面片段通过持续吸引用户注意"把感觉粉碎成连续的片段，粉碎成刺激"。与文字相比，图像对于意识连绵不断地占领挤压了反思的空

---

① 帕尔朗.文本解析［M］//梅洛–庞蒂.电影与新心理学.方尔平，译.北京：商务印书馆，2018：129.

间，让用户更容易采取霸权式或协商式的解码立场，接受蒙太奇建构的意义。鲍德里亚曾对此进行反思，认为在现代媒体环境中，信息所充当的不再是告知功能，而在向"测试"甚至是"控制"转变。"因此信息的任何阅读都只是一种对代码的持续检查。"①鲍德里亚似乎描绘了一幅过于悲观的图景，忽视了用户在解码过程中的主观能动性，但不得不承认，相比文字话语，以蒙太奇为语法的视觉话语具有更为强大的说服力和感染力，显著挤压了用户的解读空间。

五、刺激情绪

早在20世纪90年代，西方学者就发现，以电视新闻为首的新闻业逐步呈现出情绪化的倾向。讲故事的叙事方式在电视新闻中越来越常见，记者多采用"戏剧化框架"进行报道。②电视新闻似乎变得越来越主动、独立，而不是被动传达他人的观点和想法。③这与媒体的商业化运作需求分不开，为了争夺更多观众，媒体需要此类吸引眼球的报道方式。曾有人这样总结电视新闻的特征"越短越好；避免复杂；无须精妙含义；以视觉刺激代替思想；准确的文字已经过时落伍"④。

视频新闻在某种程度上带有强制性，电视新闻尤甚。电视新闻需要观众依照电视台安排的时间和顺序观看节目，同时需要完全遵从影像自身的节奏，不具备自主选择、控制的权力。网络视频新闻对此有了很大

---

① 波德里亚.象征交换与死亡［M］.车槿山，译.南京：译林出版社，2006：81.

② SHIM H. Narrative journalism in the contemporary newsroom: the rise of new paradigm in news format? ［J］. Narrative inquiry, 2014, 24 (1): 77-95.

③ EKSTRÖM M. Information, storytelling and attractions: TV journalism in three modes of communication ［J］. Media, culture & society, 2000, 22 (4): 465-492.

④ 波兹曼.娱乐至死［M］.章艳，吴燕莛，译.桂林：广西师范大学出版社，2009：91.

改进，观众可以在任何时间、地点，选择网络上的任何视频内容进行观看，并且在观看过程中还可以随时快进/退、暂停、退出等，不少网站还提供了变速观看的功能。不过，无论是何种形式的视频新闻都无法改变一个本质：蒙太奇通过控制画面节奏、内容关系、叙事顺序等可实现对情绪的刺激，赋予了画面情感因素。正如俄国批评家鲍里斯·埃亨鲍姆（Boris Eikhenbaum）所言："蒙太奇依然是语义学的基本核心——因为正是它给镜头增添了一般涵义之外的情感色调。"[①]

无论是小说、电影还是新闻报道，戏剧化冲突都是实现良好传播效果的重要技巧之一。特别是视频新闻的故事化表达，蒙太奇手法为其带来的冲突感，对于观众来说有着天然的吸引力，可以满足其猎奇的诉求。颠倒蒙太奇、平行蒙太奇、交叉蒙太奇等均可打破单一、线性的平铺直叙的叙事方法，通过增加叙事的紧张感和悬疑感，提高新闻的可看性和新鲜感。颠倒蒙太奇的组接方式可以将最具冲击力的内容放在报道的开头，有效地制造了悬念感，吸引观众一探究竟。

迈克·费瑟斯通（Mike Featherstone）曾这样描述："观众如此紧紧地跟随着变换迅速的电视图像，以至于难以把那些形象的所指，连结成一个有意义的叙述，他（或她）仅仅陶醉于那些由众多画面跌连闪现的屏幕图像所造成的紧张与感官刺激。"[②]画面借助纯化的、更加强烈的现实和连续不断的画面实现了对于人类情绪的直接刺激。和电影一样，电视、网络视频均是通过对于意识连绵不断的占领，使得理性让位于激情。故事化的叙述能够创造兴趣、刺激、冲突和对比，给予观众强烈的视觉体验，进而激发他们的情绪。但不同的是，在观看电影时，观众更多是作为旁观者观看他人的故事，而电视观众则更多是作为参与者参与到叙事之中。麦克卢汉曾提出冷媒介和热媒介的概念，他并未对二者进行明确定义，而通常接受

① 埃亨鲍姆.电影修辞问题.杨远婴，译 ［M］// 李恒基，杨远婴.外国电影理论文选：修订本.北京：生活·读书·新知三联书店，2006：126.
② 费瑟斯通.消费文化与后现代主义［M］.刘精明，译.南京：译林出版社，2000：8.

者参与度的高低被视为区分冷热媒介的关键。按此标准，电影属于热媒介，其画面具有高清晰度，提供的信息较多，并且因为观者的参与度低，所以需要沉浸在全黑且封闭的环境下观看；而电视则是冷媒介，观众通过填充低清晰度的图像重构画面内容，实现深度的参与和卷入。①

新闻蒙太奇作为视觉的基本语法，主要通过镜头组接完成影像意义的建构与传达。该技术的普及与发展不断彰显着视觉的重要性，其自身的艺术气质开创性地将展示性置于新闻叙事的核心位置。通过镜头的拼贴，新闻视频得以打造区别于真实时空的"他物"，在纯化现实的基础上，借助戏剧化的叙事方式过滤平常、凸显异常、制造冲突，提升了叙事的可看性和表现力。同时，借助视觉对于情绪的刺激作用，新闻蒙太奇还为叙事增加了感情色彩，通过诉诸人类本能完成带有一定强制性的意义灌输。

---

① 麦克卢汉.理解媒介：论人的延伸［M］.何道宽，译.南京：译林出版社，2019：37-49.

第三章

信息之美：数据可视化与新闻的交互生产

据互联网数据中心（IDC）预测，2025年，全球数据量将达到175ZB①，其中，中国的数据量将达到48.6ZB，占全球数据总量的27.8%，超过美国，位列世界之首。而全球数据总量在2018年仅为33ZB。在数据规模呈指数增长的信息时代，数据已深嵌于日常活动，成为生活的一部分。然而，人类对于数据的解读能力却远远落后于数据的生成速度。有学者曾经总结了形成人类智慧的DIKW等级模型，即数据、信息、知识、智慧（Data，Information，Knowledge，Wisdom，简称DIKW），清晰展现了从数据到智慧的结构和关系。②数据需要经过加工和处理并形成理解之后，才能产生智慧。那么如何将抽象、杂乱的原始数据有效地转化成能为人所用的信息和知识，并最终启迪智慧呢？

爱德华·R.塔夫特（Edward R. Tufte）在其极富影响力的著作《量化信息的视觉展示》中给出了一种可能的答案：描述、挖掘和总结一组数字（甚至是非常大量的数字）最有效的方式是"观察这些数字的图像（pictures of those numbers）"③。可视化作为处理、分析数据的重要抓手，在知识、智慧的转化过程中起到了非常重要的作用。其不仅是一种展示形式、工具，更代表了一种思维方式。可视化专家塔玛拉·明茨纳（Tamara Munzner）

---

① ZB 是Zettabyte 的缩写，指泽字节，即十万亿亿字节。

② ROWLEY J. The wisdom hierarchy：representations of the DIKW hierarchy［J］. Journal of information science，2007，33（2）：163-180.

③ TUFTE E R. The visual display of quantitative information［M］. Cheshire：Graphics Press，1983：9-10.

认为，可视化的终极目标是帮助人类理解社会发展和自然环境的当下状况，并实现政府与职能部门的公开、透明。①

数据的爆炸式增长也促使可视化理念在新闻领域的渗透。其显著标志之一就是在大数据时代兴起的数据新闻（data journalism）已经发展成为新闻生产的主流范式。在可视化的组织下，数据的应用不再是辅助新闻叙事的手段而成为新闻本身，这也使得新闻在呈现形态、表征方式和思维逻辑方面出现的转型，即从文本到数据、从言语逻辑到视觉逻辑的转向。

第一节　数据可视化的发展

一、可视化的发端：从地图说起

可视化的思想由来已久，其来源可以追溯至人类对地图、绘画的应用，以及延续到后来的测量记录、统计图表等。西方学者普遍认为，人类最古老的地图是公元前6世纪的《巴比伦世界地图》，其被刻制于黏土板上，不仅展现了城市、河流、岛屿等地理信息，还反映了当时古巴比伦人的世界观。然而实际上，人类最古老的地图可以追溯到公元前168年，是1973年在我国长沙马王堆三号汉墓出土的三幅地图——《地形图》《驻军图》《城邑图》。这三幅地图详细、准确地描述了水系、地貌和居民地，河流、山脉、道路使用粗细、形状不同的符号，绘制内容的丰富性、测绘的准确性均是《巴比伦世界地图》所不及的。②不过，早期地图由于在测量、统计、绘制等方面的限制，更多停留在对简单数据大致复原的初级层面。此后随着人类技术和科学理论的发展，可视化也开拓了更为广阔的理论和实践

---

① 陈为，沈则潜，陶煜波，等.数据可视化［M］.北京：电子工业出版社，2013：9.
② 马王堆汉墓帛书整理小组.长沙马王堆三号汉墓出土地图的整理［J］.文物，1975（2）：35-42，97，101-102.

空间。

　　最早对于量化信息的可视化描述是10世纪一幅展现七个主要天体的运行轨迹图①。11世纪，我国北宋科学家苏颂在《新仪象法要》中绘制15幅星图，记录了1464颗行星，是目前世界上最早的星图。1137年，刻在一块石碑上的《禹迹图》依靠方格网绘制的"数学"方法与比例尺形式准确地描绘了大禹统治时期境内的贡品运输情况，其背后的《华夷图》则使用"关系"式制图。1644年，米希尔·弗洛伦特·范·朗格伦（Michael Florent van Langren）绘制的预估托莱多到罗马的经度距离直线图被视为人类首个基于统计数据的视觉再现。②再如英国科学家爱德蒙·哈雷（Edmond Halley）1686年创作的世界信风地图等③。17世纪通常被视为科学可视化的起源。18世纪到19世纪，新的图表样式陆续被发明和使用，比如现在常用的折线图、条形图、饼图等，地图也进入了更为精准的多维发展阶段。19世纪中期到20世纪，统计图表进入了发展的黄金时期。④依靠计算机科学与技术，数字信息（numerical information）在工业化、商业、运输等领域起到了越来越重要的作用，在此阶段，可视化技术出现了多元化的创新和发展。到20世纪末，数据可视化走向成熟，针对高维数据的互动、动态可视化技术应运而生，并向不同领域渗透，实现了多学科发展。⑤

　　1986年10月，美国国家科学基金会（National Science Foundation，简

① FUNKHOUSER H G. A note on a tenth century graph［J］. Osiris，1936（1）：260-262.

② TUFTE E R. Visual explanations［M］. Cheshire，CT：Graphics Press，1997：15.

③ 陈为，沈则潜，陶煜波，等. 数据可视化［M］. 北京：电子工业出版社，2013：9.

④ FRIENDLY M. A brief history of data visualization［M］//CHEN C，HÄRDLE W，UNWIN A. Handbook of data visualization. Berlin，Heidelberg：Springer，2008：15-56.

⑤ FRIENDLY M. A brief history of data visualization［M］//CHEN C，HÄRDLE W，UNWIN A. Handbook of data visualization. Berlin，Heidelberg：Springer，2008：15-56.

称NSF）赞助刚刚成立的"图形、图像处理和工作站"（Graphics，Image Processing and Workstations）专家组举办了一场小组讨论会，来自学界、业界和政府的研究员为图形处理硬件和软件建言献策。会上，专家组将在计算科学中应用图形学和成像技术的学科命名为"科学计算可视化"（Visualization in Scientific Computing），并一致认为科学计算可视化是一个需要额外资助的新兴计算机技术。① 正如此后该专家组发布的报告中对可视化的描述："可视化是信息处理（computing）的一种方式，能够将象征符号转化为几何图形，帮助研究者观察模拟和计算的结果。可视化提供了一种看到不可见事物（seeing the unseen）的方式，能够充实科学探索的过程并且促进意义深远的意外发现。"②

进入21世纪，可视化又面临变革，进入了全新的发展阶段：一方面，在大数据时代，数据量的剧增和非结构化、多元化趋势使得原有的可视化方式力不从心；另一方面，算法、人工智能等新技术也为升级奠定了基础，二者共同作用，催生了新的可视化方式与手段。

二、可视化之辨：定义与类型

"可视化"是一个含义较为模糊的词语，单独使用时更多是指一种单纯的人类认知行为③。对于数据可视化，学界存在多种定义。比如，有学者认为可视化的本质是一个从计算机再现到感知再现的"映射过程"（mapping

---

① GÖBEL M，TEIXEIRA J C. Graphics modeling and visualization in science and technology ［M］. Berlin/Heide lberg：Springer Verlag，1993：3.

② ViSC：Definition，Domain and Recommendations ［R/OL］. https://dl.acm.org/doi/pdf/10.1145/41997.41998.

③ SPENCE R. Information visualization：design for interaction ［M］. Edinburgh，United Kingdom：Pearson /Prentice Hall，2007：5.

process），并"通过选择技巧以实现人类理解和传播的最大化"。①有人提出，可视化的目的是借助互动图表实现对我们所感兴趣的不同方面的洞察，实现对于数据的更深层理解②。也有人说视觉化的目标就是通过视觉方式提供新的科学洞悉，以平衡补充（leverage）现存的科学方法。③还有学者强调可视化对于与数据相关的认知过程的有效性和效率的提升④，"通过可视表达增强人们完成某些任务的效率"⑤，暗含了借助视觉形式对信息进行抽象、分类和重新界定的意义⑥。

综合以上有关可视化的定义和目标，本研究将聚焦可视化概念中的"数据可视化"方面，即使用计算机辅助技术对特定数据集进行视觉编码，通过视觉化再现揭示数据的深层关系，促成新的理解和认识。其核心是视觉编码过程，需要生产者根据数据的属性和表达目标，选择最恰当的编码方式和呈现形态。此外，数据不仅指数字，还包括文本、图片、视频等多种形式，甚至可以说"万物皆数据"。正如《北京青年报》总编辑助理、时事新闻中心总监于晓蓉在一次访谈中所言："互联网时代和大数据时代是一个交叉的概念，互联网就是连接，连接之后产生数据，变成了数据流。"⑦

---

① Definitions and Rationale for Visualization［EB/OL］.（1999-02-11）［2024-05-06］. https://education.siggraph.org/static/HyperVis/visgoals/visgoal2.htm.

② EARNSHAW R A, WISEMAN N. What is Scientific Visualization?［M］// BRODLIE K W, CARPENTER L A, EARNSHAW R A, et al. Scientific visualization，techniques and applications. Berlin/Heidelberg：Springer-Verlag，1992：1.

③ ViSC：definition，domain and recommendations［R/OL］.［2024-05-06］. https:// dl.acm.org/doi/pdf/10.1145/41997.41998.

④ CHEN M, FLORIDI L, BORGO R. What is visualization really for?［M］// FLORIDI L, PHYLLIS I. The philosophy of information quality. Cham，Switzerland：Springer，2014：75-93.

⑤ 陈为，沈则潜，陶煜波，等. 数据可视化［M］.北京：电子工业出版社，2013：3.

⑥ 常江.图绘新闻：信息可视化与编辑室内的理念冲突［J］.编辑之友，2018（5）：71-77.

⑦ 方洁，胡杨，范迪. 媒体人眼中的数据新闻实践：价值、路径与前景——一项基于七位媒体人的深度访谈的研究［J］.新闻大学，2016（2）：13-19.

目前，学界普遍认为数据可视化可以分为两种类型，即科学可视化（scientific visualization）与信息可视化（information visualization）。科学可视化通常关注与科学相关的空间数据（spatial data）；信息可视化则专注非空间数据，即在自然中不可见的抽象概念，如基于文本的数据库等。其目标就是将抽象的信息转化为能够提供新洞见的可视形态。[①] 不过两者之间并不是非此即彼的关系，不存在十分清晰的边界。因此，也有学者反对进行类型划分，认为科学可视化和信息可视化的子领域名称可能带来不必要的误解，因为信息可视化并不是不科学的（unscientific），科学可视化也并非不提供信息（uninformative）。[②]

三、数据可视化与新闻

在新闻领域，可视化也不能算是新事物。从最开始纸质媒体对于图表的使用，一直到现在形式纷繁的新媒体作品，可视化的理念始终存在于新闻报道的实践中。在信息时代，新闻报道越来越离不开数据，对于很多记者来说，数据已经成为一种"生活之道"。数据的广泛应用促成了新闻报道的"量化转向"[③]。而让数据新闻真正成为主流的是可视化技术，甚至有人认为"可视化概念应用在新闻领域中，就是数据新闻"[④]。计算机辅助报道和精确新闻与数据新闻的兴起不无关系[⑤]，后者可以被视为前两者理念的延续。

---

① HEARST M A. Search user interfaces［M］. Cambridge：Cambridge University Press，2009：234.

② MUNZNER T. Guest editor's introduction：information visualization［J］. IEEE computer graphics and applications，2002，22（1）：20-21.

③ CODDINGTON M. Clarifying journalism's quantitative turn［J］. Digital journalism，2015（3）：3，331-348.

④ 黄志敏，陈嘉慧.财新数据可视化实验室的创新［J］.传媒评论，2015（4）：8-12.

⑤ USKALI T，KUUTTI H. Models and streams of data journalism［J］. The journal of media innovations，2015，2（1）：77-88.

（一）前身：计算机辅助报道与精确新闻

20世纪40年代以前，"计算机"（computer）一词指的是进行计算的人。而到了40年代，这个词语开始指代进行运算的机器。然而彼时，使用计算机仍具有较高的门槛，需要专业人员才能够进行操作。1952年，格蕾丝·M. 赫柏（Grace M. Hopper）发明了首个汇编语言（assembly language），并启发了编译程式的概念。20世纪50年代，计算机被广泛引入工商业。

在1952年的总统选举中，计算机辅助报道（computer-assisted reporting，简称CAR）应运而生，美国哥伦比亚广播公司（Columbia Broadcasting System）使用计算机预测大选结果。此后，以美国为主要代表，各国媒体开始争取独立监督权力，借助计算机辅助和科学的方法分析公共数据库，也被称为"公共服务新闻"（public service journalism）。[①] 计算机辅助报道通常与调查性报道紧密相连，甚至有人建议称其为"新调查新闻"（the new investigative journalism）[②]。1989年，调查记者与编辑协会（Investigative Reporters and Editors）联合密苏里大学新闻学院创建了国家计算机辅助报道研究所（National Institute for Computer-Assisted Reporting），为培养具有"寻找、发掘和分析电子信息"实践技能的记者。1990年代，使用计算机制作的新闻数量进一步提升。然而进入21世纪，计算机辅助报道的说法却不再流行，因为计算机已经全面渗透了新闻工作的方方面面，几乎所有报道都离不开计算机。不过，计算机辅助报道在技术、理念和思维方面为数据新闻的诞生奠定了坚实基础。

菲利普·梅耶（Philip Meyer）于20世纪70年代提出"精确新闻学"

---

① BOUNEGRU L. Data journalism in perspective［EB/OL］. https://datajournalism. com/read/handbook/one/introduction/data-journalism-in-perspective.

② JASPIN E. The new investigative journalism：exploring public records by computer［M］//JOHN V，PAVLIK，EVERETTE E. Demystifying media technology. Mountain View：Mayfield，1993：142-149.

（precision journalism）①，即在新闻实践中应用社会科学和行为科学的研究方法。精确新闻学是对当时流行的使用虚构文学写作技巧的新新闻学（new journalism）的一种回应，更加强调新闻报道的客观和真实性。抽样、计算机分析和统计推断（statistical inference）等科学方法在提升报道容量和分析能力的同时，并未改变其任务——寻找事实、理解事实并高效地解释它们。②梅耶呼吁以更加科学的方式报道新闻，在当时获得不少拥趸。甚至有人提出，新闻就是一门科学，记者可被视为"实践型科学家"，因为记者和科学家拥有相同的目标，并且是服务于人类共享知识和理解的共同需要。③不过直到1980年代后期，带有显著科学色彩的精确新闻才开始在新闻实践中真正流行开。这一方面有赖于相关报道在业内逐渐被认可，并收获顶级新闻奖，提升了认知度和影响力，另一方面新闻报道也愈发依赖数据库所提供的背景信息。④

（二）数据新闻：一种新闻报道的新范式

最早的数据新闻实践萌芽于1821年。5月5日《卫报》（ *The Guardian* ）（当时名为 *The Manchester Guardian* ，即《曼彻斯特卫报》）在其创刊号刊登了一则有关曼彻斯特和索尔福德地区每所学校人数和学费的统计数据报道，直观地揭示了现实情况与官方数字的差距。此后，越来越多的媒体开始在报道中应用数据和统计图表作为论据。不过，当时的数据仅包含统计数字。现代数据新闻理念的雏形形成于2006年。阿德里安·霍洛瓦蒂

---

① MEYER P. The new precision journalism［M］. Bloomington & Indianapolis：Indiana University Press，1991.

② MEYER P. The new precision journalism［M］. Bloomington & Indianapolis：Indiana University Press，1991：3.

③ CRANBERG L. Plea for recognition of scientific character of journalism［J］. Journalism educator，1989，43（4）：46-49.

④ CODDINGTON M. Clarifying journalism's quantitative turn［J］. Digital journalism，2015（3）：3，331-348.

（Adrian Holovaty）提出，报纸网站需要进行针对信息本身的根本性转型，即放弃以故事为中心的世界观（story-centric worldview），记者在撰写"大篇幅文字"（big blob of text）的同时，应该发布结构化的、机器可读的数据。[①]2007年，霍洛瓦蒂倡导、游说政府开放数据源，并开发了基于公民数据的信息产品以向市场证明其具有消费需求，成为全球"开放数据运动"（open-data movement）的发端。[②]直到2009年，美国开通了国家级政府开放数据平台data.gov，实现了部分官方数据的开放、透明。此后，澳大利亚、新西兰、英国等也纷纷加入了开放数据的行列。[③]数据新闻的发展公开和开放的民主传统密不可分。[④]此外，数据开放也为数据新闻提供了海量的报道素材，进一步推动了该类型新闻的发展。同年，《卫报》成立了全世界第一个数据新闻部，并开设了"数据博客"。

除了主动公开的数据，被动公开的机密数据也大大促进了数据新闻的成长。2010年，维基解密（Wikileaks）网站先后公开了众多机密文档，包含阿富汗战争、美国国务院外交电报等内容。其中，其10月发布的有关伊拉克战争的近40万份机密文档被美国国防部称为"有史以来最大规模的机密文档泄露"。基于泄露的伊拉克战争数据，《卫报》数据博客发表了《维基解密伊拉克：数据新闻绘制的死亡地图》（Wikileaks Iraq：data journalism maps every death），用可视化手法在交互式地图中以红点形式展示了文件中涉及的每一起伤亡事件，用户点击红点后能够看到该地的伤亡人数、时间和造成伤亡的具体原因。该报道在政界和社会引起了巨大反响，间接推动

① HOLOVATY A. A fundamental way newspaper sites need to change［EB/OL］.（2006-09-06）［2023-11-20］. http://www.holovaty.com/writing/fundamental-change/.

② HOLOVATY A. Onto the next chapter［EB/OL］.（2012-08-15）［2023-11-20］. http://www.holovaty.com/writing/goodbye-everyblock/.

③ 罗杰斯. 数据新闻大趋势：释放可视化报道的力量［M］. 岳跃，译. 北京：中国人民大学出版社，2015：25.

④ CODDINGTON M. Clarifying journalism's quantitative turn［J］. Digital journalism，2015（3）：3，331-348.

了英国最终从伊拉克撤军的决定。这次报道被视为数据新闻发展的一个里程碑。三年之后，吹哨人爱德华·斯诺登（Edward Snowden）向媒体披露美国"棱镜计划"监听项目的秘密文件，再次引发社会对数据和数据新闻的广泛关注。

　　2012年对于数据新闻来说是发展的关键一年。随着信息的指数扩增，数据日益成为商业、广告、科学等各领域决策的核心依据，《纽约时报》（The New York Times）在2012年发文宣称了大数据时代的到来。同年，美国政府将大数据研究提高到国家战略层面。①7月，一本汇集了全球数据新闻工作者经验和智慧的首版《数据新闻手册》（The Data Journalism Handbook）面世，通过对数据新闻零散的实践理念与案例的系统化表述，让更多业内人士了解了"数据新闻"这一新兴报道范式，越来越多的媒体开始在报道中使用交互地图、气泡图等数据可视化手段。非营利民间组织"全球编辑网络"（Global Editors Network）也在2012年发起了首个针对数据新闻报道活动的国际奖项——数据新闻奖（Data Journalism Awards）。当年有21个国家和地区的媒体、机构等报名参加，可见数据新闻在当时已有燎原之势。该奖项展现了数据新闻作品的最高水准，成为行业的风向标。12月，《纽约时报》推出《雪落：隧道溪的雪崩》（Snow Fall: The Avalanche at Tunnel Creek）数据新闻专题报道，综合使用文字、图片、视频、动画、地图等融媒体方式。该报道获得2013年普利策新闻奖，标志着数据新闻发展的又一个高峰。

　　在阐述数据新闻时，一些学者笼统地将其定义为与数据相关的报道形式，如"使用数据进行报道的新闻"或"获取、汇报、组织和发布公众感兴趣的数据"。更多学者则将其定义为一种新的生产方式，如"基于数据信

---

① 傅居正，喻国明.中外数据新闻研究的滥觞与发展：学科谱系的比较——基于 CiteSpace 知识图谱的可视化分析［J］.西安交通大学学报（社会科学版），2019，39（1）：111-120.

息的采集、分析和呈现的新闻工作方式"[1]。如前所述，计算机辅助报道、精确新闻和数据新闻是一脉相承的，虽然三者使用不同的名称，但它们之间存在着不可避免的重合。特别是在实践技术和操作理念上，数据新闻的确在某种程度上可被视为前两者的延续。然而，就数据与新闻的关系来说，数据新闻却发生了本质的变革。计算机辅助报道和精确新闻更多将数据作为文字故事的补充，是新闻报道的一种工具，是维护新闻真实性和客观性的手段；而在数据新闻中，数据成为报道内容的主体，其技术逻辑贯穿了新闻生产始末，不仅重塑了新闻生产的流程，更创造了新闻报道的全新范式。

数据新闻生产需要对海量数据进行过滤与处理，在此过程中数据可视化成为其中的关键环节。[2]财新传媒首席技术官、财新数据可视化实验室创始人黄志敏曾表示："用数据可视化的手段呈现的新闻才叫数据新闻。"[3]尽管对于数据新闻的定义各不相同，但几乎所有文献都强调图像和可视化。[4]甚至有人提出，数据新闻与数据可视化并无差异。[5]一项针对国内五个数据新闻栏目全年报道的内容分析研究也发现，96.8%的报道采用了可视化的呈现手段。[6]《卫报》"数据博客"的前主编曾提出，数据新闻=80%的汗水+10%的灵感+10%的呈现。[7]可见，可视化是数据新闻的根本要义。

---

[1] 方洁. 数据新闻概论：操作理念与案例解析［M］. 北京：中国人民大学出版社，2015：22.

[2] APARICIO M，COSTA J C. Data visualization［J］. Communication design quarterly review，2014，3（1）：7-11.

[3] 黄志敏. 中文版序言［M］//罗杰斯. 数据新闻大趋势：释放可视化报道的力量. 岳跃，译. 北京：中国人民大学出版社，2015：9.

[4] KNIGHT M. Data journalism in the UK：a preliminary analysis of form and content［J］. Journal of media practice，2015，16（1）：55-72.

[5] 刘文红. 数据新闻生产机制研究［D］. 北京：中国人民大学，2017：93.

[6] 方洁，高璐. 数据新闻：一个亟待确立专业规范的领域——基于国内五个数据新闻栏目的定量研究［J］. 国际新闻界，2015，37（12）：105-124.

[7] 罗杰斯. 数据新闻大趋势：释放可视化报道的力量［M］. 岳跃，译. 北京：中国人民大学出版社，2015：9.

（三）生产步骤与技术概述

通常，新闻数据可视化主要包含以下三个步骤：数据获取与清洗、数据挖掘与分析以及可视化设计与呈现。进行数据新闻报道的第一步就是原始数据或样本的收集与过滤。在大数据时代，数据量大且形式千变万化——网页、视频、搜索词条、论坛帖子、文章资讯等都是常见的数据类型。因而，人工统计和问卷调查等原始的数据获取方式已经无法满足需求。百度等搜索引擎、新浪微博开放平台等网站为开发者提供了直接获取部分数据的接口；当没有第三方可用的 API（Application Program Interface，即应用程序界面）时，可使用爬虫脚本等自动收集、整理所需数据；此外，一些媒体还通过与企业、机构合作的方式取得数据。在获取原始数据样本后，需要对其进行预处理。这是由于现实中的数据往往存在多变量、高噪声，预处理能够在宏观层面筛除大量无关的、非重点数据，或将异质性数据转化、合并，为下一步的分析和计算保留更多的时间和空间资源。数据的预处理可以分为三大部分，即数据清洗、数据变换以及数据精简。

接下来是数据挖掘和分析部分。小规模数据可以依赖 Excel、SPSS 等基础数据处理软件实现，而大数据则需借助数据挖掘技术。数据挖掘是基于统计学理论，运用人工智能、机器学习、数据库分析等计算机科学技术，旨在庞杂的数据集中发现规则与模式的计算过程。通常根据主体需求与目的不同，可分为两大类：描述数据任务和预测数据任务。描述数据任务通常是分析已存在数据，进而提炼出数据之间的关联性与隐含模式。常见的描述数据任务包括以下几种。

聚类（clustering），即通过判断数据集对象之间的相似性，将整个数据集静态分割为多个数据子集，通过计算使得单个子集内对象之间的相似性大于与其他子集对象的相似性。常用算法有层次聚类（hierarchical clustering），k-means 聚类等；关联规则挖掘（mining of associations），即通过挖掘数据集内对象之间的强关联性发现数据集的强规则性，如局部敏感哈希（Locality Sensitive Hashing，简称LSH）等算法；配对频率挖掘（mining of frequent pairs），即通过识别高频捆绑出现的两个或多个对象，揭示整个数据集内对象之间的关联性或指定对象与其他对象的关联性，如关联规则挖掘（Apriori）算法等。

相较于描述数据任务，预测数据任务着重借助分析现有数据实现对未来数据可能值或表现形式的预估。常见预测任务包括：分类（classification），即以给定数据集作为训练集，对数据集内所有对象进行类别标注，最终生成模型并通过该模型对新增数据进行分类预测。常见算法如朴素贝叶斯（naive bayes）、KNN（K-Nearest Neighbors）、决策树（decision tree）等；回归（regression），即分析两个或多个变量之间的相关性及相关强度，如线性回归（linear regression）、支持向量机（Support Vector Machine，简称SVM）等算法；推荐系统（recommending system），即在分析已知数据集的基础上，通过已知行为或偏好预测未来偏好或物品喜好。如基于用户协同过滤（user-base collaborative filtering）、基于物品协同过滤（item-base collaborative filtering）、基于内容过滤（content base filtering）等算法。

最后一步是对已挖掘出的关系和模式进行组织，并进行视觉化设计和展示。目前，静态类可视化主要使用Photoshop、Illustrator等软件实现，视频类可视化主要使用Premiere、After Effect等软件处理，交互类可视化常使用网页设计相关技术，如HTML、CSS、JavaScript等。财新数据可视化实验室就是使用H5技术绘制图形和动画，CSS3完成排版，JavaScript处理交互和动画任务。[①]此外，Python语言凭借其易用性、开放性和丰富的扩展模块也正逐渐成为可视化的主要工具，如Pandas、NLTK（Natural Language

---

① 黄志敏，陈嘉慧.财新数据可视化实验室的创新［J］.传媒评论，2015（4）：8-12.

Toolkit）、scikit-learn、TensorFlow等库[1]。随着技术的进一步发展，以增强现实、虚拟现实为代表的沉浸式技术也逐渐进入可视化领域，拓展更为丰富的视觉化表达方式。

第二节　数据可视化在中国新闻领域的应用

一、前奏：数据与图表

我国新闻媒体对于数据和图表的使用早已有之。1913年6月5日《新中国报》在头版刊登《各省行政公署图书审查会采用中华书局教科书一览表》，以表格形式详尽列举了春季用书名、册数和采用机关等信息（见图3-1）。报刊还曾多次使用定量研究的方式进行报道。如1923年1月5—9日，《晨报副刊》连续刊登留美心理学者张耀翔发起的《高师纪念日之民意测验》[2]；1942年10月，《大公报》牵头开展了一次中国民众对抗战前途相关问题的民意测验，共回收问卷1230份。[3]

我国报刊经常性地在引人注目的版面位置刊登新闻图表起始于1993年。《光明日报》首开先河，开辟"万象"图表专栏以展现改革开放的建设成果，还不定期以整版刊登《世界与中国系列图解》。此后，《中华工商时报》在头版开辟"时报图表"专栏，《北京日报》也刊出"图解新闻"专

---

① 雷刚，王梦珂，陈为龙.实时数据新闻的生成逻辑：知识挖掘与可视化设计［J］.装饰，2019（3）：88-90.

② 冯帆，艾红红.从数字新闻、精确新闻到数据新闻［J］.新闻春秋，2017（3）：73-79.

③ 方洁.数据新闻概论：操作理念与案例解析［M］.北京：中国人民大学出版社，2015：21.

版。①1999年，新华通讯社建立图表编辑室，并开始将新闻图表应用于日常新闻报道中。②

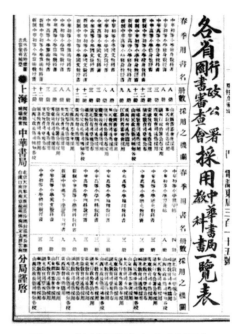

图3-1 《新中国报》部分头版图像

"精确新闻"作为舶来概念在1984年就被引入国内③，而直到1996年才获得了媒体的广泛实践。1996年1月3日，《北京青年报》在"公众调查"专版上开辟"精确新闻"栏目并刊登文章《1995年，北京人你过得还好吗？》。此后，精确新闻的说法才在业内流行，实现了报道方式的更新。④1997年8月16日，中央电视台《中国财经报道》栏目推出《每周调查》节目，成为我国首个电视精确新闻报道节目。⑤此后，量化统计数据日

① 唐润华.新闻图表：日受青睐的新闻形式［J］.中国记者，1994（9）：48-50.

② 许向东.转向、解构与重构：数据新闻可视化叙事研究［J］.国际新闻界，2019，41（11）：142-155.

③ 丁凯.精确新闻学［J］.新闻记者，1984（9）：46.

④ 方洁.数据新闻概论：操作理念与案例解析［M］.北京：中国人民大学出版社，2015：21.

⑤ 刘保全.我国"精确新闻报道"发展综述［J］.当代传播，2004（3）：37-40.

渐成为我国新闻生产的重要资料，使用调查数据制作的统计图表也成为数据可视化的主要手段。

二、起步阶段：数据意识不足

我国新闻领域的数据可视化起步稍晚于国际媒体，直到2012年数据可视化才真正融入新闻报道实践。2011年5月，搜狐新闻上线"数字之道"，成为我国首个试水数据可视化的媒体。2012年开始，网易新闻中心、《南方都市报》、《钱江晚报》等越来越多的国内媒体陆续开设数据新闻栏目，开启了数据可视化的探索。在现阶段颇具影响力的财新数据可视化实验室于2013年6月启动，10月正式成立。

表3-1　部分媒体数据新闻栏目开设时间表

媒体	栏目名称	开设时间
搜狐新闻	数字之道	2011年5月21日
网易新闻中心	数读	2012年1月13日
腾讯新闻	新闻百科	2012年4月25日
《南方都市报》	数读	2012年5月
新浪网	图解天下	2012年6月4日
《钱江晚报》	图视绘	2012年6月22日
中央电视台	数字十年	2012年8月21日
《新京报》	新图纸	2012年9月
新华网	数据新闻	2012年11月
财新网	数字说	2012年11月

此时，我国的数据可视化还处于较为初级的阶段。多数可视化作品已经掌握了数据可视化的基本形式，能够较好地使用视觉符号再现和组织数据，并在一定程度上揭示了相互关系和变化趋势。然而，在视觉呈现和思

维方式上仍然存在较大问题。可视化的视觉设计不够直接和美观，画面元素繁复、缺乏审美的现象屡见不鲜。

另外，此阶段的可视化作品普遍缺乏基本的数据思维，过度关注视觉化呈现的形式，却忽视了作为核心内容的数据，导致叙事效率较低。比如搜狐新闻的"数字之道"上线的前八期内容聚焦2011年"两会"，从财政收入、房地产、金融、消费等八个方面经由数据可视化方式解答民众感兴趣的话题。该系列的设计较为考究，同时还有意识地运用图形设计和动画效果提升报道的美观度和趣味性。然而，该系列报道虽然借助可视化手段将抽象的数据转化成了视觉符号，但却并未将"数据"转化为有效的"信息"或"知识"——视觉符号并未直接呈现数据本身的意义，用户仍然需要阅读数字和文字说明才能够获取信息。图像仅起到了装饰和美化的作用。以《农业水利问题难在"最后一公里"》中的一张图为例（如图3-2），其本意是希望借助可视化手段让用户认识到农业用水量的巨大，但选取的符号却没能达到效果：满水的水池无法直观展现一家三口半个月的用水量多寡、

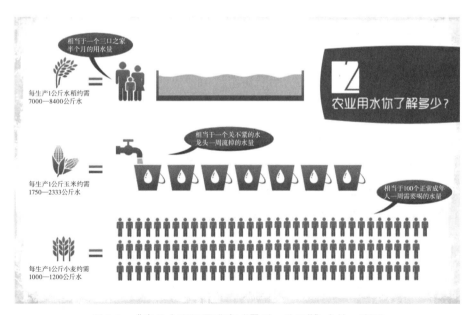

图3-2 《农业水利问题难在"最后一公里"》中的一张图

七个杯子也难以呈现关不紧的水龙头一周的流水量、100个人像更无法体现他们一周的饮水量总和。

三、成熟阶段：可视化思维的不断强化

通过我国媒体的不断努力和积极尝试，经历了两年的飞速发展，数据可视化在2014年终于走向成熟。自2014年1月25日起，中央电视台一套在《晚间新闻》节目中开设"据说春运"系列报道，一改以往火车站"蹲点"采访的传统报道方式，结合百度地图提供的LBS定位（Location-Based Service）大数据，使用可视化技术实时展现春节期间36亿人次迁徙的宏观情况。"据说"系列在观众和业内都受到了好评，该系列也继续延伸为"据说春节"——基于百度等五家数据公司的大数据勾勒出年夜饭、回娘家、抢红包等热门话题的总体情况；3月，央视还推出"据说两会"，并打造了由词云组成的"数据哥"。"数据哥"是央视首次使用大数据生成的可视化人形图像，基于关键词搜索排行和重要性，通过文字字体的大小、位置、颜色等进行排列，可视化思维使得其展示形式新颖且直观。更重要的是，大数据能够帮助报道满足观众所需，避免了记者个人的主观局限。据相关舆情监测数据显示，97%的受访者认为"数据哥"准确地展现了民众对"两会"的实际诉求。[①]

数据可视化手段也在升级和创新。2014年，伴随"围住神经猫"移动小游戏的火爆，H5技术进入人们的视野。H5作为新一代网页技术标准，集纳了一系列网络应用开发的最新技术，如HTML、CSS3、JavaScript以及多个全新API等。[②]其允许程序基于Web浏览器运行，并兼容视频、音频等多

---

① 辛梓.可视化"数据新闻"：电视新闻报道新形态［J/OL］.（2017-01-10）［2022-10-09］.http://media.people.com.cn/n1/2017/0110/c409677-29011056.html.
② 黄永慧，陈程凯.HTML5在移动应用开发上的应用前景［J］.计算机技术与发展，2013，23（7）：207-210.

媒体内容，能够实现跨平台、跨设备访问相同程序和云端信息。[①]日常所说的H5新闻产品主要指基于H5技术的交互网页应用，其包含的众多新特性、开发的高效性以及跨平台的通用性使其成为新媒体产品的一种重要载体，为数据可视化提供了更多可能，并催生了大批优秀的数据可视化新闻作品，如《9张图读懂2万字政府工作报告，你要的干货都在这儿！》《毕业啦！去哪里安放青春？（秒查就业城市琅琊榜）》等。

　　2015年开始，我国新闻数据可视化成果逐步展现，数据新闻作品开始斩获国际奖项。2015年《南华早报》的《假如这是你的城市呢？》（What if it was your city？）获得国际新闻设计协会（Society for News Design，简称SND）信息图表类银奖。该报道在第二次世界大战胜利70周年的背景下，假设世界各大城市遭受原子弹袭击后的受损情况，以不同颜色展示其被破坏的程度。2016年，《新京报》文娱年度人物策划特刊《2016数英雄，谁是英雄》获得了SND的最佳新闻设计奖的特别新闻专题类银奖。同年，财新网提名2016全球数据新闻奖（Data Journalism Awards）[②]的"最佳数据新闻网站"，并在2018年获得了"最佳大型数据新闻团队奖"，成为首个在全球数据新闻奖获奖的中国媒体。此外，虚拟现实等技术的应用进一步增强了数据可视化的感染力。比如，新华网推出《征程——红军长征全景交互地图》[③]将可视化与3D模拟全景技术、VR技术、互动问答结合，以帮助用户全方位了解长征的历史，体验身在其中的困难和危险。

　　为更好理解现阶段的新闻数据可视化，学界对其不同形式进行了多种维度分类。不少学者将其分为三类，如信息图、交互性图表和动画视

---

① 胡晶，董航. HTML5核心Web技术分析［J］. 长春工业大学学报（自然科学版），2013（5）：587-590.

② 该奖项是业内具有最高权威的数据新闻奖项。

③ 征程——红军长征全景交互地图［EB/OL］.（2016-10-21）［2020-04-01］. http://fms.news.cn/swf/2016_sjxw/czqjdt/index.html.

频①；静态信息图、交互式信息图和动态信息图②；交互地图、动态图表及信息图③等。也有更为细致的分类，如杂志式样、注释图表、分区海报（partitioned poster）、流程图、多格漫画、幻灯片以及电影/视频/动画④；文字分析、数字表格、时间轴或列表、静态地图/图表、动态地图、信息图表⑤等。本书按照数据呈现方式和互动性将我国现阶段的新闻数据可视化分为四种类型：信息图⑥、视频/动画、交互式网页、数据游戏。同一可视化产品可能是多种类型的组合，以其主导类型进行划分。虽然目前已经步入成熟阶段，但是数据可视化在新闻领域的应用还有很长的路要走。在实践中仍然存在诸多问题，因为数据可视化尚未形成一套完善的、具有针对性的专业规范。⑦

第三节　新闻数据可视化的可供性分析

数据可视化从思维方式和呈现手法上为我国的新闻业带来革新。大数据技术背后的科学思维方式以及可视化的艺术准则与传统新闻所遵从的报

---

① 新京报传媒研究院. 新京报传媒研究第四卷：数据新闻［M］. 北京：新世界出版社，2014：53.

② 沈浩，谈和，文蕾. "数据新闻"发展与"数据新闻"教育［J］. 现代传播（中国传媒大学学报），2014，36（11）：139-142.

③ 郎劲松，杨海. 数据新闻：大数据时代新闻可视化传播的创新路径［J］. 现代传播（中国传媒大学学报），2014，36（3）：32-36.

④ SEGEL E，HEER J. Narrative visualization：telling stories with data［J］. IEEE transactions on visualization and computer graphics，2010，16（6）：1139-1148.

⑤ KNIGHT M. Data journalism in the UK：a preliminary analysis of form and content［J］. Journal of media practice，2015，16（1）：55-72.

⑥ 木村博之所著《图解力：跟顶级设计师学作信息图》书中，将信息图分为六大类：图解（Diagram）、图表（Chart）、表格（Table）、统计图（Graph）、地图（Map）和图形符号（Pictogram）。

⑦ 方洁，高璐. 数据新闻：一个亟待确立专业规范的领域——基于国内五个数据新闻栏目的定量研究［J］. 国际新闻界，2015，37（12）：105-124.

道标准产生了冲突，三者在对话和协商中激活了新闻报道的更多可能性。可视化技术开创性地为新闻引入宏观视角，并在对数据的深度挖掘中发现关联和趋势，形成更富价值的深度信息，其还将人类从抽象数据的复杂认知中解放出来，实现直观、可感的具象呈现。此外，其所内含的交互性赋予用户主动权，打破了信息的单向传播模式。

宏观看来，可视化技术有三个主要功能，即信息记录、支持对信息的推理和分析、信息传播与协同。[①]本节从这三个主要功能出发，结合信息内容、时空调度、话语组织、表现性内容的分析框架，从信息科学化、时空多元化、可视化叙事、交互协作和具象化情感五个维度搭建数据可视化的可供性框架。

一、信息科学化

数据新闻的报道主体从传统的现实事件或人物转换为虚拟的数据，虽然数据也关乎现实，但却是高度抽象的数字化存在。这也进一步导致新闻从对相关现场和人物的观察、采访转变为自动化的数据分析、挖掘，图形、表格等替代了文字或影像成为主要内容。有学者仅将可视化的数据视为一种讲述手段，否定其作为新闻本体的合理性。[②]然而，可视化作为一种逻辑方式，在协助觉察和理解数据间深层关系的同时，对数据的再结构和信息的重构起到了至关重要的作用。正如《信息之美》的作者麦克坎德莱斯所言，可视化是一种"鸟瞰全局并试着理解它们（泛滥的信息）"的"更好的方法"。[③]传统新闻多采用"见微知著"的方式，从微观和中观层面对现实情况进行描绘，如报道某一群体时会选择其中的一个或几个个体作为代表。

---

① 陈为，沈则潜，陶煜波，等.数据可视化［M］.北京：电子工业出版社，2013：4-7.

② 战迪.新闻可视化生产的叙事类型考察：基于对新浪网和新华网可视化报道的分析［J］.新闻大学，2018（1）：9-17.

③ 麦克坎德莱斯.信息之美［M］.温思玮，盛卿，叶超，等译.北京：电子工业出版社，2012：5.

从单个人物或事件出发让用户通过局部现实扩展形成整体认知，对发展趋势的把握则多依赖以专家观点为主的主观推测完成。而在数据新闻中，大数据的挖掘、分析可直接展现宏观的全局状态，为新闻报道增加了宏观的新视角。这也使得数据新闻在报道中更加侧重"呈现问题在哪里，而不是解释问题为何出现"。①数据可视化产品中，对事实情况的描述性内容占据主导地位，在为相关判断和趋势提供有力论证的同时，也在一定程度上减弱了记者的主观性和刻板印象。

比如《新京报》推出的《大数据丨2016年外交部发言人被问最多的是哪些事》②可视化报道，从宏观角度回顾了2016年一整年外交部例行记者会上记者们重点关注的话题。可视化为包含1700多个提问的数据库提供了核心的展示框架与逻辑，该报道使用矩形树图以颜色和面积直观地展现不同类别被提及的次数（颜色越暖、面积越大代表提及次数越多），将记者最为关切的问题一目了然地呈现出来，同时也反映出了我国在2016年关系最为密切的国家和最受关注的事件。此外，借助可视化的交互技术，用户不仅能够看到2016年记者最为关注的各个大类问题，如双边外交、国际及地区热点、领土争端等，还可点击特定色块查看每个大类下面的具体关键词及频次。从矩形树图可以看出，"双边关系"是最受关注的话题并且其子类以美国和中国周边国家为主。当年，南海危机、朝鲜核试验以及萨德入韩均是影响国际局势的重大事件，该图也为此提供了证明。再如，《浙江日报》在2018年世界环境日当天在"浙江新闻"客户端发布H5作品《世界环境日丨小红车相伴十年看你为减排做了多大贡献》③，用大数据回顾了国内第一

---

① 方洁，颜冬.全球视野下的"数据新闻"：理念与实践［J］.国际新闻界，2013，35（6）：73-83.

② 陈璐，张焕玲，李媛.大数据丨2016年外交部发言人被问最多的是哪些事［EB/OL］.（2017-03-08）［2020-04-01］. http://www.bjnews.com.cn/graphic/2017/03/08/435753.html.

③ 浙江日报全媒体编辑中心.世界环境日丨小红车相伴十年看你为减排做了多大贡献［EB/OL］.（2018-06-05）［2020-04-09］. https://zjnews.zjol.com.cn/material/vd/b0708/index.html.

个智能公共自行车系统（简称小红车）的发展历程，将里程数、骑行人次、车辆总数、服务点总量等数据进行视觉化动态对比，有理有据地证明了小红车为环保带来的贡献。

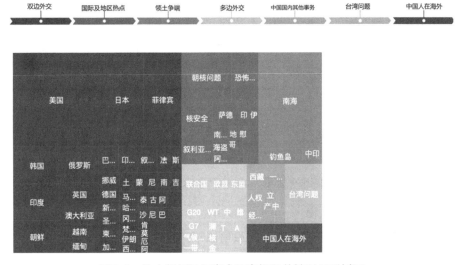

图3-3　外交部例行记者会记者提问关键词矩形树图

互联网史无前例地消除了物理距离，用户在拥有了更为广阔视野的同时，对优质、高效信息的需求也日益增加。数据可视化在新闻报道中的使用不仅拓展了潜在的报道领域和空间，为重要选题提供了全新的视角和报道方式，还提升了报道的信息密度。可视化技术降低了用户理解信息的门槛，在一定程度上弥合信息不对等性。数据也在一定程度上放宽了新闻报道的尺度。媒体不再进行主观评论和推断，而将数据作为确凿有力的证据，让相关部门在进行媒体管理时也"可能网开一面"。①

网易数读推出的报道《90后童年屎尿屁顺口溜大赏》②就是在大数据时代才能够操作的新闻选题。通过算法扒取知乎相关问题的回答和微博相关

① 方洁，胡杨，范迪.媒体人眼中的数据新闻实践：价值、路径与前景——一项基于七位媒体人的深度访谈的研究［J］.新闻大学，2016（2）：13-19，147.
② 网易数读.90后童年屎尿屁顺口溜大赏［EB/OL］.（2019-12-29）［2024-04-12］. http://data.163.com/19/1229/20/F1JG4O53000181IU.html.

话题的博文与评论，该报道总结出了全国最流行的顺口溜，并根据内容将顺口溜分成了八个大类，记录了一段有趣的社会文化史。新华网于2019年春节期间推出的多个数据可视化报道，利用大数据从不同切口讲述春节。如《送你一份春节出游必备指南》①，从越来越多人选择春节假期出游的事实出发，根据地图的搜索指数对春节期间热门旅游目的地进行预测，为用户出行提供参考；《年味儿"变"了？》②从人们春节期间的消费行为数据入手，描摹"年味儿"的变化；《家宴　人间至味》③则在正月十五当天以精美的画面呈现了全国各地春节家宴的特色，将菜品主材、组合方式、颜色、口感味道等多元数据以简洁的图形关系进行可视化呈现，用大数据描摹了各地家乡味道的不同特色。

可视化逻辑下的新闻价值取向相比传统新闻发生了偏移，前者取决于数据的"形态、容量和偏向"，而后者则是基于事件本身。④作为基本素材的数据从新闻生产伊始就为整个过程增添了一层与人文逻辑不同的科学底色。不过，未经组织和分析的数据是"枯燥的，除了冰冷的数值之外没有任何意义"⑤，特别是面对芜杂多变、实时更新的海量数据，对数据结构进行再造是必不可少的操作。可视化最基本的功能就是解释数据⑥，通过对数据的整理、质询，构建了理解数据关系的认知框架，帮助挖掘数据中潜在的深层意义，同时将其予以清晰的视觉化呈现。新技术观念下新闻生产过程

---

① 孙丽颖，张桢.送你一份春节出游必备指南［EB/OL］.（2019-02-07）［2024-04-12］.http://www.xinhuanet.com/video/sjxw/2019-02/07/c_1210054081.htm.

② 孙丽颖，张桢.年味儿"变"了？［EB/OL］.（2019-02-15）［2024-04-12］.http://www.xinhuanet.com/video/sjxw/2019-02/15/c_1210060371.htm.

③ 新华网媒体创意工场.家宴 人间至味［EB/OL］.（2019-02-19）［2024-04-12］.http://www.xinhuanet.com/video/sjxw/2019-02/19/c_1210062862.htm.

④ 常江.图绘新闻：信息可视化与编辑室内的理念冲突［J］.编辑之友，2018（5）：71-77.

⑤ YAU N.鲜活的数据：数据可视化指南［M］.向怡宁，译.北京：人民邮电出版社，2012：2.

⑥ 布劳恩.数据可视化：40位数据设计师访谈录［M］.贺艳飞，译.桂林：广西师范大学出版社，2017：6.

的革新根源于深层理念的冲突，即数据可视化生产更加关注信息操作层面的准确性和呈现的视觉性，而传统新闻则追求本质的真实，以及事件的终极意义。[①]比如上游新闻的报道《数读青年丨小镇青年生活更惬意，讲究品质不忘进步》[②]基于对该群体收入和消费的量化考察，描绘了小镇青年的整体生活情况。通过对消费行为数据的整理，发现多数人会产生提升生活品质的消费，如89%的人每年至少外出一次、62%的人在三年内参加过自我提升的课程等。因而得出了小镇青年享受生活、追求进步的生活状态。但对于小镇青年的实际境况和内心想法却无进一步的挖掘。

由于我国目前缺乏数据文化环境，媒体在获取数据时往往会面临较大困难，报道空间也因此受到了限制。有数据记者感叹："最痛苦的莫过于数据缺失，太多数据未公开。这类选题一旦碰壁，倍感无力。"[③]对于数据新闻来说，数据是其生命线。在方洁等对国内七位媒体人进行的深度访谈中，他们也表达了对国内数据现状的相似担忧：一是政府、研究机构数据整体不够开放，想要做时政类量化研究找不出数据；二是已经公布的数据不够准确，存在失真的情况；三是国内大量数据掌握在以BAT为首的商业公司手里，媒体难以获得。[④]提高数据的公开度与透明性是数据新闻实现长远发展的根基。

二、时空多元化

传统的新闻叙事按照倒金字塔或树状结构，遵循时空维度展开，形成

---

① 常江.图绘新闻：信息可视化与编辑室内的理念冲突［J］.编辑之友，2018（5）：71-77.

② 上游新闻数据新闻中心.数读青年丨小镇青年生活更惬意，讲究品质不忘进步［EB/OL］.（2020-01-23）［2020-04-12］.https://wap.cqcb.com/shangyou_news/NewsDetail?classId=2132&newsId=2058444.

③ 邹莹.可视化数据新闻如何由"作品"变"产品"？——《南方都市报》数据新闻工作室操作思路［J］.中国记者，2015（1）：92-93.

④ 方洁，胡杨，范迪.媒体人眼中的数据新闻实践：价值、路径与前景——一项基于七位媒体人的深度访谈的研究［J］.新闻大学，2016（2）：13-19，147.

线性的二维叙事模式。随着媒体技术的发展，新闻叙事模式也出现了新变化。新媒体语境下最具代表性的三种新闻叙事模式包括：蜂巢型新闻叙事模式，对事件的报道从多个角度一点点积聚，最后形成事件的全貌；菱形新闻叙事模式兼顾报道时效和深度，按照简讯、反应/后果、事件、背景、评论、延伸事件、互动/定制的步骤进行报道；钻石型新闻叙事模式整合融汇多种媒体技术和报道形态，从不同维度讲述了一个完整故事。[①]这三种模式主要是针对多篇报道所形成的连续结构，而非单篇报道本身。在某种意义上，数据可视化新闻的叙事方式本质上就是对多个单篇报道的整合，用一幅图或一个页面容纳并呈现多个异质性时空，打破了二维线性的时空建构模式。有学者将这种新的模式称作"立体叙事结构"[②]或"立体的'全景结构'"[③]。

本书将其称为"多维立体化叙事"模式，并总结其对传统叙事时空框架的三种主要重构方式：一是对单一、线性的时空关系的解脱，通过可视化设计或交互设计等方式实现多角度、非线性的叙事。比如，财新网推出《互动｜300城考察学习数据分析　谁最爱学习？怎么学？》[④]，对中国近300个地级以上城市的党政领导干部考察学习数据进行了可视化报道。通过互动图表，用户能够使用不同维度如"所有城市""最爱学习城市""最受关注城市""出访城市""受访城市"等对信息进行筛选，深入了解各地考察学习的情况。二是对传统叙事时间的延伸，新闻不仅可以叙述过去和正在发生的事件，还可较为精准地预测未来趋势。上游新闻在2020年春节前夕

① 曾庆香.新媒体语境下的新闻叙事模式［J］.新闻与传播研究，2014，21（11）：48-59，125-126.

② 许向东.转向、解构与重构：数据新闻可视化叙事研究［J］.国际新闻界，2019，41（11）：142-155.

③ 张军辉.从"数字化"到"数据化"：数据新闻叙事模式解构与重构［J］.中国出版，2016（8）：39-43.

④ 李晨，冷斌，李奕.互动｜300城考察学习数据分析 谁最爱学习？怎么学？［EB/OL］.（2019-07-09）［2020-05-08］.http://datanews.caixin.com/2019-07-09/101437401.html.

推出的《上游大数据丨春节黄金周预计消费11000亿元，网红品牌接受度不足5%》①报道，就利用大数据模型对2020年春节期间的消费情况进行了预测。三是对传统叙事空间的拓展，可视化产品融合图表、照片、视频、动画等多种叙事手段，实现了异质空间的并置。如2018年全国两会期间，《21世纪经济报道》推出H5作品《厉害了！9张图读懂2万字政府工作报告，你要的干货都在这儿！》②，整合了视频、动画、"跳一跳"游戏、信息图等多种媒体形式展示政府工作报告的主要内容，将大会现场、手机软件、游戏、朋友圈等不同空间并置完成了整体叙事。

有学者担心，过于强调数据本身会导致缺乏明确的叙事结构和目的，可能让读者"迷失在过多庞杂信息当中"。③虽然数据新闻的叙事结构更加多元和开放，但仍然是被生产者把控在一定范围之内的。并且数据内容也并非随意拼接，而是遵照一定的规则，具有内在的逻辑连续性，故因信息庞杂而"迷失"的情况发生的可能性较低。

三、可视化叙事

传统新闻报道的叙事通常具有连贯的逻辑链，如视频新闻通过蒙太奇将一个事件的前因后果或一系列事件的先行后续紧密串联。可视化报道背后的科学和美学思维，则为新闻叙事模式提供了新思路。有人将视觉故事（visual story）定义为一系列故事片段（story pieces）——由数据支撑的特定事实，绝大部分故事片段通过可视化的方式传递一个或多个潜在信息，

---

① 上游新闻数据新闻中心.上游大数据丨春节黄金周预计消费11000亿元，网红品牌接受度不足5%［EB/OL］.（2020-01-17）［2020-05-08］. https://wap.cqcb. com/shangyou_news/NewsDetail?classId=2132&newsId=2105315.

② 21新媒体.厉害了！9张图读懂2万字政府工作报告，你要的干货都在这儿！［EB/OL］.（2018-03-06）［2020-05-08］. https://mp.weixin.qq.com/s/2FDU-iY9f_ i1uLTr_QofLw.

③ 战迪.新闻可视化生产的叙事类型考察：基于对新浪网和新华网可视化报道的分析［J］.新闻大学，2018（1）：9-17，147.

并按照某种逻辑进行排列，实现教育、娱乐、说服等目的。①"可视化叙事"（narrative visualization）区别于传统的新闻叙事②，传统的文字或视频新闻采用"块处理"（block progression）方式将相关材料和来源组合，形成不同内容之间清晰的、合乎逻辑的过渡。叙事中虽然会经常性出现离题情况，"但不会持续太久"。而由于可视化所包含的互动元素，叙事结构更加松散，读者可以随心所欲地长时间离题。③

可视化过程不仅能够完成对于数据的组织和过滤，还能够将抽象的数据转化为具体的视觉符号，实现对数据集群和语言难以有效表达内容的直观呈现，提高信息的处理速度和可理解性。人类认知的能力极为有限，因而无法直接接受多元、异质的海量数据集。可视化技术通过对数据进行整理、分析并诉诸视觉形式，大大拓展了人类对数据的认知深度和广度。人脑能够在极短时间内识别图像，远快于对文字的处理速度。甚至有实验发现，大脑对视觉元素的前注意处理（preattentive processing）过程可近乎自动地完成。④视觉图像的直观性可以减轻抽象信息带来的认知压力，提高对数据的辨认和理解能力。已有研究证明，可视化产品在某种程度上有助于提升用户对重要信息的理解。⑤相同抽象结构的不同（视觉）再现方式能够

① LEE B，RICHE N H，ISENBERG P，et al. More than telling a story：a closer look at process of transforming data into visually shared stories［J］. IEEE computer graphics and applications，2015，35（5）：84-90.

② WOHLFART M. Story telling aspects in medical applications［C］// Central European Seminar on Computer Graphics.［S. l.］：［s. n.］，2006.

③ SEGEL E，HEER J. Narrative visualization：telling stories with data［J］. IEEE transactions on visualization and computer graphics，2010，16（6）：1139-1148.

④ WARE C. Information visualization：perception for design［M］. 3 ed.Waltham：Morgan Kaufmann，2013.

⑤ HULLMAN J，ADAR E，SHAH P. Benefitting InfoVis with visual difficulties［J］. IEEE transactions on visualization and computer graphics，2011，17（12）：2213-2222.

在表现效率、工作复杂度和行为结果方面产生巨大的差异。①可视化提供了建构数据的不同可能性，激活了多元的外在表现形式，同时，提升了用户对于信息的理解能力。②在形成叙事的过程中，通常会观照以下三个关键问题：一是报道选题适合从什么角度进行数据可视化呈现；二是需要对庞大的原始数据进行筛选和处理，去粗取精并形成内在逻辑；三是在进行可视化设计时还要考虑到信息密度的合理性，密度过大或过小都会影响最终的表达效率。

2019年8月美国费城发生枪击案后财新网推出《互动｜美国又发生枪击案 控枪为何那么难？》③数据可视化报道，仅用一张动态图就直观展现了2014—2018年期间美国本土发生过的大规模枪击案的时间、位置、伤亡人数以及总体位置分布、密度等多维度信息。更重要的是，通过图形的动态变换，用户还能够快速掌握近年枪击案的多发地及其数量变化特征。

再如新京报网《财政花了1500多亿，让3700万孩子比5年前同龄人高了2厘米｜有理数》④，其中一张监测图展示了2012—2016年学生身高情况。折线图遵照了严谨、科学的思维方法，巧妙地以身高为纵轴、时间为横轴，将各个年龄的身高变化置于同一坐标体系内，并设置了起始水平的参考线。从图3-4中，可以非常容易地看出在7岁入学时身高基本无显著变化的前提

① ZHANG J，NORMAN D A. Representations in distributed cognitive tasks［J］. Cognitive science，1994，18（1）：87-122.

② LEE E，KIM Y W. Effects of infographics on news elaboration，acquisition，and evaluation：prior knowledge and issue involvement as moderators［J］. New media & society，2016，18（8）：1579-1598.

③ 赵佐燕，李靖华，韦梦.互动｜美国又发生枪击案 控枪为何那么难？［EB/OL］.（2019-08-15）［2020-04-01］. http://datanews.caixin.com/2019-08-15/101451382.html.

④ 汤子帅.财政花了1500多亿，让3700万孩子比5年前同龄人高了2厘米｜有理数［EB/OL］.（2018-09-28）［2020-04-01］. http://www.bjnews.com.cn/graphic/2018/09/28/508420.html.

下，实施营养餐后各年龄段学生身高平均值相对2012年时的提升，达到了事半功倍的叙事效果。

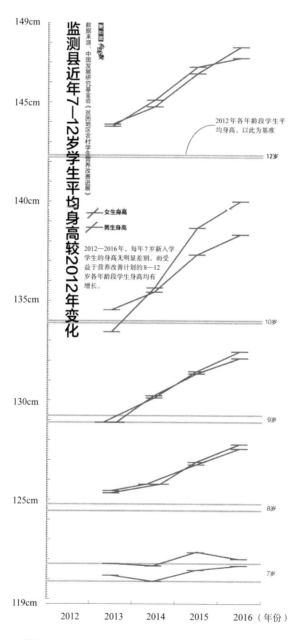

图3-4　监测县近年7—12岁学生平均身高变化图

可视化作品不仅是新闻产品，也是一件艺术作品。有不少研究者强调，数据可视化的关键是内容本身①或是为在短时间内理解复杂信息②，但他们却低估了可视化背后的视觉逻辑所带来的强大影响力。有研究发现，相比传统的普通图表，经过美化和装饰的图表对用户来说更有吸引力，并且能够协助记忆过程。③视觉美化（visual embellishment）能够帮助用户更加准确地保存信息并减少回忆信息所需要的时间。同时，还能够让用户更好地获取制作者希望传达的观点，特别是在其嵌入复杂的信息环境中时。④美学因素作为激发用户兴趣和愉悦视觉体验的核心，能够对信息传播过程产生积极作用。在实践中，美也成为评判可视化作品的重要指标。有研究发现，我国可视化部门的编辑人员普遍将"好看"作为考量可视化新闻产品的首要评判标准，"如果一个产品外在不好看，那么即便内容再深刻也难以具备较好的传播效果"。⑤可见，视觉美观性在数据可视化中的重要地位。数据可视化产品可被视为新闻理念与视觉理念之间不断进行冲突、协商的结果。当然，数据可视化的首要功能仍然是信息告知，视觉吸引力应当为其服务。⑥

比如，澎湃新闻"美术课"推出的《关于过去四十年衣食住行的七

① MOGOS A. Scientific images and visualisations in digital age：from science to journalism［J］. Journal of media research，2012，14（3）：10-20.

② 转引自谢耘耕，陈虹. 新媒体与社会（第14辑）［M］. 北京：社会科学文献出版社，2015：39.

③ BATEMAN S，MANDRYK R L，GUTWIN C，et al. Useful junk? The effects of visual embellishment on comprehension and memorability of charts［C］. In Proceedings of the SIGCHI conference on human factors in computing systems，2010：2573-2582.

④ BORGO R，RAHMAN A A，MOHAMED F，et al. An empirical study on using visual metaphors in visualization［J］. IEEE transactions on visualization and computer graphics，2012，18（12）：2759-2768.

⑤ 杨奇光. 媒体融合时代的新闻室矛盾：基于新闻可视化生产实践的考察［J］. 新闻大学，2018（1）：18-26.

⑥ 黄雅兰，仇筠茜. 信息告知还是视觉吸引？——对中外四个数据新闻栏目可视化现状的比较研究［J］. 新闻大学，2018（1）：1-8，34.

大疑问，答案都藏在这本书里》①，该报道使用可视化手段展现《现代汉语词典》每一版增收的新词汇，从身份认定、住房问题、饮食、穿着、消磨时光的方式、与人沟通的途径以及个人的情绪表达七大方面展现中国社会四十年变迁的若干侧面。报道以简笔画的形式生动、有趣地展现出了各个词语的核心之意，对很多用户来说，虽然知道词语的含义，但仍然会饶有兴趣地仔细观看图片。同时，该报道对于色彩、线条的搭配和选择具有较高的美学价值。视觉叙事的成功在提高报道吸引力的同时，也增强了信息的强度和趣味度，有助于用户更加快速地进行记忆。

而其推出的另一篇可视化报道《我们读同一所大学，可为啥你在市中心我在郊区？｜数说校区①》②在视觉处理上则存在缺陷。该报道关注大学分校区和新生分流问题，以花朵形式对各学校的校区数量（其中包括新生校区、非新生校区、主校区）进行呈现。虽然花朵的创意别出心裁、图形设计也清新美观，但信息图整体的美观度和可读性都不理想。一方面是整体布局失败，单个图像过长，且不同图像之间排列杂乱；另一方面，以不同颜色的花瓣作为区分校区的方式不够显著、直观，特别是主校区的颜色选择，与其他颜色叠加后难以辨别，有形式大于内容之嫌。格式塔心理学认为，整体大于各元素之和，视觉展示的底层结构比单独的元素更加重要。作为一套完整的心理感知理论，其提出的接近性、相似性、对称性、闭合倾向（closure）、图形和背景等原则对于整合视觉元素以及更加美观、高效的视觉设计提供了极具价值的参考。③

---

① 徐雪晴，王亚赛，张婧冉，等.关于过去四十年衣食住行的七大疑问，答案都藏在这本书里［EB/OL］.（2018-12-05）［2020-04-06］. https://www.thepaper.cn/newsDetail_forward_2739499.

② 张轶君，王亚赛，苏昕，等.我们读同一所大学，可为啥你在市中心我在郊区？｜数说校区①［EB/OL］.（2018-10-11）［2020-04-06］. https://www.thepaper.cn/newsDetail_forward_2490772.

③ 考夫卡.格式塔心理学原理：上册［M］.黎炜，译.杭州：浙江教育出版社，1997：136.

四、交互协作

可视化所采取的H5、Java等技术允许用户与内容进行互动，甚至参与到生产过程。对2014—2018年全球数据新闻奖获得"最佳可视化奖"的作品进行量化分析后发现，有三分之二的获奖作品不同程度地使用了交互的呈现方式，并且交互程度呈逐渐加深趋势。[①]有研究认为，可视化的交互过程由紧密连接的反馈回路（feedback loops）组成，按照交互程度可以分为三个大类：最低层级是数据操作（data manipulation）回路，通过手眼配合进行物体的选择和移动；中间层级是探索和导航（exploration and navigation）回路，在视觉数据空间中寻找需要的信息；最高层级是解决问题（problem-solving）回路，形成假设并重组数据。[②]有学者更为细致地总结了可视化实践中的交互形态，主要包含以下七类：选择，标注可能感兴趣的数据选项；探索，通过摇动、缩放等方式展示其他数据；重置（reconfigure），重新组织数据空间；编码，改变视觉呈现方式；摘要／详情，展示更多或更少的细节；过滤，根据特定条件选择或显示数据；关联，突出显示相关数据项。[③]可视化技术为媒体提供了更为复杂的交互形态。

人类的感知过程总会受到过去经历的影响。一般人的感知资源有限，特别是短期记忆，因此，用户在多数情况下只会关注自己感兴趣的内容。[④]可视化就为节约用户的感知资源提供了便利。在可视化新闻的消费

① 杨璧菲.全球数据新闻奖的可视化实践趋势［J］.青年记者，2019（9）：48-49.

② WARE C. Information visualization：perception for design［M］. 3 ed.Waltham：Morgan Kaufmann，2013：345-374.

③ YI J S，KANG Y，STASKO J，et al. Toward a deeper understanding of the role of interaction in information visualization［J］. IEEE transactions on visualization and computer graphics，2007，13（6）：1224-1231.

④ NEISSER U. Cognition and reality：principles and implications of cognitive psychology［M］.San Francisco：W. H. Freeman and Company，1976.

中，参与者对交互产品的使用展现出了强烈的个人化色彩。①其交互性允许用户筛选自己感兴趣的内容，节省了被其他不需要信息分散的精力和认知成本，实现了信息分发的个性化和精准化。此外，交互形式还可以提高用户对报道内容的兴趣。用户更倾心于那些能被他们操纵的、以图形形式再现的数据。②并且，交互通过在一定程度上提升"视觉困难度"（visual difficulties），增强了用户接受过程的主动性，最终实现高效传播。③还有研究证明，可互动的信息图表可以增强用户对报道的积极态度，并且这一态度有较大可能扩展到对新闻组织整体的积极认识。④《21世纪经济报道》的21数据新闻实验室曾配合社会热点制作了许多具有互动性的新闻数据工具。如在社会关注《个人所得税法修止案》时推出H5作品《月入1万6有望减税1000元！一键查询你到手工资多少？》⑤，应用个税计算的新规则让用户直观感知改革对自己的影响；在莆田系医院遭受社会质疑时，推出H5作品《大扫雷：你居住的城市有哪些莆田系医院？》，整合莆田系医院数据，为用户提供所在地莆田医院的名单，帮助用户"扫雷"。

新闻游戏是可视化报道实现深度交互的重要途径之一，移植自游戏中

---

① 楚亚杰，胡佳丰. 交互式可视化新闻的"阅读"：一项基于受众体验的探索性研究［J］. 新闻大学，2019（5）：59-73.

② ANCKER J S, CHAN C, KUKAFKA R. Interactive graphics for expressing health risks：development and qualitative evaluation［J］. Journal of health communication，2009（14）：5，461-475.

③ HULLMAN J, ADAR E, SHAH P. Benefitting InfoVis with visual difficulties［J］. IEEE transactions on visualization and computer graphics，2011，17（12）：2213-2222.

④ WOJDYNSKI B W. Interactive data graphics and information processing［J］. Journal of media psychology，2015，27（1）：11-21.

⑤ 21数据新闻实验室. 月入1万6有望减税1000元！一键查询你到手工资多少？［EB/OL］.（2018-06-20）［2020-03-24］. https://mp.weixin.qq.com/s/ObHKkAaPp-j0SYt8S6pAnA.

的竞争和奖惩规则[①]，是调动用户兴趣、提高报道感染力的有效方式。比如财新网曾推出"对方在跑马拉松，并向你扔了个垃圾"的游戏，为展现马拉松赛事中产生的巨量垃圾。[②]游戏中，用户需要在屏幕下方圆圈位置接住运动员扔过来的香蕉皮、塑料瓶、海绵等垃圾，错过一个之后游戏结束并会显示好友的游戏成绩和排名。虽然并未展现马拉松比赛中产生垃圾的具体数量，但是通过在游戏过程中连续不断、让人应接不暇的扔垃圾频率，用户能够对马拉松期间垃圾的生产速度产生一个更为直观的体验，同时游戏的趣味性和竞争性更增添了其叙事效力。此前，财新网还上线了游戏"吹啊吹啊特朗普的骄傲放纵"，为时任美国总统特朗普吹头发、做造型。[③]一头标志性的金发、独特的话语风格和非常规的行为等均是特朗普的独特标识，也为他带来了诸多争议。游戏按照用户点击屏幕"吹头发"的不同程度，展现其不同的知名口头语如"You're fired"（你被解雇了）、"fake news"（假新闻）等，并通过详情故事帮助用户进一步了解其性格与行事风格。

数据新闻成长于数据开放的大背景下，同时反过来推动了数据的公开化和透明化。数据新闻的最大魅力就在于数据的开放和共享以及允许用户参与内容生产。[④]"众包生产"通常被视为最高级的交互模式，其内核与用户生产内容（User Generated Content，简称UGC）相同，即用户自愿、自主生产内容。UGC概念更加宽泛，而众包生产则强调用户分工合作完成一个特定的任务。"众包"（crowdsourcing）的概念与推特（Twitter）一样诞

① FOXMAN M. Play the News：fun and games in digital journalism［EB/OL］.（2015-02-17）［2021-06-08］. https://www.cjr.org/tow_center_reports/play_the_news_fun_and_games_in_digital_journalism.php.

② 财新. 对方在跑马拉松并向你扔了垃圾，你稳稳接住了！｜游戏［EB/OL］.（2017-05-02）［2020-02-09］. https://mp.weixin.qq.com/s/xXAipog_xS1VMfolzxoTUw.

③ 财新. 游戏｜吹啊吹啊特朗普的骄傲放纵［EB/OL］.（2017-04-05）［2020-02-09］. https://mp.weixin.qq.com/s/43SDv9x0dmL9fsltl9US6A.

④ 强月新，陈志鹏. 财经新闻数据可视化研究［J］. 中国出版，2017（21）：31-34.

生于2006年，由《连线》（*Wired*）杂志记者杰夫·豪（Jeff Howe）创造①。其理念顺应了互联网的去中心化思维，本质在于调动公众的知识、创新能力，使用集体智慧，合力"对大数据时代冗杂海量的数据和信息进行意义聚合和价值挖掘"②。2001年创立的维基百科（Wikipedia）正是众包思维的最佳体现。数据的整合性和可共享性，让用户参与生产成为可能。他们既可以成为数据库的上传者和完善者，也可以成为数据的分析者，实现与数据的深度对话，生产者与用户之间的边界愈加模糊。从某种角度来看，新闻报道中的问卷调查可以被视为众包生产的前身——用户作为贡献数据的一员。目前，真正意义上的众包生产还未在我国新闻媒体的实践中展开，但是国外媒体早已有过成功的实践经验。

2009年英国议会下议院公布了646名成员四年内的全部开支收据，在5500个PDF文档中包含70万份独立文件。面对如此海量的非结构化数据，《卫报》决定全面开放数据，邀请用户参与数据的处理和线索的挖掘工作。他们上线了"议员开支众包"应用程序（MPs crowdsourcing），在系统中用户可以对每一份开支明细进行评论、标记亮点、上报线索、转录图片内容等操作。虽然很多用户的核查热情很快褪去，但是也有不少人坚持了下来，最多的一位用户核对了高达3万页的文件。③在用户的协同帮助下，《卫报》发现了议员开支中众多荒诞之处，如225镑一支的中性笔以及给宠物、新

① HOWE J. The rise of crowdsourcing［EB/OL］.（2006-06-01）［2021-01-09］. https://www.wired.com/2006/06/crowds/.

② 王长潇，徐静，耿绍宝. 数据新闻可视化的域外实践及发展趋势［J］. 传媒，2016（14）：32-35.

③ BOUCHART M. Crowdsourcing data at the guardian datablog［EB/OL］.［2021-01-09］. https://datajournalism.com/read/handbook/one/getting-data/crowdsourcing-data-at-the-guardian-datablog.

地毯的开支①，有力地揭露了议员开支丑闻。此后，《卫报》还成功应用众包生产的方式完成了有关伦敦骚乱、奥运会开支等深度报道。ProPublica、《赫芬顿邮报》（*The Huffington Post*）等媒体也陆续进行了众包实验。

五、具象化情感

人类对于颜色的情绪感知是与生俱来并受到社会文化的影响的：浅色清新、深色稳重、艳色活泼……其他视觉元素如形状、尺寸等也同样带有一定的情感倾向。因而，视觉图形往往不可避免地带有浓厚的感性色彩。可视化正是一个将理性的逻辑信息转化成为"可以触碰的具象、情感信息"的过程②，甚至有相关从业者在采访中表示，情感（emotion）是可视化的终极诉求。③《金融时报》（*Financial Times*）的一位数据可视化记者在全球深度报道大会上曾表示："我们一般不会在一句话里同时说明数据和表达情感……但是将数据和情感割裂开来是不正确的。"④在她看来，虽然表面来看可视化更多关乎于数据，但其实在呈现数据的同时，可视化还提供了众多细节和系列化步骤，鼓励读者参与到故事中。通过引导用户参与，可视化产品更易激发其情感共鸣，进而产生某种愉悦和满足感。

人类是情感丰富的动物，在进化中逐渐形成的情绪与认知相互作用的模式影响着人们的决策和行动。美感是影响情绪的重要因素之一，美

---

① ADDLEY E. MPs' expenses - what you've found so far［EB/OL］.（2009-06-19）［2021-02-10］. https://www.theguardian.com/politics/blog/2009/jun/19/mps-expenses-what-you-ve-found.

② 王长潇，徐静，耿绍宝. 数据新闻可视化的域外实践及发展趋势［J］. 传媒，2016（14）：32-35.

③ DICK M. Interactive Infographics and News Values［J］. Digital journalism，2013，2（4）：490-506.

④ OTTER A. Seven trends in data visualization［EB/OL］.（2017-11-19）［2021-02-10］. https://gijc2017.org/2017/11/19/data-visualization/.

观的视觉设计能够吸引用户主动投入情感。[①]大脑的活动可分为三个层次，即本能层次（visceral level）、行为层次（behavioral level）和反思层次（reflective level）。三者在人类整体机能中发挥不同作用，同时又可以相互影响。[②]据此，设计也可分为三个层次：本能层次源于人类的本性，诉诸外形、声音、气味等感官层面的美感，为用户留下第一印象；行为层次关注效用，包括功能性、易理解性、易用性和感受，着重考虑使用者的感受；反思层次则与文化环境、个人经历等密切相关，是综合多种因素的重新评估，决定了对产品的总体印象。[③]数据可视化的过程不可避免地包含偏见和情绪，相比文字，可视化图形多以隐性的、具象化手段呈现，含蓄地传递情感性信息。

数据可视化技术在艺术的基础上将科学思维引入新闻生产的过程中：数据新闻基于对大数据的科学分析与研究，而对分析结果的展示过程则有赖于艺术设计。二者与新闻业奉行的传统思维不同，催生了新闻报道的全新视角——从见微知著到宏观认知、从主观推测到数据论证等……如果说蒙太奇实现了对新闻时空的再造，那么数据可视化技术则更加丰富了时空的展现形式。时空不再是线性的、单层的，而是可以被多个并置、叠加的存在。可视化内生的视觉性也带来了新闻叙事中艺术思维进一步深化，图形、颜色等画面元素成为表达情绪的重要工具，美观性跃升为新闻生产过程需要考量的关键因素。更为重要的是，数据可视化技术还为信息生产增加了交互协作的可供性，为用户赋权，改变了传统单向性的生产和传播模式。

---

① BOYLES J L，MEYER E. Letting the Data Speak：role perceptions of data journalists in fostering democratic conversation［J］. Digital journalism，2016，4（7）：944-954.

② ORTONY A，NORMAN D A，REVELLE W. The role of affect and proto-affect in effective functioning［M］//FELLOUS J M，ARBIB M A. Who needs emotions? The brain meets the robot. New York：Oxford University Press，2005：173-202.

③ 诺曼. 情感化设计［M］. 付秋芳，程进三，译. 北京：电子工业出版社，2005：44-71.

第四章

"墙"的打破：虚拟现实
与新闻的多模态体验

"纸上得来终觉浅，绝知此事要躬行。"八百多年前我国南宋诗人陆游一语道破了学习的本质：道理不只是读书读出来的，亲身实践才能够实现真正深入的理解。"知行合一"的理念一直贯穿于我国儒学的思想。自人类起源，综合使用视觉、触觉等多重感官进行学习就是人类实现进化的主要渠道。也正是基于此，从人类自觉认识自然开始，模拟真实世界的存在物就成为进步的关键方式。随着技术的发展，人类发明出了印刷设备、电子设备，不过阅读文字、观看电视等始终只是辅助学习的手段：它们的确会对人产生影响，但其效果却远逊于真实经历。以虚拟现实（Virtual Reality）为代表的沉浸式技术的出现和普及，可被视为一种对于人类本性的回归，其在很大程度上弥合了真实经验（real experience）与介导经验（mediated experience）之间的鸿沟，必将在未来扮演极为重要的角色。近年来，虚拟现实技术不仅应用于以游戏、电影为代表的娱乐领域，在军事、教育、医疗、制造业、新闻传播等领域都发挥着愈发重要的作用。

2016年被国内外媒体称作"虚拟现实（产业）元年"：各大互联网巨头积极进行战略布局，虚拟现实行业的相关投资显著提高，技术和产品也出现了突破性进展。然而此后，虚拟现实并未出现业界期待的爆发式增长。这也导致近年来，业界又出现了很多唱衰VR的声音，甚至有人高喊"VR已死"①。虚拟现实行业的发展的确不如预期中乐观，但不能否认的是，虚拟

---

① TOPOLSKY J. The virtual reality dream is dying［EB/OL］.（2018-10-25）［2023-07-12］. https://theoutline.com/post/6443/virtual-reality-dream-is-dead-hype-oculus-rift-facebook-playstation.

现实所涵盖的增强现实（Augmented Reality）、混合现实（Mixed Reality）等沉浸式技术是"指向未来的技术"。各国从21世纪初就开始大力投入虚拟现实相关技术的研发。我国也在2006年将VR划归为信息科技领域优先支持主题，将其视为"具有前瞻性、先导性和探索性的重大技术"。[①]就如40多年前无人问津的手机，现阶段种种的不理想只是技术迭代初期的缺陷所致，而不能否定技术本身。

以虚拟现实为代表的沉浸式技术为传播方式带来了颠覆性的改变。李沁将以虚拟现实为代表的新传播模式定义为"沉浸传播"（Immersive Communication），即媒介作为围绕人类生活的大环境，使人完全专注，也完全专注于个人的动态定制，实现"无时不在、无处不在、无所不能"的传播。[②]这种全新的信息传播方式标志着第三媒介时代的到来：第一媒介时代是"单向的大众传播时代"，第二媒介时代是"互动的分众传播时代"，第三媒介时代则是"'沉浸'的'泛众'传播时代"。[③]

在新闻报道领域，媒体对虚拟现实技术的应用肇始于2015年，虚拟现实新闻逐渐成为新闻生态的重要组成部分，或许将"从根本上改变新闻业"[④]，为新闻生产带来话语规则的变革。在虚拟现实所营造的沉浸式新闻"全景"中，曾经分隔用户与影像世界之间的"第四堵墙"（fourth wall）被打破，用户得以直接置身虚拟环境。在其中，蒙太奇丧失了控制影像叙事、

---

① 中华人民共和国国务院.国家中长期科学和技术发展规划纲要（2006—2020年）[EB/OL].（2006-02-09）[2020-01-18].https://www.gov.cn/gongbao/content/2006/content_240244.htm.

② 李沁.沉浸传播：第三媒介时代的传播范式［M］.北京：清华大学出版社，2013：43-44.

③ 李沁.沉浸传播：第三媒介时代的传播范式［M］.北京：清华大学出版社，2013：12-13.

④ VICE News. Chris Milk，Spike Jonze，and VICE News bring the first-ever Virtual Reality newscast to sundance［EB/OL］.（2015-01-23）[2020-01-18].https://www.vice.com/en_us/article/xwpba7/chris-milk-spike-jonze-and-vice-news-bring-the-first-ever-virtual-reality-newscast-to-sundance.

生产意义的功能；传统的视听语言如镜头运动、景别等在其中也不再有效。新的视觉逻辑也将为新闻带来全新叙事模式。

第一节　虚拟现实的起源与发展：当梦想照进现实

虚拟现实作为作家天马行空的想象产物，最早出现在科幻小说中。1935年，斯坦利·G.温鲍姆（Stanley G. Weinbaum）在短篇故事《皮格马利翁的眼镜》（*Pygmalion's Spectacles*）中首次详尽描述了近似虚拟现实的构想。故事中有一种神奇的护目镜（goggles）——在看电影时，其可以实现对人类视觉、听觉、味觉、嗅觉和触觉的全面模拟——"你在故事之中，你可以对角色讲话，他们也会做出回应，故事并不是在屏幕上，而是围绕着你，你身在其中"。不仅在小说中，对虚拟现实的想象还成为科幻电视电影的重要题材，如1973年的《世界旦夕之间》（*Welt am Draht*）、1982年的《电子世界争霸战》（*Tron*）等。1992年，好莱坞电影《割草者》（*The Lawnmower Man*）形塑了对于虚拟现实的主流认知。此后的《黑客帝国》（*The Matrix*）、《星际迷航》（*Star Trek*）也都对虚拟现实的概念产生了较大影响。

在现实中，从1950年代起，科学家们就开始研究实现虚拟现实的设备，让科幻想象走进现实。1956年，美国电影摄影师莫顿·海里格（Morton Heilig）设计出了他心中的"未来影院"（cinema of the future），发明了世界上第一台3D VR体验设备Sensorama。该设备可以同时容纳四名观众观影，综合使用多种技术实现对感官的全面刺激，达到身临其境之感：不仅有针对视觉和听觉的全彩3D影像，还有针对触觉的震动、风感，甚至还能产生特定气味刺激嗅觉。不过，该设备还不具备互动交互的功能。海里格为此设备专门制作了六部短片，然而过于超前的思维和高昂的造价使得Sensorama在当时并未产生很大的影响。

　　直到1965年，计算机图形学之父和虚拟现实学之父伊凡·苏泽兰（Ivan Sutherland）的论文《终极显示》（The Ultimate Display）才首次从科学角度阐释虚拟现实概念的核心。他提出了基于听觉和触觉的人机互动，将计算机生成的虚拟世界比作爱丽丝踏入的"奇境"。①三年后，他设计出了第一个头戴显示设备——达摩克利斯之剑（Sword of Damocles），能够实现对用户眼球运动和头部位置的追踪。1973年，迈伦·克鲁格（Myron Krueger）提出"人工现实"（Artificial Reality）是早期出现的用于描述与"虚拟现实"概念相近的词汇。②两年后，克鲁格发明了第一个"虚拟现实"互动平台"视频空间"（VIDEOPLACE），在暗室中通过位移传感技术（position-sensing technology）实现了用户与虚拟空间的互动以及处于不同物理空间的用户之间的互动。③

　　1980年代开始，美国国家航空航天局（简称NASA）资助了多项对虚拟现实技术发展极为关键的项目。1980年初④，"虚拟现实"这一词语才由杰伦·拉尼尔（Jaron Lanier）发明并推广使用。1985年，拉尼尔和同伴创立了首个出售虚拟现实眼镜和手套的公司——VPL研究（Virtual Programming Language Research，Inc.），实现了对虚拟现实的首度商业化。

　　20世纪90年代初，日新月异的计算机硬件和软件以及互联网技术极大地促进了虚拟现实技术发展，也丰富了虚拟现实概念的内涵和外延。波音公司研究人员尝试添加图标和标记实现对车间工人的引导，创造了"增强现实"的概念⑤；还有学者从学术角度提出了"混合现实"的概念。同

① SUTHERLAND I E. The ultimate display [J]. Proceedings of IFIP congress，1965，10（2）：506-508.

② 邹湘军，孙健，何汉武，等. 虚拟现实技术的演变发展与展望 [J]. 系统仿真学报，2004，16（9）：1905-1909.

③ BARNARD D. History of VR-Timeline of events and tech development [EB/OL]. （2019-08-06）[2019-11-18]. https://virtualspeech.com/blog/history-of-vr.

④ 目前，学界对具体年份的说法不一，有说1984年，也有说1987年。

⑤ CAUDELL T P，MIZELL D W. Augmented reality：an application of heads-up display technology to manual manufacturing processes [J]. Proceedings of the Twenty-Fifth Hawaii international conference on system sciences，1992（2）：659-669.

期，虚拟现实在游戏领域的应用虽然推动了相关技术的进步，却因无法满足消费者的期望而进入了发展低谷。这一阶段，很多公司对VR设备进行平民化、市场化的尝试，最后都以失败告终。任天堂公司在1995年发布了头戴显示器"任天堂虚拟小子"（Nintendo Virtual Boy），使用红黑双色显示，是便携虚拟现实设备的首次商业化。后因技术不成熟、游戏软件少、使用体验差，"任天堂虚拟小子"在全球的销量不到100万台。任天堂的失败打击了虚拟现实产业的热情，此后各家企业都转为更加保守的发展路径。

　　15年后，年仅18岁的帕尔默·洛基（Palmer Luckey）发明出了一款虚拟现实头盔原型CR1（Oculus Rift的前身），凭借90度的VR视角轰动一时。两年后，Oculus Rift以未来头戴设备的姿态登陆众筹平台Kickstarter并获得了250万美元的资助实现商用，在某种程度上给予了虚拟现实行业信心。2014年，Facebook以20亿美元收购Oculus VR公司①，掀起了虚拟现实商业普及的热潮。同年，谷歌公司推出了纸板VR眼镜Cardboard，以极低的成本将智能手机变成了简易的虚拟现实设备。随后，索尼、三星、HTC等公司纷纷推出了自己的头戴设备。2015年起，新闻媒体对虚拟现实技术的应用使得虚拟现实越来越频繁地出现在大众视野，《华尔街日报》（*The Wall Street Journal*）、CNN、BBC等国际媒体纷纷推出虚拟现实报道和应用程序。虚拟现实似乎成为触手可及的未来。

　　全球权威IT市场研究与咨询公司Gartner在其著名的技术成熟度曲线（The Hype Cycle）中将技术的发展分为五个阶段：技术触发期、高期望峰值期、幻灭低谷期、爬升复苏期、量产稳定期。彼时，虚拟现实技术处于技术触发期，直到2016年前后达到了高期望峰值期。而在这一阶段，尚未成熟的技术无法满足用户在媒体炒作下所预想的虚高期望，经历市场考验后，行业泡沫破裂，虚拟现实从过热进入冷却和调整的幻灭低谷期。

---

① DREDGE S. The complete guide to virtual reality-everything you need to get started［EB/OL］.（2016-11-10）［2020-03-28］. https://www.theguardian.com/technology/2016/nov/10/virtual-reality-guide-headsets-apps-games-vr.

2017年开始，随着大批虚拟现实企业、项目的关停，唱衰VR的声音不断出现。2019年，谷歌在发布会上宣布，Pixel 4手机不再支持"白日梦"（Daydream）虚拟现实平台，Daydream View VR头显也将停售。三年前，谷歌看好智能手机虚拟现实的潜力，创造了"白日梦"，希望其能够成为移动虚拟现实领域的标准平台。有评论称，谷歌从自己创造的"白日梦"中醒了过来。[①] 对此，谷歌的解释为："随着时间的推移，我们发现了一些限制智能手机虚拟现实成为长期可行的解决方案的局限性……同时，消费者和开发者对其的接受程度也未达到预期。"[②] 不过，虚拟现实仍然影响着未来的发展趋势。其进入发展低谷的主要原因是技术层面的限制，伴随技术的发展以及市场化路径的探索，必将进入爬升复苏期，最终实现真正的普及和成熟。

2023年6月苹果公司首次发布了AR设备Apple Vision Pro，或标志着虚拟现实新阶段的起点。Vision Pro在视听觉体验、交互方式等方面均取得了突破性进展。其配备的2300万像素Micro OLED屏幕超越4K电视，使虚拟物体能够在与现实场景的交互中"以假乱真"。该设备还通过12个摄像头、5个传感器、6个麦克风以及一系列新技术为视听觉开拓了纵深维度，或将社会从个人计算时代、移动计算时代，带入全新的空间计算（spatial computing）时代。空间计算指设备感知周围环境并以数字方式再现的能力，人类不再是隔着屏幕，而可以"进入"虚拟空间进行互动。其搭建了现实世界与虚拟世界之间的桥梁[③]，真正实现了二者的交融。空间音频系统

---

① 天极网.谷歌从自己的"白日梦"中苏醒 VR 到底何去何从？［EB/OL］.（2019-10-28）［2020-03-20］. https://tech.sina.com.cn/mobile/n/c/2019-10-28/doc-iicezuev5348649.shtml.

② Google and BBC scrap VR projects［EB/OL］.（2019-10-17）［2020-03-20］. https://www.bbc.com/news/technology-50080594.

③ DELMERICO J，PORANNE R，BOGO F，et al. Spatial computing and intuitive interaction：bringing mixed reality and robotics together［J］. IEEE robotics & automation magazine，2022，29（1）：45-57.

可以模拟三维空间的声音传递，音频射线追踪技术则借助传感器扫描所处空间中的材料和物体特征，使虚拟声音适配真实环境。空间计算的实现需依靠人工智能技术赋能。该设备在视听觉的基础上还调动了触觉，拓展了多感官的表现方式。Vision Pro 抛弃了鼠标和手柄，通过手部和头部追踪，借助语音、视线及手势完成更自然的交互操作。比如，用户可以通过眼球运动浏览网页或应用，通过手势进行确认或拖曳等。

国际律师事务所 Coie LLP 与 XR Association 在对200名领域内的投资者、技术公司高管、创业公司创始人和咨询顾问进行调研后发现，86%的受访者认为，至2025年沉浸式技术在消费市场将如移动设备一样普及（39%强烈同意，47%同意，只有7%明确反对这一说法）。[①] IDC 预计全球增强与虚拟现实（AR/VR）总投资规模有望在2026年增至508.8亿美元，五年复合增长率（CAGR）将达32.3%。其中，中国将成为全球 AR/VR 最重要的市场之一，2026年中国市场的相关投资将超过120亿美元，占全球24.4%。[②] 虚拟现实是面向未来的技术。

第二节 虚拟现实技术概观

虚拟现实是一种为更好地"适应和利用自然的科学方法和技术"[③]，然而随着虚拟现实的市场化程度越来越高，在实践中出现了很多对"虚拟现实"

① 2019 Augmented and virtual reality survey report［R/OL］. Industry Insights into The Future of Immersive Technology［2023-09-28］. https://www.perkinscoie.com/images/content/2/1/v4/218679/2019-VR-AR-Survey-Digital-v1.pdf.
② 持续繁荣，位列全球首位：未来五年中国 AR/VR 市场支出复合增长率近42.2%［EB/OL］.（2022-12-11）［2023-09-28］. https://www.idc.com/getdoc.jsp?containerId= prCHC49956922.
③ 赵沁平，周彬，李甲，等. 虚拟现实技术研究进展［J］.科技导报，2016，34（14）：71-75.

概念的误解和混用，本节将从不同类别的定义入手，以厘清其不同的内涵、关系和特征，更好地把握虚拟现实技术。

一、相关技术定义

1994年，有研究打破将真实与虚拟对立的二元思维方式，提出了"虚实连续体"（Reality-Virtuality continuum）[①]的概念（如图4-1所示），将真实与虚拟视为一个连续的整体，提供了总体理解和把握虚拟现实系统的进路。连续体最左端的"真实环境"（real environment）指任何仅包含实物的环境，增加虚拟元素后形成增强现实，即通过虚拟刺激增强现实的自然反馈；最右端的"虚拟环境"（virtual environment）则指任何仅包含虚拟物体的环境，而增强虚拟（Augmented Virtuality）是指在完全虚拟的环境中叠加现实元素[②]；中间部分是同时包含实物和虚拟物体的混合现实（Mixed Reality）。

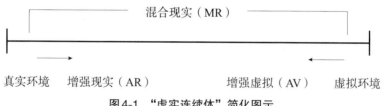

图4-1 "虚实连续体"简化图示

基于此，目前学界普遍认为，虚拟环境、增强现实、增强虚拟、混合现实等概念中所涉及的"虚拟"要素均属于虚拟现实的范畴，而增强现实和增强虚拟又可以统称为混合现实。因此，虚拟现实和混合现实是属于第一层次概念；而增强现实、增强虚拟、虚拟环境是属于第二层次概念（如

---

① MILGRAM P, TAKEMURA H, UTSUMI A, et al. Augmented reality: a class of displays on the reality-virtuality continuum [C]. Telemanipulator and telepresence technologies, 1994: 2351.

② METZGER P J. Adding reality to the virtual [J]. IEEE virtual reality international symposium (VRAIS'93), 1993: 7-13.

图4-2）。广义而言，虚拟现实的目标就是要构建一个与物理世界平行的数字化虚拟世界，增强现实、增强虚拟和混合现实均是实现这个目标的技术手段。不过目前很多场合使用的"虚拟现实"则属于狭义的虚拟现实概念，即只将虚拟现实等同于虚拟环境，以便与增强现实、混合现实在技术特点、设备类型及其相关应用所强调的侧重点等方面进行区分。①为了表述更加严谨，下文中狭义的虚拟现实概念将使用"虚拟现实（狭）"进行表示。

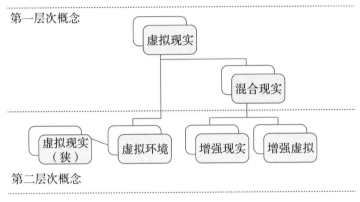

图4-2　虚拟现实概念图示

（一）广义与狭义的虚拟现实

从19世纪60年代起，学界对虚拟现实的定义不胜枚举，虚拟现实本身也在不断演化和变迁。本书撷取其中比较具有代表性或是在学界产生了较大影响力的定义。有学者将虚拟现实定义为利用计算机和人机接口来创造包含强烈三维空间感的可交互对象的三维空间世界的效果的过程②；NASA认为，虚拟现实是"指利用计算机技术创建具有可交互特性和强烈空间存

---

① 沈阳，逯行，曾海军.虚拟现实：教育技术发展的新篇章——访中国工程院院士赵沁平教授［J］.电化教育研究，2020，41（1）：5-9.

② BRYSON S. Virtual reality in scientific visualization［J］. Computers & graphics，1993，17（6）：679-685.

在感（a sense of spatial presence）的三维世界的过程"①；我国VR技术领域的第一位院士赵沁平将虚拟现实定义为"以计算机技术为核心，生成与一定范围真实环境在视、听、触感等方面近似的数字化环境。用户借助必要的装备与其进行交互，可获得亲临对应真实环境的感受和体验"②；也有学者提出，虚拟现实是一种"多元信息融合的交互式的三维动态视景和实体行为的系统仿真，使用户沉浸到该环境中去"③。有研究搜集整理了1960年代至今学术界和市场有关虚拟现实的目标、定义、对虚拟体验的期待等信息，使用亲和图分析法提炼了虚拟现实的定义集合。④研究发现，对虚拟现实的定义可以归纳为如下三个方面：虚拟现实作为一种环境，即能够为用户创造一个可体验的完整环境或世界，"充满计算机合成图像的另一个世界"⑤；虚拟现实作为一种互动方式，即通过提供一个异于现实存在的、独特的互动空间，加强人们之间的联系；虚拟现实作为沉浸方式，完全的沉浸让用户"与现实隔离，以至于只有眼前的游戏是最重要的"，并让用户产生自己是他人的感受。狭义的虚拟现实则等同于虚拟环境，即由计算机生成的、环境中仅包含虚拟物体的沉浸式系统，可以与增强现实、混合现实等进行比较。

（二）增强现实

相比虚拟现实（狭）技术，增强现实技术1990年代才正式诞生。1997

① STEVE B. Virtual Reality：a definition history-a personal essay［EB/OL］. https://ui.adsabs.harvard.edu/abs/2013arXiv1312.4322B/abstract.

② 赵沁平. 虚拟现实综述［J］. 中国科学　F辑：信息科学，2009，39（1）：2-46.

③ 邹湘军，孙健，何汉武，等. 虚拟现实技术的演变发展与展望［J］. 系统仿真学报，2004，16（9）：1905-1909.

④ MARAVILLA M M，CISNEROS A，STODDARD A，et al. Defining Virtual Reality：insights from research and practice［C］//iConference 2019 Proceedings.［S. l.］：［s. n.］，2019.

⑤ STEUER J. Defining Virtual Reality：dimensions determining telepresence［J］. Journal of communication，1992，42（4）：73-93.

年，罗纳德·T.阿祖玛（Ronald T. Azuma）对增强现实技术的定义后被学界广泛引用："增强现实技术允许用户看到真实世界——叠覆或复合了虚拟对象的真实世界。因此，增强现实是作为现实的补充，而不是完全取代它。"①类似的定义还有，增强现实是将动态的、情境化的信息叠加在用户的视觉域之上；②或将增强现实视为一种为用户而生的虚实混合环境，通过计算机生成的数字化对象或环境与用户感知叠加实现。③增强现实的特点通常可以被概括三个：在真实环境中实现虚实结合、实时交互、三维注册。虽然增强现实与虚拟现实（狭）的技术和体验看起来不同，但影响二者体验质量的因素是相似的，包括在场感、逼真水平、真实感等。④

增强现实真正走入大众视野始于2012年。2012年4月，谷歌发布了谷歌眼镜（Google Project Glass），其具备和智能手机一样的功能，同时可以借助增强现实方式实时展现信息，引发了大众对于增强现实技术的兴趣；2015年，在全世界大获成功的增强现实游戏《精灵宝可梦GO》（Pokémon GO）让增强现实走进了更多人的日常生活。在目前的技术和设备条件下，增强现实表现出了强劲的发展势头，大有超越虚拟现实（狭）的趋势。在《2019增强现实和虚拟现实研究报告》中，有70%的领域内专业人员认为，增强现实市场收入将超过虚拟现实（狭）市场收入。⑤

① AZUMA R T. A survey of uugmented reality［J］. Presence：teleoperators and virtual environments，1997，6（4）：355-385.

② 张屹. 基于增强现实媒介的新闻叙事创新策略探索［J］. 国际新闻界，2015，37（4）：106-114.

③ 沈阳，逯行，曾海军. 虚拟现实：教育技术发展的新篇章——访中国工程院院士赵沁平教授［J］. 电化教育研究，2020，41（1）：5-9.

④ CIPRESSO P，GIGIOLI I A C，RAYA M A，et al. The past，present，and future of virtual and augmented reality research：a network and cluster analysis of the literature［J］. Front psychol，2018（9）：2086.

⑤ 2019 Augmented and virtual reality survey report［R/OL］. Industry Insights into The Future of Immersive Technology［2023-09-28］. https://www.perkinscoie.com/images/content/2/1/v4/218679/2019-VR-AR-Survey-Digital-v1.pdf.

（三）混合现实

随着技术的进步，虚拟现实（狭）与增强现实之间的界限似乎越来越模糊，混合现实可以被视为二者融合的沉浸式技术形式。在同一视觉空间中融合展现真实世界和虚拟对象，通过为用户提供全息的计算体验，实现真实、虚拟和用户三者之间的联系。有学者借用"叙事连续体"概念，提出混合现实是介于增强现实和增强虚拟之间的连续体。[①] 相比增强现实，混合现实从"三维注册"发展为"上下文注册"，即通过对用户的充分感知实现定制化生产。[②] 混合现实技术允许虚拟对象与现实环境产生互动，借由二者的无缝衔接，实现人类感官在虚拟世界的延伸。如果说增强现实可以一眼看出真实与虚拟，那么混合现实可以达到"真假"难辨的效果。

混合现实技术也受到了越来越多的重视，被视为未来虚拟现实技术发展的重要方向。彼时，现实与虚拟的界限将会模糊甚至消失，形成真正虚实融合的人造空间。目前，微软公司研发的头戴显示器HoloLens、三星公司的Odyssey以及Futurus公司开发的汽车交互式挡风玻璃等混合现实设备仍主要诉诸视觉、听觉，并且对虚拟对象的呈现较为有限。未来，混合现实还有很长的路要走。

二、虚拟现实系统的分类与特性

（一）虚拟现实的技术特性：从3I到4I

1987年，詹姆斯·弗利（James Foley）提出人工现实的三个要素：想

---

① 黄进，韩冬奇，陈毅能，等.混合现实中的人机交互综述［J］.计算机辅助设计与图形学学报，2016，28（6）：869-880.

② 褚乐阳，陈卫东，谭悦，等.重塑体验：扩展现实（XR）技术及其教育应用展望——兼论"教育与新技术融合"的走向［J］.远程教育杂志，2019，37（1）：17-31.

象（Imagination）、互动（Interaction）、行为（Behavior）。[①]1993年，有人提出了当时引领虚拟现实研究的七个概念：仿真、交互、人工、沉浸、遥在、全身沉浸和网络化通信（networked communications）。[②]一年后，有学者在弗利"2I+1B"的基础之上，概括了虚拟现实最突出的三个特征，即现在被广为引用和讨论的3I：沉浸（Immersion）、交互（Interaction）和构想（Imagination）。[③]其中沉浸是指交互设备在视觉、听觉、触觉等方面给用户带来的临场感和用户对虚拟环境的投入程度；交互是指用户能够通过"适人化"的人机操作界面实现对虚拟环境的实时操控；构想是指通过沉浸和交互，拓宽人类的认知阈值，提高感性和理性认知，激发参与人员的创造性思维能力。此后，又有许多研究者对3I进行了补充。比如，有研究者认为，还需增加一个"M"，即全息性（Multi perceives），侧重虚拟现实系统所提供的多维感觉通道以及获取信息的广度和深度；[④]还有许多人提出要从3I到4I，增加智能化（Intelligence），通过人工智能手段提升虚拟环境的自适应性。

（二）四种虚拟现实系统

基于虚拟现实技术搭建的系统，在具体的表现形态上较为多元。在研究和应用中一般按沉浸程度和交互模式的不同，将虚拟现实系统分为沉浸型虚拟现实系统（Immersive VR）、桌面型虚拟现实系统（Desktop VR）、增强型虚拟现实系统（Aggrandize VR）、分布式虚拟现实系统（Distributed

---

① FOLEY J D. Interfaces for advanced computing［J］. Scientific American，1987，257（4）：126-135.

② HEIM M. The metaphysics of virtual reality［M］. New York，Oxford：Oxford University Press，1993：109-128.

③ BURDEA G C，COIFFET P. Virtual reality technology［M］. Hoboken，New Jersey：John Wiley & Sons，2003：3.

④ 马持节. 虚拟现实：关于未来媒体的一种猜想［J］. 新闻界，2008（2）：154-156.

VR）四个大类。

1.沉浸型虚拟现实系统

沉浸型虚拟现实系统通常被视作理想的虚拟现实形态，用户可以置身于一个与现实隔离的虚拟世界，实现完全沉浸的体验。一般认为，该系统具有五大特点：高度实时性能、高度沉浸感、良好的系统集成度与整合性能、良好的开放性、能同时支持多种输入与输出设备并行工作。[①]最典型的应用案例就是洞穴自动虚拟环境（Cave Automatic Virtual Environment，简称CAVE）。其涉及的设备诉诸视听觉的大型360度环幕、头戴显示设备、高逼真声场设备等，诉诸触感和交互的高精度三维定位、数据手套、体姿获取装置等。

2.桌面型虚拟现实系统

桌面型虚拟现实系统利用计算机或初级图形工作站，以计算机屏幕作为观察窗口实现在虚拟世界的不完全沉浸，并借助常规的交互设备如键盘、鼠标、操控杆等实现交互。该系统需要的设备少、制作成本低，一般被视为虚拟现实的初级形态。

3.增强型虚拟现实系统

该系统的主要特性是基于现实场景，是在现实场景的基础上叠加虚拟的三维物体或深度信息，实现虚实融合并加强用户对于现实世界的认知。用户既身处现实世界中，同时又可以实时获得计算机提供的补充信息。

4.分布式虚拟现实系统

该系统利用网络技术将不同节点的虚拟现实系统加以联结，为身处不同地理位置的用户构建共享的虚拟环境以实现协同和交互。此处的网络主要有两种：一是互联网，比如教育、游戏等；二是专用网络，主要面向军事、医疗等应用领域。

---

① 胡小强.虚拟现实技术基础与应用［M］.北京：北京邮电大学出版社，2009：18.

第三节 虚拟现实与新闻：沉浸式新闻及其应用

"我们调动整个身体以体验现实世界，为什么我们不能用同样的方式体验新闻故事？"有"虚拟现实教母"之称的南加州大学安纳伯格传播学院高级研究员诺尼·德拉·培尼亚（Nonny De La Peña）曾发出这样的疑问。经过多年尝试，她于2007年建立了Emblematic Group公司，一个位于加州洛杉矶附近圣莫妮卡（Santa Monica）的沉浸式新闻工作室。2012年，培尼亚带领团队制作的虚拟现实纪实短片《洛杉矶饥饿》（*Hunger in Los Angeles*）常被视为虚拟现实技术在新闻领域的初次试水。该片讲述了在洛杉矶食品救济站前，一名患有糖尿病的流浪汉在排队领食物时因过度饥饿导致血糖过低而晕倒的故事。短片使用现场原声，并以虚拟现实的方式还原了当时的场景，用户借助头戴显示器设备可以在虚拟空间中现场体验这一过程。该片在圣丹斯电影节（Sundance Film Festival）进行展映时，取得了意料之外的强烈反响。

其实早在1990年代，就有学者探讨过将虚拟现实设备应用于新闻领域的可能性。虚拟现实能够通过为观众提供身处遥远的、具有新闻价值的地点和事件的在场感，帮助记者实现"最初的梦想"（the oldest dream）——征服时间和空间。[①]一直以来，无论是文字还是视频形式，新闻从业者所努力的目标就是希望能够通过叙事让观众身临其境。比如电视新闻中的出镜记者经常会说"在我身后您可以看到……""现在我们看到的是……"，用语言和电视画面为观众营造一种"遥在感"，帮助他们尽可能真切、全面地感知新闻现场。虚拟现实技术能够让用户真正实现"零距离"的现场体验。

---

① BIOCCA F，LEVY M R. Communication applications of virtual reality［M］// Communication in the age of virtual reality. New Jersey：Lawrence Erlbaum Associates，1995：137-138.

《华尔街日报》执行制片人表示，在他给记者们戴上头戴式显示器并展示虚拟现实影片之后，战地记者们通常会非常激动地说："你必须给我这些相机设备，这样人们就能够看到我眼前所见的场景了。"①

一、定义与特征

基于虚拟现实技术，诺尼·德拉·培尼亚首次提出沉浸式新闻（Immersive Journalism）概念，并将其定义为允许观众以第一人称（first-person）视角体验报道描述的事件或情形的新闻生产形式。②沉浸式新闻的目的不仅仅是展现事实，更多是提供了一种体验事实的机会③。用户能够"出现"在新闻现场，并与环境进行互动。也有学者在定义沉浸式新闻时，更强调技术产生的独占效果，即虚拟现实和其他类似技术让用户全神贯注于新闻故事之中，以形成对于故事氛围的直观印象。④以前的媒介报道推崇"内容为王"，而沉浸式新闻在生产和传播中融入人的个性，是以人为中心的信息传播，即"用户为王"。⑤虚拟现实作为一种沉浸式的媒介体验，实现了对

---

① WATSON Z. VR for News：The New Reality？［EB/OL］.（2017-04-27）［2020-02-21］. https://reutersinstitute.politics.ox.ac.uk/our-research/vr-news-new-reality.

② PEÑA N D L，WEIL P，LLOBERA J，et al. Immersive journalism：immersive virtual reality for the first-person experience of news［J］. Presence：teleoperators and virtual environments，2010，19（4）：291-301.

③ PEÑA N D L，WEIL P，LLOBERA J，et al. Immersive journalism：immersive virtual reality for the first-person experience of news［J］. Presence：teleoperators and virtual environments，2010，19（4）：291-301.

④ FRIEDMAN D，KOTZEN C. Immersive journalism：the new narrative［M］// LATAR N L. Robot journalism：can human journalism survive? Singapore：World Scientific，2018：79.

⑤ 李沁. 沉浸新闻模式：无界时空的全民狂欢［J］. 现代传播（中国传媒大学学报），2017，39（7）：141-147.

现实或想象世界的复制，并通过身临其境的方式完成互动。①虚拟现实新闻（Virtual Reality Journalism）通常被视作沉浸式新闻的同义词。

沉浸式新闻不仅代表了新闻报道不同的呈现形式，更是一种"编辑理念革命的产物"②。适用于视频新闻的视听语言在虚拟现实的技术环境中大部分会失效：景别在虚拟现实中不复存在；镜头运动在全景呈现中无法实现叙事；蒙太奇依然存在于少部分虚拟现实新闻中，然而其作用多是连接场景间的切换，失去了对叙事的操纵能力。

一般认为，虚拟现实迥异于其他媒介体验的两个重要特性为在场（presence）或遥在（telepresence）和具身性（embodiment），1990年代起就受到了众多研究者的讨论和关注③。在场意指一种"在某处"的综合心理感受，一直以来都被研究者们视为影响媒介效果的关键因素。有人归纳了学术界关于"在场"的六种相互关联却又存在差异的概念，将其正式定义为"无中介的感知错觉"（the perceptual illusion of nonmediation），并在标题中点出"在场"的概念是一切的核心所在。④许多学者也提出了相似观点，肯定了在场的重要作用。⑤哥伦比亚大学数据新闻研究中心认为，在场的可能

① The tow center for digital journalism at Columbia University, virtual reality journalism [EB/OL].（2015-11-11）[2020-02-21]. https://www.cjr.org/tow_center_reports/virtual_reality_journalism.php.
② 常江. 导演新闻：浸入式新闻与全球主流编辑理念转型 [J]. 编辑之友, 2018（3）: 70-76.
③ SLATER M, USOH M. Representations systems, perceptual position, and presence in immersive virtual environments [J]. Presence, 1993, 2（3）: 221-233.
④ LOMBARD M, DITTON T. At the heart of it all: the concept of presence [J]. Journal of Computer-Mediated communication, 1997, 3（2）, JCMC321.
⑤ WIRTH W, HARTMANN T, BÖCKING S, et al. A process model of the formation of spatial presence experiences [J]. Media psychology, 2007, 9（3）: 493-525.

性是虚拟现实新闻的根本价值所在。①一般将"遥在"等同于"在场"，使用"遥在"时更侧重"身处在进行远地操作的地方"②，类似一种"灵魂出窍（out-of-the-body）的体验"③。有研究将"在场"进一步解构为"地点错觉"（Place Illusion，简称 PI），即身处某遥远地点或虚拟地点的感觉；"似然错觉"（Plausibility Illusion，简称 Psi），即虚拟环境中正在发生的就是真实发生的。④虽然在场感并非虚拟现实的独有特征，文字、平面视频也可以在某种程度上提供在场感，但虚拟现实技术开拓了在场的全新维度。

具身性的概念源自法国哲学家梅洛-庞蒂，强调身体在人类认知中的重要地位，同样是讨论虚拟现实技术的重要概念。培尼亚在 PI 和 Psi 的基础上增加了"虚拟身体所有权"（virtual body ownership），将这三个因素视作沉浸式新闻生产的关键。⑤在互动中，通过再现虚拟身体实现自我的转移，让受众以第一视角参与事件，激发其参与的潜力。新闻工作者经常忽视"身体所有权"，导致现存报道产品与沉浸式新闻概念的脱节。在多数新闻实践中，观众仍然以身体缺席的形式参与沉浸式体验——真实或虚拟身体都没有在虚拟环境中得到再现，互动性也比较低。⑥基于此，培尼亚区分了沉浸式新闻的两个层次：互动新闻（interactive journalism）或低级沉浸式新闻，

① OWEN T，PITT F，ARONSON-RATH R，MILWARD J. Virtual reality journalism ［EB/OL］.（2015-11-11）［2020-02-23］. https://www.cjr.org/tow_center_reports/virtual_reality_journalism.php.

② SHERIDAN T B. Musings on telepresence and virtual presence［J］. Presence，1992，1（1）：120-126.

③ RHEINGOLD H. Virtual reality［M］. New York：Summit Books，1991：256.

④ SLATER M. Place illusion and plausibility can lead to realistic behavior in immersive virtual environments［J］. Philosophical transactions of the royal society B-biological sciences，2009，364（1535）：3549-3557.

⑤ PEÑA N D L，WEIL P，LLOBERA J，et al. Immersive journalism：immersive virtual reality for the first-person experience of news［J］. Presence：teleoperators and virtual environments，2010，19（4）：291-301.

⑥ HARDEE G M，MCMAHAN R P. FIJI：a framework for the immersion-journalism intersection［J/OL］. Frontiers in ICT（2017-07-31）［2020-02-23］. https://www.frontiersin.org/articles/10.3389/fict.2017.00021/full.

即以全新方式提供信息并为人们提供某种程度上的场景体验；深度沉浸式新闻（deep immersive journalism），指将人们对于地点的感觉转移到可信的虚拟空间，让观众认为眼前看到的就是真实发生的。最重要的是，他们的身体也被卷入，成为新闻故事中的关键部分。[①]

综合目前国内外新闻媒体的实践，虚拟现实新闻主要存在几种表现形式，包括360度新闻、增强现实新闻和虚拟现实新闻（狭）。增强现实和虚拟现实（狭）的概念已在前文中进行了区分，接下来重点关注360度新闻。360度新闻以全景视频形式，允许用户在某一个（或几个）固定的观察点查看他们所处环境的各个方向，一般无法实现在纵向上靠近或远离特定目标，也无法进行横向移动。360度新闻多以智能手机、简易头戴设备（如谷歌的纸板眼镜）或网页中的"神奇窗口"（Magic window）[②]为载体，通过滑动屏幕、鼠标或重力感应装置实现视角的切换。360度新闻制作便捷、成本较低，是目前虚拟现实新闻产品中最常见的形式。此前，一些人认为，360度新闻不应被划归到虚拟现实新闻的阵营中，因其并未遵循虚拟现实（狭）的基本法则——使用传感器精确追踪头部运动，并在虚拟世界进行模拟。[③]虚拟现实新闻（狭）是完全使用CGI（Computer-generated imagery，计算机生成影像）渲染的互动三维图像所生成的报道。虚拟现实新闻（狭）可以完全实现对360度新闻的模仿，反之则不然，因而其比360度新闻具有更强的沉浸感。[④]在现阶段的实践中，多数媒体所谓的"虚拟现实新闻"其实就是360度新闻。自从《纽约时报》将其发布的360度新闻应用称作"虚拟现

---

① PEÑA N D L，WEIL P，LLOBERA J，et al. Immersive journalism：immersive virtual reality for the first-person experience of news［J］. Presence：teleoperators and virtual environments，2010，19（4）：291-301.

② "神奇窗口"指不需要借助虚拟现实头显就可以观看360度内容的技术。

③ SMITH W. Stop Calling Google Cardboard's 360-Degree Videos 'VR'［EB/OL］.（2015-11-16）. https://www.wired.com/2015/11/360-video-isnt-virtual-reality/.

④ SLATER M，VIVES M V S. Enhancing our lives with immersive virtual reality［EB/OL］.（2016-12-19）［2020-02-23］. https://www.frontiersin.org/articles/10.3389/frobt.2016.00074/full#h9.

实"之后，学界和业界逐渐不再对二者进行明确区分。本书也将360度新闻纳入广义的虚拟现实新闻的范畴，作为沉浸式新闻的一种初级形态。

二、全球视野：西方媒体的沉浸实践

在2012年《洛杉矶饥饿》这一虚拟现实与新闻结合的滥觞后，国外媒体陆续在报道中进行试水。2014年9月，《得梅因纪事报》（*Des Moines Register*）发布了名为《丰收的变迁》（*Harvest of Change*）的虚拟现实新闻[1]，使用CGI和360度视频讲述了美国人口结构和经济变化对艾奥瓦州一个农民家庭生活产生的影响；2015年4月，《华尔街日报》推出了VR纳斯达克"过山车"[2]，将纳斯达克指数23年来的涨跌转换为过山车轨道，以3D动画形式进行了直观呈现；2015年6月，BBC发布叙利亚难民营的360度视频，还原了法国北部一处难民营的真实情况；2015年9月，ABC发布了有关叙利亚的虚拟现实报道……虚拟现实在新闻领域的密集应用开始于2015年。其中最为重要的标志性事件就是2015年11月6日，《纽约时报》推出第一款虚拟现实新闻客户端NYT VR，并向订阅用户免费发放了一百万架谷歌纸板眼镜以配合该客户端的使用，同时推出了虚拟现实新闻短片《流离失所》（*The Displaced*）。《纽约时报》此举进一步引发了各界对虚拟现实新闻的关注和讨论，许多媒体开始大力布局虚拟现实新闻。

2016年更是涌现了大批具有广泛影响力的虚拟现实新闻作品，一些主流传统媒体将虚拟现实新闻应用到了常规化的新闻生产中。2月，美联社宣布与芯片制造商AMD合作，打造新闻VR门户。5月，《卫报》发布了《6×9：单独监禁的虚拟体验》（6×9: a virtual experience of solitary

---

confinement）①，通过CGI技术还原了囚犯逼仄牢房的原貌，并结合采访音频直观地展现出单独监禁给犯人带来的心理伤害。《纽约时报》与三星在11月共同推出"每日360"（The Daily 360），每天发布一条沉浸式的360度新闻。CNN、PBS、《金融时报》等媒体也都参与到了虚拟现实新闻的日常化生产中。也是在2016年，新闻界对虚拟现实新闻的认知出现了转变：2016年年中前，虚拟现实技术更多被视为一种强化新闻叙事效果的手段，还未摆脱传统新闻形态，属于简单层面的"VR+新闻"；此后，西方新闻界更多将虚拟现实看作一种"范式突破"，一种有别于传统的新型生产模式。②

然而此后，业界对于虚拟现实的美好幻想逐渐被打破。虚拟现实技术本身并不许诺一个更好的报道方式，许多记者、专家也开始对其进行反思和批判。进入2018年，虚拟现实的热潮似乎日渐褪去，虚拟现实新闻的发展也出现了新变化。本书在查看各大媒体的虚拟现实平台和作品后发现，很多平台都已经停止了更新（见表4-1）。

表4-1　国际主流媒体虚拟现实平台停更情况一览

序号	媒体平台	链接地址	最后更新时间
1	CNN VR	https://edition.cnn.com/vr	2019年7月19日
2	《纽约时报》	https://www.nytimes.com/video/360-video 客户端NYT VR已在应用商店下架	2019年2月21日
3	美联社 AP VR360	https://www.youtube.com/channel/UCcm3OlUg5LGOaWxMBzd1QfA/featured	2018年3月7日

---

① 6×9: a virtual experience of solitary confinement［EB/OL］. https://www.theguardian.com/world/ng-interactive/2016/apr/27/6x9-a-virtual-experience-of-solitary-confinement.

② 常江，徐帅. 从"VR+新闻"到"VR新闻"：美英主流新闻业界对虚拟现实新闻的认知转变［J］.新闻记者，2017（11）：35-43.

序号	媒体平台	链接地址	最后更新时间
4	《卫报》 *Virtual reality studio*	https://www.theguardian.com/news/series/virtual-reality-studio	2018年7月31日
5	《华尔街日报》	https://www.youtube.com/watch?v=gyqQAE4bvx4	2018年6月13日
6	《经济学人》	https://www.youtube.com/watch?v=zeBAkmwlsYo	2018年11月22日

　　2019年10月，BBC宣布解散虚拟现实制作团队 VR Hub，称其为期两年的资助期已经结束。①VR Hub成立于2017年11月，在新闻、喜剧、历史等领域创作出了一批获奖的虚拟现实作品。虚拟现实新闻似乎正在遭遇发展瓶颈。的确，虚拟现实目前面临诸多问题：技术壁垒、高成本、低接受度……然而这并不代表虚拟现实新闻的衰落，西方新闻业只是更换了思路和方向，更多媒体转向更易实现的增强现实和混合现实新闻②，从"VR热"转移到了"AR热"。比如，《纽约时报》将虚拟现实新闻（狭）和增强现实新闻整合到了NYTimes客户端中的"沉浸"栏目下，并转换了展现形式，观看作品无须再借助其他外部设备。2019年7月《时代》杂志发布"时代沉浸"（TIME Immersive）客户端，集合展示其虚拟现实（狭）和增强现实新闻作品。伴随虚拟现实行业的全面冷却，虚拟现实新闻也步入了理性发展的阶段。

① WATSON Z. BBC shares insights into great virtual reality storytelling [EB/OL]. (2019-10-15) [2020-02-24]. https://medium.com/bbc-design-engineering/bbc-shares-insights-into-great-virtual-reality-storytelling-e5e721dae08e.

② 殷乐，高慧敏.虚拟现实与传播形态：国内外前沿应用案例分析 [J].当代传播，2019（1）：32-37.

三、本土实践：中国的应用与发展

我国的虚拟现实新闻起步比西方媒体稍晚，但后劲十足。2014年5月，澎湃新闻在其"全景现场"栏目发布360度图片新闻《全景呈现｜安徽枞阳棺材堆放点》①，可被视为我国媒体对于准虚拟现实技术的初次试水。2015年9月3日，在庆祝抗战胜利70周年阅兵期间，《人民日报》全媒体平台首次引入虚拟现实视频设备对现场进行记录并制作了报道《交互式全景视频回顾9.3阅兵精彩瞬间》②。12月，在深圳山体垮塌事故报道中，澎湃新闻使用VR航拍全方位展示现场、新华社借助虚拟现实带领用户深入搜救现场，再加上财新的"深圳山体垮塌事故VR系列专题"共同组成了我国首次针对突发事件的虚拟现实新闻的集中报道。③ 2016年1月24日，央视网首次采用360度全景直播，记录了2015年度体坛风云人物颁奖典礼，全面展现体育运动员台前幕后的故事。④ 同年5月4日，财新传媒联合中国发展研究基金会和联合国千年计划共同出品中国首部虚拟现实纪录片《山村里的幼儿园》。6月，重庆报业集团旗下的上游新闻客户端首次推出了VR频道。

2016年开始，每年的两会报道都成为虚拟现实新闻的演练场。2016年两会期间，风头正劲的虚拟现实技术刚一登场就呈现爆发之势。据统计，2016年3月2日—16日，六家媒体共生产出77件VR全景作品，占报道总数

① 全景呈现｜安徽枞阳棺材堆放点［EB/OL］.（2014-05-30）［2020-02-23］. https://www.thepaper.cn/list_25634.

② 交互式全景视频回顾9.3阅兵精彩瞬间［EB/OL］.（2015-09-04）［2020-02-23］. http://politics.people.com.cn/BIG5/n/2015/0904/c1001-27544924.html.

③ 邱嘉秋.财新视频：利用虚拟现实技术（VR）报道新闻的过程及可能遇到问题辨析［J］.中国记者，2016（4）：90-91.

④ 2015体坛风云人物 央视网首次采用"360度全景直播"［EB/OL］.（2016-01-26）［2020-02-25］. http://sports.cntv.cn/2016/01/26/ARTI3M7w61HwdLezfIcR0NSt160126.shtml.

的16.6%，其中绝大多数以360度全景图片和视频形式呈现。^①虽然数量多，但仍停留在对虚拟现实技术的初级应用，只有新华网推出的"测测你能当两会记者吗"的全景游戏具有互动性。总体来看，报道内容话题单一，有形式大于内容之嫌^②，与同时期的西方媒体实践产品还存在较大差距。2018年两会期间，新华社首次应用了增强现实技术，推出《AR看两会｜政府工作报告中的民生福利》。用户扫描二代身份证背面的国徽和长城图案就可"领取民生福利"，实现了人机交互。2019年，虚拟现实直播已成为两会报道的"标配"，5G与虚拟现实直播结合更成为新亮点。此外，在增强现实方面媒体也有了进一步探索。比如《人民日报》和人民网推出AR看两会，在人民视频客户端扫描《人民日报》相关配图就可以看到现场实况、可视化数据图表等深度信息。^③央视网推出《全景沉浸看报告》，将真实的全景视频与虚拟动画相结合，形象展现《政府工作报告》中的主要内容和重点数据。现阶段，我国虚拟现实新闻以360度全景图片、视频形式为主，并主要在党政相关主题的新闻中应用，呈现出了较强的生命力和较高的活跃度。

第四节　虚拟现实的可供性分析

虚拟现实技术尚处发展的初级阶段，无论硬件还是软件都有着较大的提升空间，这也是现阶段虚拟现实市场化遇冷并遭到质疑的主要原因。然而，以虚拟现实为代表的沉浸式技术无疑是未来发展的方向，对于新闻

---

① 曾祥敏，董小染.2016全国"两会"新闻报道信息可视化产品研究［J］.传媒，2016（6）：32-35.

② 吴雨青.我国媒体的沉浸式新闻探索：以2016年全国两会VR新闻报道为例［EB/OL］.（2018-01-19）［2020-02-25］.http://media.people.com.cn/n1/2018/0119/c416775-29775961.html.

③ 人民网推"AR看两会"让《人民日报》"动"起来［EB/OL］.（2019-03-04）［2020-02-25］.http://media.people.com.cn/n1/2019/0304/c14677-30955982.html.

生产也有着重要意义——不仅是内容、形式的革新，更是对整个视觉领域的终端设备、思维方式的重塑。因此，本书从可供性视角考察虚拟现实的根本属性，超越了现存技术、硬件的特性，对未来研究也具有参考价值。

西方学者已对虚拟现实技术在不同领域所展现的可供性进行了探索。有学者综合使用质化和量化研究方法，总结出了虚拟现实学习环境（virtual reality learning environment，简称VLE）为用户提供的五种可供性：在场可供性、沉浸可供性、舒适（comfortability）可供性、共情可供性、具身可供性。[①]莫洛尼（Moloney）等从空间、形态、颜色、光线、运动等方面对比电脑监视器，总结了沉浸虚拟现实的比较感知可供性。[②]还有研究从虚拟世界与现实世界的对比角度出发，总结了虚拟现实技术的可供性框架，包括正向增强可供性，提升物质世界中的积极方面；负面减弱可供性，减少物质世界中的消极方面；重现可供性，再造物质世界中已有的方面；创造可供性，制造物质世界中没有的方面。[③]可供性视角为研究虚拟现实如何与日常活动结合及其对后续体验的影响提供了有效框架，对于掌握技术本质和实践之间的关系也至关重要。作为全新的视觉逻辑，虚拟现实技术将新闻的视觉化提升到了前所未有的高度。本书在前述四个面向的框架基础上，结合沉浸式新闻的三个核心因素建构虚拟现实新闻生产的可供性框架。

---

① SHIN D H. The role of affordance in the experience of virtual reality learning: technological and affective affordances in virtual reality [J]. Telematics and informatics, 2017, 34（8）: 1826-1836.

② MOLONEY J, SPEHAR B, GLOBA A, et al. The affordance of virtual reality to enable the sensory representation of multi-dimensional data for immersive analytics: from experience to insight [J]. Journal of Big Data, 2018, 5（1）: 53.

③ STEFFEN J H, GASKIN J E, MESERVY T O, et al. Framework of affordances for virtual reality and augmented reality [J]. Journal of management information systems, 2019, 36（3）: 683-729.

一、升维信息

虚拟现实技术通过对身体多个感官的包围、刺激，实现身体和精神的深度卷入，提供了诉诸不同感知的渠道以及实现身体深度卷入的技术基础。信息内容维度的提升无疑是革命性的，其将为用户制造前所未有的沉浸感。沉浸感主要用于描述主体离开现实的物理世界进入虚拟环境后所获得的真实感觉。研究显示，沉浸感与技术系统激发感官的数量、互动程度和模拟环境与现实的相似性息息相关。[①]在传统叙事中，文字、图片、音视频对现实的模拟较为有限。与抽象的文字相比，虽然图片和视频可以做到对部分现实场景的完全记录，但使用有限的二维平面再现立体的三维世界必会经历大量信息的舍弃和压缩，这一过程不可避免地造成了叙事时空的失真。同时，由于技术限制，新闻产品仅能调动视觉和听觉两种感官，也在一定程度上制约了卷入效果。而虚拟现实设备通过隔离人类生理感官系统，从技术上对感官世界进行了再造：一方面，实现心灵的"绽出"（ecstasis），即从现实身体中解脱而沉浸于电子数据流中；[②]另一方面，沉浸式技术赋予感官的全面刺激为在虚拟环境中建构身体感奠定基础，进而有助于引发在场感。

虚拟现实（狭）系统中的手势识别、眼动跟踪、触觉反馈等技术诉诸用户的多种感官，通过对视觉、听觉、触觉等多方位包围，直接模拟现实中人类对环境感知的方式。增强现实技术则直接在现实世界的基础上叠加虚拟元素。虽然虚拟元素本身可能仅包含视觉和听觉刺激，但用户身处的现实环境本身就要求其调动多重感官。正因如此，用户在身体浸入的同时

---

① SLATER M. Place illusion and plausibility can lead to realistic behaviour in immersive virtual environments [J]. Philosophical transactions of the royal society B-biological sciences, 2009, 364（1535）: 3549-3557.

② 周逵. 虚拟现实的媒介建构：一种媒介技术史的视角 [J]. 现代传播（中国传媒大学学报），2013, 35（8）: 29-33.

注意力也会更加集中。有实验证明，允许用户在虚拟环境中自由运动的沉浸式体验，可以有效提高用户对故事的开放性思维（open-mindedness）和关注度。①特别是在虚拟现实（狭）所营造的环境中，头显设备将用户与物理世界彻底隔离，进入了一个完全虚拟的世界。这使得用户无法像看电视一样可以同时兼顾其他事情，体验过程需要全身心地投入。不过目前，我国多数媒体采用的360度新闻属于初级沉浸式新闻，在沉浸感方面与理想状态有较大差距。但与传统视听手段相比，其仍然需要身体的参与（转动身体或拖动画面）以完整获取全景画面内的信息。可以预见，随着技术和设备的完善，日后新闻报道将会逐渐融入触觉、嗅觉等更多感官。

身体的卷入对于用户的沉浸感、参与感、在场感等都有重要的影响，因而身体在虚拟现实中是一个经常被讨论的议题。人类对身体与感知的研究由来已久，从笛卡尔的身心二元论到梅洛–庞蒂的身体现象学，人们已经逐渐认识到身体与感知的互构关系。认知神经科学对于大脑如何感知身体进行了一系列研究，令人惊讶的是，大脑对身体的再现具有高度可塑性，可以轻易对非身体的物体或对身体的极端变形产生身体所有权的错觉。②著名的"橡胶手错觉"（the rubber hand illusion）实验解释了大脑是如何对身体存在进行感知的。③在仅让实验参与者看到一只橡胶手的前提下，实验人员使用刷子同时触碰真手和橡胶手，一段时间之后，参与者开始将从橡胶手获得的视觉刺激与真手获得的触觉刺激相联系，甚至在实验人员未触碰真手仅触碰橡胶手的情况下，参与者仍然感受到了"触碰"——大脑将橡

---

① MARCONI F, NAKAGAWA T. The age of dynamic storytelling: a guide for journalists in a world of immersive 3-D content [M]. New York: Associated Press, 2017.

② SLATER M, VIVES M V S. Enhancing our lives with immersive virtual reality [EB/OL]. (2016-12-19) [2020-02-23]. https://www.frontiersin.org/articles/10.3389/frobt.2016.00074/full#h9.

③ BOTVINICK M, COHEN J. Rubber hands 'feel' touch that eyes see [J]. Nature, 1998 (391): 756.

胶手当成了真实身体的一部分。因此，触觉感受的产生并非完全依赖于实际的接触，而是源自视觉的作用。此外，近年来学界还发现，大脑对多条胳膊①，甚至非人体器官如尾巴②，都有着极高的接受度。

有实验证明，虚拟身体的存在不仅可以提升用户的在场感，还可以有效提升"地点错觉"（PI）和"似然错觉"（Psi）③。虚拟身体的姿势还可对参与者能否感到舒适产生影响④，甚至与用户实际动作并不匹配的虚拟身体也能够增强其在场感。⑤可见，身体感是提升虚拟现实体验的重要因素，对于追求身临其境的真实感的新闻报道具有非常重要的意义。综合目前的应用和实践，虚拟现实技术为用户在虚拟环境中构建了三种类型的身体：可见的虚拟身体、缺席的虚拟身体、在场的真实身体。可见的虚拟身体是指在虚拟坏境中利用CGI技术生成的一个用户可以看到的虚拟身体。如同在物理环境中，我们低头可以看到自己的四肢和躯干，在虚拟环境中，用户低头时也可以看到由数字技术合成的虚拟身体样貌。虚拟环境利用影像为用户制造出了一副与现实构造类似的身体（虽然外形可能完全不同，如仅是十分简化、没有覆盖皮肤特效的躯干等），并通过感应装置跟踪四肢的现

① WON A S, BAILENSON J, LEE J, et al. Homuncular flexibility in virtual reality［J］. Journal of computer-mediated communication，2015，20（3）：241-259.

② STEPTOE W, STEED A, SLATER M. Human tails：ownership and control of extended humanoid avatars［J］. IEEE transactions on visualization and computer graphics，2013，19（4）：583-590.

③ SLATER M, SPANLANG B, COROMINAS D. Simulating virtual environments within virtual environments as the basis for a psychophysics of presence［J］. ACM transactions on graphics，2010，29（4）：92.

④ BERGSTRÖM I, KILTENI K, SLATER M. First-person perspective virtual body posture influences stress：a virtual reality body ownership study［EB/OL］.（2016-02-01）［2020-02-23］. https://journals.plos.org/plosone/article?id=10.1371/journal.pone.0148060.

⑤ STEED A, FRLSTON S, LOPEZ M M, et al. An'in the wild'experiment on presence and embodiment using consumer virtual reality equipment［J］. IEEE transactions on visualization and computer graphics，2016，22（4）：1406-1414.

实运动实现与虚拟环境的互动。缺席的虚拟身体是目前应用中最为常见的一种。生产者并未为用户打造虚拟的躯壳，因而用户在虚拟环境中无法看到虚拟身体的存在，但他们却又可以真切地感受到"他"的存在。在头显设备中观看360度视频时，场景视角跟随用户的头部转动发生变化，虽然用户无法看到虚拟身体本身，但影像随身体运动而变化的呈现形式就已暗示了虚拟身体存在。有学者称其为"预留－替补"的身体，是一种"不在场的存在影像"。[1] 在场的真实身体主要指在增强现实场景中，用户以真实身体在现实环境中参与互动。这种情境下，用户可以看到并控制自己的真实身体，在现实中与虚拟元素进行交互，实现虚拟与现实的融合。

从实践中看，目前我国新闻媒体对身体的重视有待提高，尚无媒体曾尝试在报道中为用户建构虚拟身体，在增强现实新闻中对真实身体的调动也较为有限。比如2017年8月15日，《四川日报》推出AR新闻《九寨沟地震AR视频：457公里生命通道》。读者使用手机QQ的AR扫描功能拍摄该报当天第五版《457公里出九寨沟记》的文字，就会弹出一段1分40秒的视频，展现九寨沟地震发生后安全转移滞留游客的场面：以视频、图片等形式从交通、医疗、转移等方面还原各方驰援，共同搭建救援"生命线"的现场场面。该报道利用增强现实技术让原本单一的文字报道"动"起来，实现了纸媒与新媒体的融合。不过其效果也仅限于此。该报道除了视频出现位置与现实环境中的报纸相关，并无其他与现实环境互动的元素。

二、超越时空

虚拟现实技术对于传统平面视觉形式的革新之一是可视域（field of regard）[2] 的显著提升：以某一地点为中心，可对其周围一定范围内的事物

---

① 王峰.影像造就事实：虚拟现实中的身体感［J］.学术研究，2018（10）：143-149，178.

② BOWMAN D A，MCMAHAN R P. Virtual reality：how much immersion is enough？［J］. IEEE computer，2007，40（7）：36-43.

进行全景式记录。与过去的单一视角相比，沉浸式新闻具有更强的包容性。场景不再受到静态取景框的限制，观者是被画面所"包围"的。国内报道中最为常见的360度新闻可以不使用头显设备，直接通过手机或电脑端观看。虽然镜头画框仍旧存在，但其已不再是限制视野的工具，突破了静态画框的局限。用户通过控制鼠标、重力感应等设备，可以实现画面视角的自由延展，根据观者喜好进行360度多向拖曳，实现对报道现场情况的全面展示。新华网曾在2016年推出《全景观看2016世界低空跳伞大赛》虚拟现实报道，使用无人机和360度视频完整记录了比赛的情景。影片从比赛选手出发的龙缸景区的"世界第一悬挑玻璃廊桥"开始，无人机经过一小段飞行，让观众获得了与参赛选手相似的高空飞行体验：不仅置身于景区的椭圆形岩溶大坑和喀斯特地貌景观之中，同时可观看世界各国选手跳伞的英姿，实现了传统视觉形式难以达到的现场感和视觉感染力。用户进行观察的视觉边界被消解或变得模糊，他们不再是透过一个指定的"窗口"观看，而是直接身处在报道所描绘的世界之中，打破了叙事者与观者之间的分隔"叙事时空"和"观赏时空"的"第四堵墙"①②。这意味着新闻叙事对于时间和空间建构的又一次革新。

　　虚拟现实技术为新闻叙事中的时空进行解绑，虚拟与现实的交融结合让时间和空间呈现出动态、流动的特征。媒介的发展一直致力于摆脱"身体的有限"和"时空的障碍"③，沉浸式技术让这一目标逐渐成为现实。视觉边界的消弭意味着叙事方式的转变——镜头的离场。叙事单位不再是镜头抑或是镜头的大组合段，而变为由多个摄影机同时拍摄、拼接而成的完整场景，甚至有人提出虚拟现实影像可能意味着巴赞意义的长镜头美学的

---

① "第四堵墙"，来源于戏剧，指在传统三壁镜框式舞台中将观众与舞台分隔开的、虚构的"墙"。

② 张超.在场与沉浸：虚拟现实技术对视听叙事的重构［J］.中国电视，2016（11）：95-98.

③ 谭雪芳.图形化身、数字孪生与具身性在场：身体–技术关系模式下的传播新视野［J］.现代传播（中国传媒大学学报），2019，41（8）：64-70，79.

复兴①。在虚拟现实新闻中，叙事空间更多是基于现实场景而建构的，镜头之间的关系不再是建构影像空间的关键，记者无法通过镜头的选择和组合实现空间的重组和意义的操纵。虚拟现实中的剪辑更多仅仅是履行场景切换的基本功能，传统视频所遵循的蒙太奇思维在虚拟现实技术中全线崩盘。此外，取景框的消失致使镜头本身基本丧失了意义。在传统视频时代，摄像记者可以通过对构图、视角、景别、景深等的选择实现特殊表意效果，如仰角拍摄暗示伟大和崇高、特写镜头表现对事物的强调等。

视觉边界的破除和空间的拓展固然能够带来全新的视觉体验，然而全景呈现并不适用于所有报道题材。并且如果缺乏适当的引导和背景说明，可能导致报道言之无物、不知所云。有些报道虽然利用虚拟现实技术全景式还原了新闻现场的情况，却因报道缺乏详细信息和具有表现力的内容，而让观者不明所以。

虚拟现实技术所带来的沉浸感在某种程度上解除了现实身体的限制，使得人类的知觉可以存在于任何时空并影响主观认知，形成"在场"。在场是用于描述一种处于某地或某个环境的主观经验（subjective experience），即使身体本身正处于他地。②或者说是一种对技术的忽略，虽然个体所体验的是人造技术生成的，但其却并觉察出技术的存在。虚拟现实技术可以实现两种全新的、超越现实的时空体验，从而实现异质时空的同时在场：一种是虚拟时空，一种是虚拟时空与现实时空融合而成的混合时空。在虚拟时空中，用户的真实身体仍然处于现实时空，而意识却可游历于过去、现在、未来的任何一个地点，实现了现实与虚拟时空的同时在场；混合时空则是虚拟与现实的异质时空嵌入和交互之后产生的区别于二者的存在，形成了一种多时空现实在场。其中虚拟部分可以是对不存在之物的建构、对

---

① 施畅.VR 影像的叙事美学：视点、引导及身体界面［J］.北京电影学院学报，2017（6）：80-87.

② WITMER B G，SINGER M J. Measuring presence in virtual environments：a presence questionnaire［J］. Presence：teleoperators and virtual environments，1998，7（3）：225-240.

远程现实的虚拟化，甚至是对现实景物的修改或消去。①

流动的时空极大地拓展了新闻报道的时空覆盖面与灵活性。如果用户可以出现在任何时间和任何地点，那么其所经历的无论实际上是在何时、何处发生的，对于个体来说都是"当下"。这也导致传统新闻价值中的时效性和近地性遭遇挑战。比如2019年10月1日，为报道新中国成立70周年阅兵仪式，中央广播电视总台在天安门广场附近设置了12个点位，利用5G+8K技术对阅兵仪式进行了全程虚拟现实直播。无论身处何地，用户都可以通过直播置身于阅兵现场，并根据个人喜好随意切换视点。直播之后，用户可以通过回看，随时"穿越"回到2019年10月1日的天安门广场观看阅兵仪式的现场。虚拟现实所赋予的时空自由使得过去、未来都可以变为现在，实现沉浸传播所追求的"让人看不到、摸不到、觉不到的超越时空的泛在体验"②。

三、身体叙事

虚拟现实通过给予真实身体刺激和捕捉身体动作，将个体的感官系统置于计算机系统中，在虚拟环境或混合环境中产生真实的知觉，制造身处他地的幻觉，实现了从"身体在场"到"知觉在场"的转变。此处将知觉与身体的概念进行剥离："身体在场"主要强调客观存在的肉身，而知觉的概念则是遵从了"将主观感受看成是身体的多方面的外在体现，而不是内在包含"的建议③。虚拟现实技术解脱了现实身体对个体的束缚，又通过虚拟刺激构建的虚拟身体感，实现诉诸身体而又超越身体的感知闭环。在某

---

① 陈宝权，秦学英.混合现实中的虚实融合与人机智能交融［J］.中国科学：信息科学，2016，46（12）：1737-1747.

② 李沁.沉浸传播：第三媒介时代的传播范式［M］.北京：清华大学出版社，2013：43.

③ 转引自海勒.我们何以成为后人类：文学、信息科学和控制论中的虚拟身体［M］.刘宇清，译.北京：北京大学出版社，2017：36.

种程度上是通过肉身的"缺席"，强化在场的体验。

　　不同于之前的视觉手段，在虚拟现实的叙事中，为用户"讲故事"的模式发生了转变。用户不再需经记者之口，被动地接受新闻文本对事件的转述，而是可以在某种程度上主动地对事件进行探索。通过虚拟现实技术制造的知觉在场，用户被放置于事件现场，通过第一人称视角对其所处环境进行感知、观察和交互，进而形成直接经验。再通过对直接经验进行意义的阐释，形成自己对事件的主观认知。用户从观/听众，转变为事件的"亲历者"。在虚拟现实新闻语境下，新闻用"经历故事"（storyliving）可以描述更为贴切。

　　研究显示，直接体验不仅能够激发用户对该情景产生更加深刻的认知和理解[①]，同时还可以提升新闻的趣味性。更为重要的是，其还能够提升新闻报道的可信度。很多学者将虚拟现实新闻视为一种重建媒体日益减少的公信力的方式。[②③]央视对"2019中国国际数字经济博览会"的虚拟现实报道《5G只是下片快？以后的生活会这样嗨》[④]，用户可以"亲自"走进会场观看各公司的最新科技产品。360度视频限制了用户探索的空间，但仍能够提供较好的展现会场情况。在某公司的展台，用户跟随记者"坐"进了其开发的视网膜级柔性AMOLED概念车的内部，并且可以360度环顾车内情况，自主寻找、观察概念车内安装的几十块柔性显示屏，体验曲线弯折的

①　GRUT S. The battle for high-quality VR［EB/OL］.（2016-12-19）. http://www. niemanlab.org/2016/12/the-battle-for-high-quality-vr/.

②　HARDEE G M. Immersive journalism in VR：four theoretical domains for researching a narrative design framework［C］//International conference on virtual，augmented and mixed reality. Cham，Switzerland：Springer International Publishing，2016：679-690.

③　Virtual Reality and the Future of Journalism［EB/OL］.（2018-04-10）［2020-03-30］. https://arpost.co/2018/04/10/virtual-reality-future-journalism/.

④　5G 只是下片快？以后的生活会这样嗨［EB/OL］. https://vrnews.v.cctv.com/player/index.html?spm=C94212.PUKAtiJ50h3v.S71929.24&appid=kb7e5vi8&vuuid= eyi6kqif.

柔性屏幕搭配车辆内部流线型设计所呈现的未来感。

身体的卷入不仅有助于提升虚拟现实的体验，还可以作为虚拟现实叙事的一种关键途径。一方面，在全景环境中，用户的身体作为探索和接收信息的重要工具，通过其所感知到的内容和先后顺序自主组织叙事。正如不同目击者在经历同一件事情之后可能会产生不同的记忆和观点，身体参与叙事后会因其所处的视角、观看的方式对最终效果产生影响。然而，尽管可以通过视觉手段进行引导，受众的解读方式依然是作为生产者的新闻媒体无法掌控的部分，这也使得虚拟现实新闻具备更强的开放性和解放性。

另一方面，沉浸技术可以实现利用身体创造全新的叙事方式。有人创新性地提出了"具身蒙太奇"（Embodied Montage）的概念，借用蒙太奇的拼接思维方式，在虚拟现实系统中，通过对行为和感知之间关系的重耦（recoupling）和去耦（decoupling）进行意义的生产。[1] 在虚拟世界中，用户感知到的是计算机生成的数据综合作用的结果，是一个无限可能的世界——在这里不需要遵从任何物理定律、自然常识，唯一的限制就是想象力。具身蒙太奇的一种表现形式就是在虚拟世界中打破现实世界习以为常的行为和感知经验，并通过这些矛盾和冲突，实现情绪的刺激以及意义的制造。比如当用户正常站立时，他理应看到的是一个正向的世界图景，而在虚拟现实中通过头显设备和眼动追踪装置，可以将站立姿势与颠倒、扭曲的虚拟景象相关联，重塑迥异于现实的感知体验，并经由用户所产生的紧张、焦虑、惊奇等情绪进行信息、观点的传递。

现阶段，我们也需要警惕沉浸技术背后隐藏的陷阱。新闻生产的主要目的是进行信息传递，以及实现某种观点或情感的说服。"沉浸"是帮助新闻媒体更有效地实现这一目标的手段，而不是目的本身。虚拟现实作为噱头可以为媒体在短时间内赚取点击和眼球，但一味追求新奇体验而忽视内

---

① TORTUM H D. Embodied montage：reconsidering immediacy in virtual reality ［M］. Cambridge，MA：MIT Press，2016：56.

容本身一定不是长久之计。因此，虚拟现实新闻实现长久发展的关键是在真正理解技术特性的基础上探索新的叙事模式。

四、"适人化"交互

交互在新闻领域并不属于新兴技术，互动新闻、新闻游戏在实践中早已屡见不鲜。然而，虚拟现实技术所实现的交互抛弃了键盘、鼠标、手机等交互界面和方式，回归人类最初的感官渠道，通过与现实世界中相似的互动形式实现对虚拟环境的直观理解，形成基于自然感知的"交互界面"①。

一般认为，人类的感知渠道具有五种主要渠道，分别是视觉、听觉、触觉、嗅觉和味觉。日常生活中，一个人可以通过看、听、触摸等方式综合感受环境，也可以通过他人的语言内容、语气、神态、肢体动作甚至是身体气味等判断其情绪感受。多模态是人类与环境、他人的基础交互方式。虚拟现实技术正是集成了多种模态，通过搭建一套与人类感官相匹配的通道，实现用户对虚拟世界的感知，并在分析用户自然行为的基础上形成完整的"感知、理解、响应、呈现"环路。②多重感官的共同作用可以显著提升环境的逼真度和用户的在场感。然而，现有技术对于人类感官的模仿尚无法达到以假乱真的程度，并且还需用户穿戴特定设备、身处特定环境才能实现。目前，虚拟现实新闻的实践仍主要以视觉和听觉为主，同时可以借助手机或头显设备的重力感应器、眼动跟踪、位置传感器等实现与环境最基本的交互。

虽然目前的实现程度较低，但研究发现，即便虚拟环境不够逼真——甚至存在与现实严重不符的情况，人们在意识到眼前看到的并非真实发生

---

① COSTANZA E, KUNZ A, FJELD M. Mixed reality: a survey [M]//LALANNE D, KOHLAS J. Human machine interaction. Berlin: Springer, 2009: 47-68.

② 陈宝权，秦学英. 混合现实中的虚实融合与人机智能交融 [J]. 中国科学：信息科学，2016，46（12）：1737-1747.

的情况下仍然会做出真实的回应。①培尼亚等学者在提出沉浸式新闻概念时将这一现象总结为"如真反应"（response as if real，简称RAIR），强调用户对虚拟体验的反应就如同他们真的经历过一样。很多研究发现，在虚拟环境中同样存在"私人空间"，当虚拟物体或人物距离用户过近所造成的"入侵感"也会引发用户的负面反应和不安情绪。②③在当下低还原度的虚拟环境中仍可产生"如真反应"的一个原因，是现阶段的用户仍处于对新技术的震惊效应之中，尚未习惯这一全新的感官方式。就如同一百多年前看着荧幕上疾驰驶来的火车而四散逃跑的电影观众一样。

现有技术已经可以支持新闻报道与用户之间的简单互动，除了360度视频感应视角切换，还可以探索其他交互方式，以提高传播效果。有实验证明，在沉浸式新闻场景中加入一些简单的反馈就能够增加参与者的在场感。比如场景中的角色通过凝视确认参与者的存在。④学界已经引入了人工智能技术对人类面部表情、肢体语言等进行深度学习，还使用生理计算技术采集人体的生理信息以识别人类交互意图和生理状态⑤，极大地提升了计算机对人类行为的识别能力。自然行为还涉及社会层面的文化差异、个体差异等，想要实现真正意义上的自然交互仍然是道阻且长。但毋庸置疑的是，作为虚拟现实技术的关键一环，"适人化"交互必然会在未来成为影响

① VIVES M V S，SLATER M. From presence to consciousness through virtual reality［J］. Nature reviews neuroscience，2005，6（4）：332-339.

② BAILENSON J N，BLASCOVICH J，BEALL A C，et al. Equilibrium theory revisited：mutual gaze and personal space in virtual environments［J］. Presence：teleoperators and virtual environments，2001，10（6）：583-598.

③ WILCOX L M，ALLISON R S，ELFASSY S，et al. Personal space in Virtual Reality［J］. ACM transactions on applied perception，2006，3（4）：412-428.

④ STEED A，PAN Y，WATSON Z，et al. "We Wait" – The impact of character responsiveness and self embodiment on presence and interest in an immersive News Experience［J/OL］. Frontiers in robotics and AI，2018（5）［2020-03-30］. https://www.frontiersin.org/articles/10.3389/frobt.2018.00112/full.

⑤ 黄进，韩冬奇，陈毅能，等. 混合现实中的人机交互综述［J］. 计算机辅助设计与图形学学报，2016，28（6）：869-880.

新闻叙事的关键要素。

在沉浸式新闻可视面积成倍扩大的基础上，"适人化"的交互手段赋予了用户更多的选择自由。他们可以根据自己的意愿拖动画面或在虚拟场景中走动、游览。交互的深化为新闻叙事提出了很大挑战。传统视听语言的失效意味着在虚拟现实的技术手段下，引导用户注意力的方式也改变了。虚拟现实以场景而非镜头作为叙事单位，叙述者要如"斗牛士吸引斗牛那样，千方百计地吸引观者的注意"①。即使是在360度新闻的全景拍摄中，制作者无法通过景别切换、景深变换等方式实现对关键事物的聚焦，用户自主地随意浏览，极易错过制作者希望其关注的关键内容，从而削弱传播效果——曾经能够完全主导叙事的新闻生产者不得不出让部分观看权给用户。不过，生产者也在努力发掘新的叙事方式，以重新找回部分话语主导权。

比如央视网于2019年3月9日推出的《VR漫游丨【街里街坊看两会】希望的田野奏响振兴乐章》，该报道以H5页面为载体，通过全景图片与视频结合的方式展示了习近平总书记曾视察过的四川省成都市郫都区战旗村。用户可以"漫步"在战旗村的街道和集凤院子，自由选择感兴趣的内容或景物进行观看。央视网通过手绘、动态指示、字幕等方式对需要用户关注的重点内容进行引导和突出，如"戳这里看报告"等。

当然，生产者对于报道内容还是拥有绝对的控制权——虽然无法控制用户具体的观看顺序和方式，但用户的观看可能性仍旧受制于生产者所提供的范围。比如本例中，报道的主旨就是通过"村落漫游"实现对两会政府工作报告中有关农业农村的深度认识，因而报道在拍摄战旗村全景的基础上，主要选取了与该报告有关的表述、农业农村部部长的呼吁、代表委员的声音等内容。在现存报道材料的文本范围内，用户拥有有限度的观看自由。不过，现阶段的沉浸式体验似乎并未让用户获得更多对于新闻意义

---

① 施畅.VR影像的叙事美学：视点、引导及身体界面［J］.北京电影学院学报，2017（6）：80-87.

的掌控权，反而因信息过载引发了用户对于错过重要信息的焦虑。①虚拟现实技术对大多数用户来说属于新事物，迥异于传统单向接受的自由获取模式仍需要一段时间逐渐被接受和适应。因此，新闻生产者需要合理控制用户探索的内容范围，避免引发信息焦虑。

五、共情

虚拟现实短片《乌云下的锡德拉》（ *Clouds over Sidra* ）的制作者、视觉艺术家克里斯·米尔克（Chris Milk）将虚拟现实称作"终极共情机器"（the ultimate empathy machine），他认为虚拟现实会让人类变得更加悲悯、更有同情心，进而有助于人性的提升。共情被定义为分享和理解他人内在状态的能力和倾向。②有学者将共情视为艺术："共情是一种微妙的平衡艺术。一个人需要愿意设身处地地感受他人的困境，同时不会被其所吞没……共情需要在'我'与'你'之间搭建一个流动而灵活的边界（a porous boundary），允许两个主体身份在一个共享的心灵空间相互联结。"③

多数研究认同虚拟现实技术可以对共情产生积极影响，但也有学者对此持怀疑态度。他们从历史语境追溯共情的内涵，认为目前学界对其使用普遍存在概念不清的问题。④有学者认为，共情是用于描述人们"如何关涉对象并将其转化为自身的经验"的一个内向过程，而不是超出自身经验的

① 常江.导演新闻：浸入式新闻与全球主流编辑理念转型［J］.编辑之友，2018（3）：70-76.

② ZAKI J，OCHSNER K N. The neuroscience of empathy：progress，pitfalls and promise［J］. Nature neuroscience，2012，15（5）：675-680.

③ RIFKIN J. The empathetic civilization：the race to global consciousness in a world in crisis［M］. New York：Tarcher-Perigree，2010：173.

④ LAWS A L S. Can immersive journalism enhance empathy?［J］. Digital journalism，2017，8（2）：213-228.

外向过程，并提出应使用"根本同情"（radical compassion）替代共情，因为同情允许人们不理解他人或无法对他人感同身受的可能，人们不会否定或忽视他人的经历，但对其持有开放的态度，即使他们无法完全感受。[①]本书将共情视为一个统摄人们回应他人情绪的多种途径的总术语，包含情感因素、认知因素和动机因素[②]，"根本同情"可以被视为共情的一个方面。心理学实验证明，特定情境可以通过激发或抑制共情反应影响人的共情水平。[③]而共情水平可以通过换位练习进行提升[④]，虚拟现实技术就是实现换位思考的良好方式，可以提高共情回应（empathic response）和共情的多个面向[⑤]，并产生更多的亲社会行为[⑥]。

虚拟现实技术的沉浸感和在场感允许用户在虚拟环境中成为他者，体验在现实中无法经历的生活——无论性别、年龄、职业、种族，甚至是一只小动物。在虚拟环境中，用户可以借助"虚拟镜子"的反射看到自己不同于现实的外表和行为动作，从感知层面以他人视角参与社会互动。有人总结了沉浸式新闻的两种叙事类型：记者引导叙事，即新闻中由记者或者画外音引导用户进行观看；角色引导叙事，即由故事中的角色主导叙事或以第一人称进行叙事。在对这两种类型进行了焦点小组研究后发现，记者

① BOLLMER G. Empathy machines［J］. Media international Australia, 2017, 165（1）: 63-76.

② ZAKI J. Moving beyond stereotypes of empathy［J］. Trends cognitive science, 2017, 21（2）: 59-60.

③ ZAKI J, CIKARA M. Addressing empathic failures［J］. Current directions in psychological science, 2015, 24（6）: 471-476.

④ CLORE G L, JEFFERY K M. Emotional role playing, attitude change, and attraction toward a disabled person［J］. Journal of personality and social psychology, 1972, 23（1）: 105-111.

⑤ SEINFELD S, PALACIOS J A, IRURETAGOYENA G, et al. Offenders become the victim in virtual reality: impact of changing perspective in domestic violence［J］. Scientific reports, 2018（8）: 1-11.

⑥ BLASCOVICH J, BAILENSON J. Infinite reality: avatars, eternal life, new worlds, and the dawn of the virtual revolution［M］. New York: William Morrow & Co, 2011.

引导叙事限制了用户的探索自由，记者成为用户和报道主体之间的障碍；而用户只有在角色引导叙事模式下能够实现完全的沉浸，因为其"更加引人入胜"并且"无论你看向哪里，故事都在继续进行（flowed）"。①若希望能够在最大限度上发挥共情作用，需适当转变叙事角度，媒体的定位不再是超然的第三人、讲述者，而是事件的卷入者、参与者，这样才能实现真正实现"他人视角"，②并且还需要在叙事中顾全参与者的感受，否则很容易演化成走马观花式的游览。

沉浸式叙事的本质是能够与周边环境进行互动，让用户处于事件的中心，伴生的代入感、在场感让观众更容易产生映射性情绪和共鸣。虚拟现实技术拥有比现存的任何媒介更强大的心理影响力③，提供了更多激发共情的机会④。StoryUp工作室使用脑电图观测虚拟现实影片的观影者，研究发现虚拟现实体验能够同时激发大脑的共情区域以及处理更加复杂情绪状态的区域。⑤前述的虚拟现实新闻短片《洛杉矶饥饿》在圣丹斯电影节公映时就引发了参与者的强烈反应。作为该片的总负责人培尼亚这样描述现场的情况："人们放声大哭。我可以告诉你，这是我制作过的、最有感染力的影片。"⑥在现场，几乎每位参与者都会在晕倒的男士"身边"蹲下，甚至有人在他耳边低语、安慰，希望能够帮助他。观看完影片之后，很多参与者情

① JONES S. Disrupting the narrative：immersive journalism in virtual reality［J］. Journal of media practice，2017，18（2-3）：171-185.
② JONES S，DAWKINS S. Walking in someone else's shoes：creating empathy in the practice of immersive film［J］. Media practice and education，2018，19（3）：298-312.
③ BAILENSON J. Experience on demand：what virtual reality is，how it works，and what it can do［M］. New York and London：W.W. Norton & Company，2018：4.
④ JONES S，DAWKINS S. Walking in someone else's shoes：creating empathy in the practice of immersive film［J］. Media practice and education，2018，19（3）：298-312.
⑤ JONES S，DAWKINS S. Walking in someone else's shoes：creating empathy in the practice of immersive film［J］. Media practice and education，2018，19（3）：298-312.
⑥ GARLING C. Virtual reality，empathy and the next journalism［EB/OL］. https://www.wired.com/brandlab/2015/11/nonny-de-la-pena-virtual-reality-empathy-and-the-next-journalism/.

绪激动，甚至还有人失声痛哭。

BBC发起的一项针对1700人的调查以及20个跟踪采访显示，虚拟现实独一无二的影响力体现在制造与地点和事件之间感性、难忘的关系。被调查者并没有表现出对更多细节信息的记忆，但他们却展现出了与在虚拟现实中到访过的地点的深度关联。在看过有关刚果的虚拟现实作品之后，大部分被访者愿意去观看有关刚果的长纪录片。这意味着，虚拟现实使用户展现出了对于话题更高的延伸兴趣，同时具有更强的后续内容消费能力。不过，也有学者担心，这种强烈的"感同身受"可能会引发情绪的快速蔓延，导致理性的"公众"退化成为非理性的"群众"。[①]

以虚拟现实为代表的沉浸式技术为传播方式带来了颠覆性的改变。作为一种新的视觉逻辑，其进一步为新闻生产带来了话语规则的变革：虚拟现实不再是一种"叙述"，而转变为一种"经历"。虚拟现实技术所营造的沉浸式环境宣布了蒙太奇叙事功能的失效，生产者不能简单地通过镜头分切实现对叙事及意义的限制。该技术基于对身体的回归形成了多模态的叙事模式，首次为信息增加了触觉、嗅觉等感官维度，进一步拓展了新闻报道的领域。同时，用户可以在虚拟环境中实现"适人化"交互，互动元素作为构成虚拟现实技术的基础，被提升到了新的高度。这也确证了互动在视觉叙事中的重要性。虽然对于虚拟现实究竟是否可以被称作"终极共情机器"尚存争议，然而，其能够让用户站在他人视角体验第一人称的感知，却是无可争辩的事实。虚拟现实提供的"设身处地"的体验意味着情感的力量在新的视觉技术中具备被渲染至极致水平的可能，进而更易引发用户的映射性情绪和强烈的精神共鸣。

[①] 邓建国. 时空征服和感知重组：虚拟现实新闻的技术源起及伦理风险［J］. 新闻记者，2016（5）：45-52.

第五章

从旁观到浸润：视觉逻辑的演进规律

　　20世纪，报纸、广播、电视轮流成为社会中主导的媒体形式，后又被新的媒体形式所取代，并且每个循环的周期都在缩短，新旧更替不断加速。进入21世纪，这一趋势更是有过之而无不及，互联网技术的高速发展催生了大量新兴媒体：新闻门户网站、社交媒体、即时通讯软件、长/短视频平台、移动应用软件等……第二至四章从视觉技术的发展、在我国新闻领域的应用过程及其为新闻生产提供的可供性入手，深入考察和剖析了三种技术话语的具体形态和特征。从作为视觉基本语法的蒙太奇，到构建信息之美的数据可视化，再到打破"墙"的虚拟现实，技术元素不断渗透进新闻的视觉生产流程，在为视觉表现形式提供更多可能性的同时，也在持续重建视觉体系，引发视觉逻辑的变迁。

第一节　视觉技术可供性变迁的四个面向

　　现阶段，三种视觉技术话语在新闻生产中同时存在，还出现了两两融合的全新视觉形态，如虚拟/增强现实的数据可视化或蒙太奇与数据可视化结合所产生的大数据视频新闻等。可以肯定的是，媒介形态仍将继续进化，现在常用的视频新闻、可视化新闻等在未来或将被其他新形式取代。虽然形态不断更替，但是每个技术的出现和盛行背后都折射出了人类视觉逻辑变迁的一个侧面，拼接各个侧面不仅有助于把握新闻媒介的演变脉络，还能够指明未来的发展方向。

从蒙太奇、数据可视化再到虚拟现实，不同技术为信息内容提供了不同的可能性，使得其边界不断延伸。蒙太奇为新闻提供的信息新奇化的可供性首次将信息的展示性和艺术性置于关键位置，此后数据可视化和虚拟现实技术进一步深化了这一趋势。展示性意味着画面图像的美观、新奇、震惊等成为衡量新闻价值多寡的重要方面，这也使得许多在文字、声音时代不属于新闻范畴的话题在视觉环境中转变成为报道的常见领域。数据可视化技术带来的信息科学化的可供性为新闻增添了科学的色彩。大数据让报道内容实现了从见微知著到宏观把握的跨越，科学思维对数据的再造也帮助人类发现了此前难以察觉的深层规律。虚拟现实则通过包围多重感官实现了信息的升维——新闻不仅包含视觉、听觉信息，还可以涵盖触觉、嗅觉方面的信息，再次拓展了新闻内容的边界。

在时空调度方面，视觉话语的进化显著提升了时空的可塑性。如果说蒙太奇通过镜头组接实现了对于现实时空的再造，那么数据可视化凭借其图形设计与交互功能进一步丰富了时空的展现形式：在时空线性重组的基础上，实现了多个时空的并置。而虚拟现实技术则实现了对现实时空的彻底超越。为个体而生的虚拟环境摆脱了时空的限制，可以随时听从个体的召唤。沉浸式的虚拟空间让无时不在、无处不在的传播成为可能。

在话语组织方面，新技术首先带来了叙事的新模式。视频新闻借助画面关系完成话语的建构，新的视觉技术则提供了可视化叙事和身体叙事的路径，这也意味着新的组织结构与实践规则。另外，视觉话语的变迁还带来了交互行为的出现。蒙太奇通过构建镜头之间的关系形成意义，并经由千变万化的视觉图像对人类脑力资源的占用形成有意义的灌输效果。虽然在互联网时代用户可以通过评论、点赞、弹幕等途径完成反馈活动，但仍未改变蒙太奇的单向叙事模式。可视化为叙事过程引入的互动元素则从根本改变了这一单向的信息传播方式：用户可以参与叙事甚至是新闻生产的过程，在对话与协商中一定程度上实现了信息的双向交互。虚拟现实本身就是基于互动的技术，其提供的"适人化"交互的可供性更进一步丰富了人机之间的互动方式。在视觉话语的发展过程中，新闻生产者对于意义的统治力不断被削弱，逐渐出让部分叙事的主导权。

如前所述，视觉更易引发接受者的情感波动，因而视觉化趋势本身就更偏向感性，带有较强的情绪色彩。新闻所追求的冷静、理性和中立在视觉话语中受到了前所未有的挑战。在表达性内容方面，蒙太奇开启了新闻叙事的情绪化倾向。数据可视化则完成了情感的具象化表达，看重信息接受过程为用户激发的愉悦、紧张、愤怒等情绪。而虚拟现实所提供的共情的可供性，让用户能够真正有机会站在他人视角，亲身经历他人的喜悦、痛苦或挣扎。视觉技术的演进使得新闻对情感内容的倚重程度日益加深。

此前有研究发现，媒介的发展史就是信息诉诸更多的感觉通道，实现感官逼真度不断提高的过程。[①]这也暗合了莱文森提出的媒介进化中的"人性化趋势"——信息的传播和接受过程日趋符合自然界特性和人类感官的生理特性，同时恢复并维持了感官的平衡。电视替代报纸和广播就是"人性化"发展的直接体现，随着视觉化发展日益深入，未来将出现以视觉为主导诉诸综合感官的形式。这一发展趋势致使用户从图像的旁观者转变为图像的使用者，再到整个身心浸润于图像世界，视觉逻辑的强化促使人类全面卷入影像（虚拟）世界。下文将在主导技术可供性演变的基础之上，从时空关系、叙事方式、交互和技术四个方面进一步总结新闻生产中视觉逻辑所呈现出的发展规律。

---

① BIOCCA F，KIM T，LEVY M R. The vision of virtual reality［M］//BIOCCA F，LEVY M R. Communication in the age of virtual reality. Mahwah，NJ：Lawrence Erlbaum Associates，1995：3-14.

第二节　时空关系的解构与重构

空间与时间是人类生活的根本物质向度①，也是社会结构变迁的直接体现。就如戴维·哈维（David Harvey）所言："时间和空间概念影响着我们理解世界的方式。它们也提供了一种参照体系，借助于这个体系，我们定位自己与世界的关系。"②时间逻辑、空间逻辑以及二者之间的关系涉及科学和哲学的根本议题，也因而成为各学科广泛讨论和关注的对象。比如牛顿认为，时空是实在的，绝对的、均质的、无限的，是万物的容器③，形成了"绝对的时空观"，并在此基础上建构了其力学的相关理论。而莱布尼茨则认为，时空只是人类形成的观念，是现实事物的关系。空间是"并存事物间的秩序"，时间是"相继事物间的秩序"。④此后，康德提出了先验时空观，将时间和空间视为先天的"直觉形式"（forms of intuition），是人类无法改变的知觉，是获取信息的方式。而随着非欧几里得几何和相对论的提出，这种时空观不攻自破，甚至爱因斯坦坚信"哲学家曾对科学思想的进步起过有害的影响，他们把某些基本概念从经验论（empiricism）的领域里（在那儿它们是受人们驾驭的）取出来，提升到先验论（the a priori）的难以捉摸的高处。"⑤在爱因斯坦的相对论中，时间和空间都是相对的，它们也不再是事件发生的前提，而与物质本身密切相关——当物体以接近光的速

① 卡斯特.网络社会的崛起［M］.夏铸九，王志弘，等译.北京：社会科学文献出版社，2001：466.

② 哈维.正义、自然和差异地理学［M］.胡大平，译.上海：上海人民出版社，2010：236.

③ 牛顿.自然哲学之数学原理［M］.王克迪，译.北京：北京大学出版社，2006：4.

④ 王冰清.莱布尼茨时空观的演变历程［J］.自然辩证法通讯，2014，36（4）：37-43，126.

⑤ 爱因斯坦.相对论的意义［M］.郝建纲，刘道军，译.上海：上海科技教育出版社，2005：2.

度运动时，其质量会接近无限大，时间也会近乎停滞。

本书无意过多讨论哲学或自然科学领域的时空观，而是聚焦人类社会中文化层面的时间和空间的意义。如列斐伏尔、哈维等曾从社会的生产关系出发对时空进行考察。时空思维搭建了日常叙事的基本框架，提供了观察世界的视角和思考方式。人类对于时间和空间的感知经验并非一成不变，从农业社会到工业社会再到信息社会、从前现代到现代再到后现代时期，伴随社会结构的演变，特别是媒介技术的演进，时空观念也发生了颠覆性的嬗变。

一、液态空间与"无时间之时间"

著名传播学家曼纽尔·卡斯特（Manuel Castells）提出了信息时代新的社会形态——网络社会，并总结了在网络社会中被重构的时间和空间——"流动空间"（space of flows）和"无时间之时间"（timeless time）。"流动空间"是通过流动而运作的共享时间之社会实践的物质组织，"流动"意指物理分离的位置间"那些有所企图的、重复的、可程式化的交换与互动序列"①。"无时间之时间"是社会时间的支配形式，参照莱布尼茨的时间观念，将时间视作事物的先后顺序。其作为运作现象的序列秩序发生系统性扰乱，这一表现可能是即刻性的，也可能是永恒性的。卡斯特借助高度抽象和概括性的叙述，以全新的时空概念阐释信息技术革命为社会带来的结构性转化，流动空间所建构的"无时间之时间"使得网络社会身处于"永恒的边缘"。这一1999年前后提出的时空理论仍被视为对当前社会最具解释力的时空观念。本书在卡斯特时空思维的基础上，从媒介技术与生产的角度出发，对时间和空间概念的变迁展开考察。

视觉媒介叙事所营造的空间同样具有"流动空间"的动态特征，即通

---

① 卡斯特.网络社会的崛起［M］.夏铸九，王志弘，等译.北京：社会科学文献出版社，2001：505.

过"流动"而实现社会实践的意义建构。为更加立体地展现空间概念的变迁，本书借用齐格蒙特·鲍曼（Zygmunt Bauman）在《流动的现代性》中的"液态"（liquid）概念，将媒介对于空间的组织称为"液态空间"。液态空间不仅具有流动性，同时还强调其自身形态的可变性。依赖视觉技术，媒介通过展现异质的空间场景，实现了具有地理区隔的位置之间的切换。以电视和在线视频为例，运用蒙太奇手法拼接不同场景实现了虚拟空间的流动。媒介使用诉诸视听觉的电子信号延伸了人类的视觉和听觉域，完成了意义的生产和感知的"局部移动"。用户对空间的认知是基于对其所处的物理空间的拓展和叠加。而以虚拟现实为代表的新兴视觉技术的普及，则带来了真正意义上的"瞬间移动"。虚拟现实技术能够构建真实的虚拟空间，使得虚拟空间从对真实空间的附属、拓展逐渐演变为对真实空间的嵌套——通过电子技术对感官的独占，暂时剥离真实空间的存在——用户完全依据虚拟环境中的刺激采取行动，实现了完全的虚拟在场。对于个体来说，位置成为"一种位移的临时现象"①，只关乎当下的状态。可以预见，视觉技术的进一步发展还将带来虚实空间界限的消解，就如两种液体的结合，二者相互渗透、不分彼此。

此外，液态空间还引发了空间与人关系的根本变革。就如约书亚·梅洛维茨（Joshua Meyrowitz）所描述的，"一个以我为空间关系的零点或零度、以我为起始点的空间"②。现实中的空间作为物质存在，不以人的意志为转移——是人追随空间；而液态空间则更多以人为中心，空间跟随人而存在和改变——是空间为人而设。甚至现实空间也因混合了虚拟存在（如增强现实技术）在某种程度上可随主体而变。传统空间的局限性被极大地削减，转化成为液态空间的新的可能性。

---

① 亚当，贝克，房龙.风险社会及其超越：社会理论的关键议题［M］.赵延东，马缨，译.北京：北京出版社，2005：254.

② 转引自胡潇.当代社会行为方式嬗变的时空关系论［J］.天津社会科学，2019（1）：29-38.

时间是人类一直希望征服的对象，无论是对生命长生不老的渴求，还是对穿越古今的畅想，无一不是这一野心的彰显。时间的线性逻辑规定了事物的发展脉络，产生了历史、现在、未来的区分，产生了前因和后果；人类的躯体会随时间的流逝而老化、消亡。虽然相对论证明，时间并不是一成不变的，会随物体的高速运动而变缓甚至停止，但在现实生活中，这一理论尚无法实现。人类目前无法改变自然的时间，无论是让其倒流或是变速。但是正如卡斯特所总结的，社会对于时间的组织形式却发生了改变，人类对于时间的观念也随之转换。本部分沿用"无时间之时间"的概念，揭示视觉媒介视域下的时间逻辑变迁。

一方面，变迁体现在时间对媒介的意义层面。莱文森曾使用时间在传播中的角色和意义作为区分新旧媒介的标准。那些按约定时间运行的是旧媒介的典型特征。[①]比如，电视的内容需要遵循时间的逻辑线性传播，电视台主要通过贩售特定的时间段获取经济收益。而在互联网环境中，在线视频不会受到播出时间的限制，用户可以在任意时间即刻点播。被记录下的那段时间永恒地留存在服务器之中，随时等待用户的召唤。新技术帮助媒介摆脱了时间的影响，使得时间成为既是即刻的，又是永恒的存在——也因此消除了时间。另一方面，变迁也体现在媒介对于时间的使用和呈现层面。蒙太奇等视觉技术手段给予了剪裁时间的可能。镜头的拼接可以用一分钟概述一天的活动，也可以将几秒钟延伸成几分钟。事件在现实中的先后顺序也可以随意调整，再造新的叙事时间。特别是沉浸式技术所打造的虚拟现实环境中，由于其高度的沉浸感，不论事件发生在过去还是未来，都转化成为用户正在经历的当下。从这个意义上看，时间也仿佛不存在了，成为"一个时空结合中的变化不断的动态角色"[②]。

---

① 莱文森. 新新媒介［M］. 何道宽，译. 2 版. 上海：复旦大学出版社，2014：7.
② 鲍曼. 流动的现代性［M］. 欧阳景根，译. 上海：上海三联书店，2002：175.

二、时空关系的再造

空间和时间在自然和社会中都是相互纠缠的①，二者相互联系，共同构成了人类生活的基本维度。康德的先验时空观认为时间优先于空间，马克思在讨论资本的增殖逻辑时提出了"用时间消灭空间"，偏向将时间放置于主要位置。而伴随后现代思潮的兴起，学界出现"空间转向"的趋势，这揭示了西方试图摆脱现代性思想的约束、修正历史主义的遗产，拓展新的乌托邦的渴望。②有学者做出了类似的总结："空间范畴和空间化逻辑主导着后现代社会，就如同时间主导着现代主义世界一样。"③海德格尔区分了空间的本体论存在和生存论存在，提出在本体论中时间优先于空间而在生存论中空间意义优先于时间意义。④列斐伏尔、梅洛–庞蒂、福柯、哈维、德里达等学者均在"空间转向"中做出了重要的理论贡献，掀起了社会科学研究范式的变革。在网络社会理论中，卡斯特提出空间是"结晶化的时间"（crystallized time）⑤，时间是在空间中被重组的。

在媒介领域，哈罗德·伊尼斯（Harold Innis）提出了媒介的时空偏向，即媒介自身特征及其传播形式导致其出现或倚重时间或倚重空间的不同偏

---

① 卡斯特.网络社会的崛起［M］.夏铸九，王志弘，等译.北京：社会科学文献出版社，2001：466.
② 胡大平.哲学与"空间转向"：通往地方生产的知识［J］.哲学研究，2018（10）：24-34，128.
③ 迪尔.后现代血统：从列斐伏尔到詹姆逊［M］//包亚明.现代性与空间的生产.上海：上海教育出版社，2003：99.
④ 胡潇.当代社会行为方式嬗变的时空关系论［J］.天津社会科学，2019（1）：29-38.
⑤ 卡斯特.网络社会的崛起［M］.夏铸九，王志弘，等译.北京：社会科学文献出版社，2001：504.

向①，展现出社会组织和控制知识的方式②。偏向时间的媒介具有较长的保存时间，便于在较小的区域内实现对时间跨度的控制，有助于社会等级的制造；偏向空间的媒介轻便易携，便于对空间跨度的控制，可以在较大范围内进行传播。在互联网尚未普及之前，电子信息主要依靠硬盘或光盘储存。虽然其不会如纸张一样被时间侵蚀，看似能够维持较为长久的时间，然而储存介质和储存方式仍具有很强的不可控性，服务器的物理损坏、病毒入侵或主观误删等都可能导致信息的完全消失。随着互联网和相关硬件技术的成熟和发展，信息分布式存储技术和低廉的储存成本，大大降低了信息丢失的风险。整体来说，新的媒介技术更加偏向空间，与此同时也对时间偏向进行了补救，正在逐渐靠近时空偏向的平衡状态。在媒介叙事层面，视觉技术的演替为时空关系解绑，打破了时空的线性呈现。数据可视化技术，可利用信息图建构单一空间与多重时间的关系或同时展现多重时空的方式，直观进行对比或展现趋势变化。虚拟现实技术使多重时空成为可能，用户可以在不同时空中进行互动。从某种程度上说，新的媒介技术让主体获得摆脱时空约束的体验。

第三节　认知维度的拓展与深化

我们的社会前所未有地被视觉"形象"所占领。视觉化带来了更加丰富的信息呈现方式，对思维模式也产生了直接影响。社会文化形态正在从以语言为中心的理性主义转向以图形或影像为中心的感性主义。③与文字擅长表现抽象概念不同，对形象的感知与人类感官紧密结合。随着沉浸式技

① 伊尼斯.传播的偏向［M］.何道宽，译.北京：中国人民大学出版社，2003：27.
② 林文刚.媒介环境学：思想沿革与多维视野［M］.何道宽，译.北京：北京大学出版社，2007：113.
③ 周宪.读图、身体、意识形态［M］//陶东风，金元浦，高丙中.文化研究：第3辑.天津：天津社会科学院出版社，2002：78.

术的进步，触觉、嗅觉、味觉等感知维度也成为接收信息的通道。

虽然人类最初就是依靠视觉、听觉等感官捕获形象以实现对世界的认知，但是传承自古希腊的逻各斯中心主义（logocentrism）却从根本上颠覆了这一认识方式。德里达甚至认为，从前苏格拉底哲学一直到海德格尔，逻各斯中心主义贯穿了整个西方哲学史。[①]逻各斯（Logos）在希腊语中表示"话语"，后延展出知识、理性、推理等含义。其根本思想就是推崇精神至上，认为理性世界相比感性世界更具优越性。笛卡尔的"我思故我在"，系统论述了"身心二元论"观点，认为精神与物质是相互独立的，人类的心灵可以独立于身体存在，二者分别遵循精神和物质的规律。这种对立本质上是为了彰显精神、理性的优先性。整体来看，彼时的西方学界普遍使用二元论将身体和心灵对立，重思想、轻身体；重理性、轻感性。19世纪特别是进入20世纪后，以叔本华、尼采为首的学者开始质疑逻各斯的统治，重新审视身心关系和感性认识。传播学研究一直以来也缺乏对身体的讨论，因为大多数学者认为传播是精神层面的交往和互动，而与身体无关。[②]然而随着移动互联网的普及，再加上虚拟现实等视觉技术的应用，身体的重要性愈加凸显，传统理论的局限也逐渐暴露出来。本节将分别从身体和精神两侧面入手，尝试剖析视觉技术发展为知觉维度带来的变革。

一、接合感官："超能"的身体

如前所述，自古希腊开始西方一直受到逻各斯中心主义和身心二元论的主导，直到后来人们才逐渐意识到精神中心论的不足和身体的非物质性。[③]梅洛维茨提出了颠覆性的身体观，即身体与精神并非分离，而是"灵肉统

① 张都爱.德里达与逻各斯中心主义［J］.北京行政学院学报，2012（1）：118-122.

② 刘海龙.传播中的身体问题与传播研究的未来［J］.国际新闻界，2018（2）：37-46.

③ 欧阳灿灿.当代欧美身体批评研究［M］.北京：中国社会科学出版社，2015：73.

一"的存在，是人类理解世界的基础。福柯则比梅洛维茨更进一步，不仅打破了"身体的物质性神话"，还指出身体是由文化、权力等塑造的。①

此后，学界对于身体的关注逐渐增多。在实证角度，大量科学实验证明，身体行为会对大脑的认知产生影响。比如早在1980年就有学者发现，在接收说服性信息时点头（表示同意）的被试者比摇头（表示反对）的被试者更容易认可信息内容；②在评判同一幅卡通画的滑稽程度时，面带笑容的参与者比不带笑容的参与者更容易给出较高的评价。③有关具身认知的所有理论都基于一个主要的共识：认知表征和操作是根植于其身体语境（physical context）的。④"拥有一个身体，对于一个生物来说就是介入一个确定的环境，参与某些计划和继续置身于其中。"⑤身体是人类存在于世的基础条件，同时身体感知的过程本身就包含了认知行为，两者相互依赖、相互影响。

近年来，我国大量接触西方文化，中西方文化的不同底色导致了许多观念差异和矛盾的产生。中国的传统文化极为看重精神层面的修炼，但却并未因此贬抑身体的价值。因此，中国古代哲学中并不存在如西方一样的身心对立的文化传统。有学者回溯儒家身心观自春秋以来的历史沿革，发现虽然在宋明时期经历了"存天理，灭人欲"的极端时期，但身心思想始终是与个体生命相联系。身心合一是儒家一直以来所秉持的身心取向，提

---

① 欧阳灿灿. 当代欧美身体批评研究［M］. 北京：中国社会科学出版社，2015：74-76.

② WELLS G L，PETTY R E. The effects of overt head movements on persuasion：compatibility and incompatibility of responses［J］. Basic and applied social psychology，1980（1）：219-230.

③ STEPPER S，STRACK F. Proprioceptive determinants of emotional and nonemotional feelings［J］. Journal of personality and social psychology，1993，64（2）：211-220.

④ NIEDENTHAL P M，BARSALOU L W，WINKIELMAN P，et al. Embodiment in attitudes，social perception，and emotion［J］. Personality and social psychology review，2005，9（3）：184-211.

⑤ 梅洛–庞蒂. 知觉现象学［M］. 姜志辉，译. 北京：商务印书馆，2001：116.

倡"知行合一、身心双修"①。中国哲学具有"根深蒂固的'身体性'",中国古人的哲学思考均从身体出发并围绕身体进行。这种"身体哲学"历久弥新,还展现出了与西方后现代主义哲学相通的时代精神。②因而,中国不同于西方,有着对于身心一体的传统认识,此处的"回归"更多是强调对于身体的关注从边缘到中心的转变。

相比传统媒介,新兴的视觉技术明确要求身体的在场和参与。比如数据可视化中的交互环节,需用户调动肢体与界面进行互动才能够完成信息的获取。再如,虚拟现实技术看似摆脱了身体,达成了"身心分离",实则当利用身体的知觉能力探索虚拟世界时,"由现实世界向我们揭示的身体意识又会从后门溜回来"③。新技术在一定程度上扩展了身体感知的广度和深度:大数据可视化帮助人们以前所未有的宏观视野把握世界,同时借助数据挖掘还实现了隐藏意义的深度开发。技术与感官的接合,实现了身体的初级智能化。

此外,以虚拟现实技术为代表的沉浸技术还实现了对身体的再造,或者说是对身体更进一步的智能化。此前,包括现阶段的绝大多数媒介实践,更多是通过更加完善的视觉呈现(如360度新闻)并借助想象达到沉浸感。而在虚拟环境中,用户能够拥有区别于现实身体的、可观可感的虚拟身体。不过,对于虚拟身体的所有感还需依靠对现实身体的刺激。因此,目前的传播仍然受到现实身体感知的限制——比如用户仍然受到其肉眼的视野范围、视觉敏感度等约束。如果说现阶段的虚拟身体仍需依赖现实身体,那么在未来,随着媒介技术的进化、技术进一步渗透人体,不仅可以实现感观层面的结合,还可以如麦克卢汉所预言的,实现对人类中枢神经的延伸。彼时可能会创造出与现实身体、虚拟身体本质不同的"精神身体"—— 一

① 张艳婉. 儒家身心观研究 [D]. 长沙:湖南师范大学,2012.
② 张再林. 作为身体哲学的中国古代哲学 [M]. 北京:中国书籍出版社,2018:4.
③ 刘海龙,束开荣. 具身性与传播研究的身体观念:知觉现象学与认知科学的视角 [J]. 兰州大学学报(社会科学版),2019,47(2):80-89.

种被绝对智能化的"超能"身体——既诉诸肉体感官而又超越肉体层面，通过辅助的神经刺激完成感知过程。经由这种"超能"身体可以实现感觉的精细控制，突破人类现实身体的感官极限。

二、诉诸感性：构建"想象的共同体"

柏拉图使用洞穴隐喻区分了"可见世界"与"可知世界"，认为可见世界仅作为可知世界的"摹本"，是如影子一般的存在，只能形成"意见"而非真正的知识[①]，因而理性高于感性。巴门尼德、亚里士多德等哲学家也确证了理性逻各斯世界，这一理性至上的逻辑伴随逻各斯中心主义统治了西方世界两千年的时间。叔本华用"作为意志和表象的世界"为西方世界注入感性因素，在尼采、弗洛伊德等人对身体的解放、对感性的鼓吹和提倡之后，人类感性的一面开始被更多学者接纳和认可，对感性的研究也受到了更多重视。比如，马尔库塞提出"新感性"的概念，认为感性与生命本身相连。在现实的变革中，感性往往比理性更早觉醒，"感性的自发有时候会比理性的自觉走在更前面"[②]。人类的理性浸润了情绪，理性运作的机制也是由情绪推动的。[③]19世纪末就有人提出了情绪的具身性，认为情绪的基础是身体对于情绪刺激的回应活动。此后，大量实验反复证明了这一点。[④][⑤]有学者总结，人类情绪和同情的基础是感觉模态和

① 邓晓芒. 论柏拉图精神哲学的构成［J］. 中州学刊，2001（3）：34-39.

② 颜纯钧."新感性"电影：中国电影旧理性的钝化与新感性的激发［J］. 现代传播（中国传媒大学学报），2018（8）：87-91.

③ 福山. 我们的后人类未来：生物技术革命的后果［M］. 黄立志，译. 桂林：广西师范大学出版社，2017：172.

④ BUSH L K，BARR C L，MCHUGO G J，et al. The effects of facial control and facial mimicry on subjective reactions to comedy routines［J］. Motivation and emotion，1989，13（1）：31-52.

⑤ DIMBERG U. Facial reactions to facial expressions［J］. Psychophysiology，1982，19（6）：643-647.

身体。①

在新闻界，虽然近代西方新闻一直强调理性和客观，然而感性似乎是新闻难以摆脱的存在。相比理性的超然中立，人类天生就更容易接受带有情绪的感性故事。比如由来已久的新闻煽情主义（Journalistic Sensationalism）范式，最早可追溯至16世纪，是新闻业诞生之初就具备的一种天然倾向。②煽情新闻主要诉诸人类的感官体验，核心目标是通过感官刺激激发"受众情感、情绪上的强烈变化"，以迎合观众情绪反应。③19世纪末，大众报刊在西方兴起，西方报界掀起了黄色新闻潮——报纸版面使用大标题、多图片，进行耸人听闻的报道活动。④黄色新闻与煽情主义之间具有密切联系，可以说黄色新闻是煽情新闻的一种表现形式。除了报道选题倾向于灾难、犯罪、暴力、新奇等类型的内容，其戏剧化的呈现方式也是引发读者情绪波动的主要手段。⑤再如20世纪50年代初期出现的新新闻主义，其诞生就是对新闻界信奉的理性的客观主义的质疑与反叛⑥。新新闻主义写作大量借鉴文学作品的表现手法，更注重渲染环境气氛、刻画人物细节、描摹内心思想，强调主观的感受与体验，认识世界的方式具有强烈的感性倾向。⑦新新闻主义为传统新闻业带来了新的生命力，对报道模式也进行了诸多突破，但因其自身难以克服的致命弱点，如时效性差、准确性

① WILSON M. Six views of embodied cognition ［J］. Psychonomic bulletin & review，2002，9（4）：625-636.

② 让纳内. 西方媒介史 ［M］. 段慧敏，译. 桂林：广西师范大学出版社，2005：19.

③ 王金礼. 社会建构抑或价值颠覆：新闻煽情主义的伦理批判 ［J］. 中国地质大学学报（社会科学版），2011，11（3）：104-109.

④ 李彬. 全球新闻传播史：公元1500—2000年 ［M］.2版.北京：清华大学出版社，2009：231.

⑤ GRABE M E，ZHOU S，BARNETT B. Explicating sensationalism in television news：content and the bells and whistles of form ［J］. Journal of broadcasting & electronic media，2001，45（4）：635-655.

⑥ 程道才. 西方新新闻主义理论的兴起与实践意义 ［J］. 当代传播，2004（2）：38-39.

⑦ 李良荣. 西方新闻事业概论 ［M］.3版.上海：复旦大学出版社，2006：149-154.

低等问题，这一热潮仅维持了20年。虽然时间较短，但是新新闻主义的一些手法和理念产生了深远影响，现在的新闻业仍然受益匪浅。

在如今的视觉文化时代，随着视觉逻辑的持续深化、渗透，感性的重要性日益凸显。有意思的是，媒介数字化、视觉化的技术是借助将世界的感知抽象为由0和1组成的二进制机器码（也有光子计算机使用光信号等，但其也属于抽象编码）实现的，计算机的运行过程是纯粹理性的结果，高度抽象的理性最终以感性的方式完成表达，展现出了机器理性与人类感性的融合与统一，不仅信息传播呈感性化、快感化趋势，主流意识形态的传播也开始在情感层面做文章。比如，2013年复兴路上工作室推出《领导人是怎样炼成的》，以趣味动画形式展现了中国领导人成长的过程。可爱、幽默的画风以及与英美制度之间的对比，让观者更容易产生共鸣。再如虚拟现实所营造的现场感和沉浸感，其核心也是为了调动观众的情绪。①

作为群居动物，人类社会依靠分工合作实现了高效运转，在几千年的时间中构建了高度发达的文明。自古以来，中国的文化就更加侧重以群体利益、群体关系为中心的集体主义；即使在个体主义文化盛行的西方，古希腊的亚里士多德也颇为重视"共同体"（community）的价值。可以说，由分工、合作衍生的共同体是人类得以生存和延续的根本保障。在全球化背景下，人与人、群体和群体之间的纽带突破了家庭、地缘、国家的限制，共同体的组织形式变得更加多元。然而海量信息和便捷的传播技术也促使个体意识的觉醒和强化，对维系基于成员之间"共同理解"的共同体产生了不小的冲击。韦伯认为"感觉"是共同体存在的基本前提②，卢梭认为情

① SUNDAR S S, KANG J, OPREAN D. Being there in the midst of the story: how immersive journalism affects our perceptions and cognitions［J］. Cyberpsychology, behavior, and social networking, 2017, 20（11）: 672-682.

② 韦伯. 社会学的基本概念［M］. 胡景北, 译. 上海: 上海人民出版社, 2005: 65-69.

感是比任何人造联系更加神圣和牢靠的纽带①。基于利益追求的共同体可能因为利益的变更或分配而不堪一击，基于情感的共同体则更为坚固。感性源于人类的原始冲动，如愤怒、悲伤、怜悯等，是身处不同文化的人均具有的一种不会改变的本能。也正是情感的力量能够将素不相识的人群凝聚成为一个休戚与共的集体，"他们相互连结的意象却活在每一位成员的心中"②，形成"想象的共同体"。媒介对于视觉技术的应用诉诸感性体验，通过对于人类共通情感的唤起，有助于在世界范围内构建牢固的"想象的共同体"。

第四节　多元交互的叙事与对话

麦克卢汉曾把媒介的发展史划分为三个主要阶段，即口语时期、文字时期（包含书写时期和印刷时期）、电子时期。洛根在其基础上进行了补充和完善，形成了媒介的五个时期：非言语的模拟式传播时代、口语传播时代、书面传播时代、大众电力传播时代、互动式数字媒介或"新媒介"时代。③视觉作为主导的传播形态经历了从大众电力传播时代向互动式数字媒介时代的转变，互动（或说交互）成为最重要的媒介特征之一。戈夫曼认为，传播学视域下的交互性概念起源于社会学和社会心理学中的社会互动④，即卷入人与人之间的交流过程。传播学强调交互作为一种互相依赖的

① 张志旻，赵世奎，任之光，等.共同体的界定、内涵及其生成：共同体研究综述［J］.科学学与科学技术管理，2010，31（10）：14-20.
② 安德森.想象的共同体：民族主义的起源与散布［M］.吴叡人，译.上海：上海人民出版社，2005：5-6.
③ 洛根.理解新媒介：延伸麦克卢汉［M］.何道宽，译.上海：复旦大学出版社，2012：24.
④ GOFFMAN E. Behavior in public places：notes on the social organization of gatherings［M］.New York：The Free Press，1963：8.

社会行为，参与个体在交际中进行符号和意义的交换。这是一个连续的过程，一个人的行为会引发另一个人的反应。①

在大众媒体崛起的书面传播时代，媒体以单向的方式进行信息传播；传播者占据传播过程的绝对主动权。不过当时的媒体已经形成了模糊的交流意识，各国报纸都开辟了读者来信栏目，发布读者的反馈或感想。这一举措可被视为媒体交互的萌芽。有史料显示，在1937年，苏联的《真理报》平均每天会收到938封读者来信，该报在前100期共发表了1783封读者来信。正是与读者的密切联系帮助这份报纸打开了部分销路。欧美的《新政治家与民族》杂志以及成舍我创办的《世界日报》均设有专刊读者来稿栏目。②这一传统延续到了大众电力传播时代，广播电视通过信件、电话连线等方式实现与观众的交流。进入21世纪后，交流的渠道和方式日益多样，开始出现通过手机短信参与投票或答题的形式。而直到互联网的出现，新闻媒体才逐渐实现了真正意义上的互动。在线评论区、视频弹幕实现了用户层面的互动，数据可视化技术则将互动范围拓展到用户与媒体层面。特别是基于H5标准的应用，使得交互思维在新闻实践中逐渐走向成熟。虚拟现实技术则将交互带入了全新的发展阶段。伴随视觉技术的进化，不断深化的交互理念一方面实现了媒介信息的分众化传播，在一定程度上满足了用户对新闻的个性化、定制化需求；另一方面凭借多样的媒介互动形式，推动了用户、媒体之间的多元对话。

一、信息库与个体化叙事

数据可视化技术和虚拟现实技术的出现打破了一直以来信息传播的线性叙事机制。媒介不再以线性的逻辑方式组织叙事元素形成单一的体验方

---

① MURSCHETZ P C. The business value of interactivity［M］// SALMON C T. Communication yearbook 35. New York and London：Routledge，2011：387-423.

② 黄林. 近代湖南出版史料：二［M］. 长沙：湖南教育出版社，2012：1711.

式，而是从不同维度建构元素之间的关系，形成网状叙事的新机制。用户可以根据个人喜好、按照不同逻辑以多元方式查看信息内容。在虚拟现实新闻中，丰富的画面细节要求叙事以极为复杂的网状形式展开，甚至其中有些元素是生产者无意设置的。为了提供良好、逼真的交互体验，可视化和虚拟现实报道需要提供尽可能多的细节。按照这一逻辑，未来的新闻报道或许将不再以一篇、一段来进行衡量，生产者似乎更倾向于构建一个能够集纳全部相关内容的"信息库"——类似一个整合了所有数据的数据库。该信息库中包含某一场景下的所有文字、图像和子场景。比如在熙攘的街道进行的街头采访场景中，用户不仅可以观看采访过程，也可以观看街道上的车流和人流，甚至是路旁的一朵野花。

当然，信息库与数据库存在本质的不同：数据库中的数据并无主次之分，而信息库中的信息需要按照重要性层级进行划分。沉浸式的全景环境将部分叙事主导权让渡给了用户，使得他们能够按照个人习惯自由探索现场以完成信息获取。此过程具有较强的随机性，用户极有可能忽视或错过媒体希望其接收的信息。周勇等学者通过实验证明了这一可能性。他们通过对比阅读文字报道和接触沉浸式新闻报道（包括360度视频和虚拟现实两个版本）的被试者们对新闻内容的掌握程度发现，虽然沉浸式报道有助于对内容的整体把握，但在细节方面更易出现遗漏。[1]新的叙事机制带来的信息错失的可能性是学界共同的担忧。[2]沉浸式新闻所采取的交互叙事需要依赖用户完成，这在某种程度上导致了信息的"内嵌化"，即形成一种不够直观的开放式动态文本。再加上人类接受、处理信息的能力较为有限，如果沉溺于某些细节之中，对有效信息的接受自然会相应减少。因此，在信息生产过程中，新闻媒体需将重要信息以更加直观的方式进行呈现，并从

---

① 周勇，倪乐融，李潇潇."沉浸式新闻"传播效果的实证研究：基于信息认知、情感感知与态度意向的实验［J］.现代传播（中国传媒大学学报），2018，40（5）：31-36.
② JONES S. Disrupting the narrative：immersive journalism in virtual reality［J］. Journal of media practice，2017，18（2-3）：171-185.

网状叙事逻辑的路径设置、立体声引导等方面探索在新的视觉叙事环境下引导用户注意力的手段。

视觉媒介技术的进化创造了一个"旁观的并行连续体"（a parallel continuum of witnessing），每一次技术进步都让用户能够更加接近他人的经历，也让用户逐渐成为更加积极的参与者。①在交互的框架下，受众对新闻的消费更多受到个人经历的影响，展现出了较为浓厚的个体色彩。②因而，交互为新闻媒体提供了一条实现差异化、分众化生产的渠道：用户在自主交互中对文本进行二次生产，通过一系列的选择和筛选，创造其独一无二的个体化叙事。施拉姆曾提出媒介选择的公式：选择或然率＝报偿保证／费力程度。③一般认为，用户更倾向于选择那些能够轻松获取到的信息。但在视觉逻辑下，有研究显示，在一定限度内提高"视觉困难度"（visual difficulties），反而能够刺激用户的主动性，实现高效传播。④可见，适当进行交互不仅可以增强参与度和在场感，还可以提升用户对媒介的信任度、增强用户分享意愿以及其所产生的情感共鸣⑤。

二、"物的语言"与互动对话

由于学科领域不同，学界对于交互性（interactivity）的认识和定义存

① OWEN T，PITT F，ARONSON-RATH R，MILWARD J. Virtual reality journalism ［EB/OL］.（2015-11-11）［2020-02-23］. https://www.cjr.org/tow_center_reports/virtual_reality_journalism.php.

② 楚亚杰，胡佳丰.交互式可视化新闻的"阅读"：一项基于受众体验的探索性研究 ［J］.新闻大学，2019（5）：59-73，118-119.

③ 宫承波，刘逸帆.电视新闻频道发展研究：兼论新媒体时代电视新闻的生存空间 ［M］.北京：中国广播影视出版社，2016：306.

④ HULLMAN J，ADAR E，SHAH P. Benefitting InfoVis with visual difficulties ［J］. IEEE transactions on visualization and computer graphics，2011，17（12）：2213-2222.

⑤ SUNDAR S S，KANG J，OPREAN D. Being there in the midst of the story：how immersive journalism affects our perceptions and cognitions ［J］. Cyberpsychology，behavior，and social networking，2017，20（11）：672-682.

在较大分歧。① 对于"交互"概念存在三套不同的理解框架：其一是作为与过程有关的变量，关切信息的传播过程；其二是作为恒定的媒介特性，聚焦技术特征及其可供性；其三是作为与感知相关的变量，关注用户的使用体验。从交互活动的成员维度看，交互可分为四种类型，上述的三套框架可能涉及其中的一种到两种类型。第一种是用户与用户的交互，即交互性的人际传播维度；第二种是用户与媒介的交互，关注人机之间的互动，包括人对机器的使用和机器的响应；第三种是用户与内容的交互，区别于前述的人机交互，从人对于信息的控制或修改能力角度考察交互性；第四种是媒介/代理人与媒介/代理人的交互，比如人工智能代理、机器生成信息等。② 本部分将综合运用三套框架，主要考量用户与媒介、用户与内容的两种互动类型。

视觉技术的发展促使媒介的交互性不断提高，不仅交互程度持续深入，交互方式也愈加靠近现实，呈现"适人化"趋势。用户可以与媒介、内容进行对话，通过机器的响应产生类社会互动的感受，并对自己想要的信息进行选择和剪裁。用户也可以直接对内容生产过程施加影响，比如在新闻直播中向记者提问等。交互性的核心就是赋予用户一定的选择权和解码自由，在使用过程中使其产生掌控信息生产的想象。比如类似的论述：数据新闻一直以科学、客观自居，可视化生产只是充当了大数据的"翻译"，用户拥有自行探索和解读数据的权力；虚拟现实新闻只是对现场的全景记录，客观地记录了事件发生的过程，用户具备更大的选择权，可以选择不同视角观察、了解现场。然而从根本来看，用户所拥有的选择权仍然较为有限，叙事过程看似交予用户，实则仍是为生产者所控。因为交互叙事的本质是

---

① BUCY E P, TAO C C. The mediated moderation model of interactivity [J]. Media psychology, 2007, 9 (3): 647-672.

② RAFAELI S, ARIEL Y. Assessing interactivity in computer-mediated research [M] // JOINSON A N, POSTMES T, MCKENNA K Y A, et al. The Oxford handbook of Internet psychology. Oxford: Oxford University Press, 2007: 71-88.

以规则（rules）为核心，而不是技术。^①也就是说用户在有限的选择中产生了一种"选择的幻象"，但是提供哪些选择、选择之后的结果依然是身处幕后生产者的"物的语言"。^②生产者的隐蔽性使得用户更容易接受他们所获得的信息。此外，交互思维极大地激发了用户的主观积极性和想象力，倒逼新闻生产采取更为多元的交互模式，如交互网页、新闻游戏等，通过增加趣味性提高用户的好感度和黏性。

目前由于技术限制，虚拟环境中的交互能力还较为有限。大多数情况下，用户无法与虚拟环境中的人、物等进行互动。而随着视觉技术的发展，未来虚拟现实新闻可能会陷入一种矛盾。对于新闻来说，多数报道是对过去发生事情的记录，即使未来技术可以实现与虚拟事物的完全交互，很多报道也很难采取这种交互方式。因为已经发生的过去无法被改变，因而完全开放的互动难以实现。否则，很可能让用户陷入一种无力感，即我能够感知这个世界，然而世界却无法感知到我的存在。有人使用电影《人鬼情未了》（Ghost）中饰演男主角山姆·惠特（Sam Wheat）的演员帕特里克·斯威兹（Patrick Swayze）的姓氏，创造出了"斯威兹效应"（Swayze Effect），用以描述与周围世界脱钩的感觉。这种"幽灵感"可能会给用户的认知带来负面影响，并会因文化、个体处境的不同而变化。我国学者在广东同一客家村落拍摄并播放虚拟现实影像时发现，对待虚拟现实所引发的"斯威兹效应"，女性因在现实中主体性受到压抑而更加享受虚拟环境中用户所处的类似"神"的身份，而男性则普遍表现出对虚拟现实的排斥。^③如何消除"幽灵感"的负面影响或是在保证报道现场真实性的情况下增强新闻的交互性，还有待进一步的实践和研究。

---

① 张超.数据新闻的交互叙事初探［J］.新闻界，2017（8）：10-15，45.

② 刘涛.西方数据新闻中的中国：一个视觉修辞分析框架［J］.新闻与传播研究，2016，23（2）：5-28.

③ 杨宇菲，雷建军.在场与不在场的转换：围绕当地人对二维影像和VR影像观看体验的个案研究［J］.北京电影学院学报，2019（8）：4-13.

第五节　人机边界的消解与融合

从视觉转向开始，再到视觉逻辑的深化，信息传播愈发注重感官体验。媒介技术对于身体感官维度的不断拓展，也使人类和机器之间的界限越来越模糊。一方面是媒介技术的不断智能化、拟人化，另一方面是人类在媒介接触中不断产生数据，将自身数字化。媒介所营造的信息环境包围、浸润着人类。人类与媒介、技术的距离似乎从未如此亲近。

改造身体、突破极限是人类一直以来的梦想。无论是体育运动会设置的世界纪录、吉尼斯纪录，还是各种超级英雄的影视作品，都是人类这一心底渴求的映射。机器似乎可以帮助人类实现这一梦想。赛博格（Cyborg）是美国两位学者在1960年提出的，他们将cybernetic（控制论的）和organism（有机体）两个单词结合创造了这一概念。作为一种人工有机体系统（artifact-organism systems），赛博格通过嵌入外源性因素拓展人类身体的自主调节功能，以提升人类在极端环境中的适应能力和生存能力。[1]目前，学界对赛博格的研究主要从三个层面展开：首先是将其视为一种控制论意义上的生命观；其次，是作为接了电子装置的有机体；最后，在前两者的基础之上，将赛博格作为一种文化批判的隐喻。[2]唐娜·哈拉威（Donna Haraway）就采取了第三种进路，其将赛博格定义为"一个控制论的有机体，一种机器和有机体的混成（hybrid），一种既作为社会实体又作为虚构的生物（creature）"[3]。在她看来，赛博格挑战了西方传统中系统存在

[1]　CLYNES M E, KLINE N S. Cyborgs and space [J]. Astronautics, 1960（9）: 26-76.

[2]　计海庆. 赛博格分叉与N. 维纳的信息论生命观 [J]. 哲学分析, 2017, 8（6）: 122-132, 194.

[3]　HARAWAY D. A cyborg manifesto: science, technology, and socialist-feminism in the late 20th century [M] //WEISS J, NOLAN J, HUNSINGER J, TRIFONAS P. The international handbook of virtual learning environments. Dordrecht, Netherlands: Springer, 2006: 117-158.

于他者领域中的二元论，如自我/他者、心灵/身体、文化/自然、男性/女性、文明/原始、真相/幻觉、对/错、主动/被动等。赛博格对这些边界的模糊，解构了现有的社会秩序，并重新建构了一个更加丰富多元、跨越界限的社会。哈拉威搭建了一套带有明显乌托邦色彩的赛博格神话，也为探索人与机器的关系、社会身份的建构等留下了空间。

人类热烈拥抱技术所带来的便捷与高效，然而又担心技术的异化和对人类主体性的挑战。特别是技术对于人类边界的不断"入侵"，让越来越多的人开始反思人与机器的关系。有人将人类新的存在形式称为"后人类"。当机器与人深度融合、人机边界消失，"人机合一"不仅让屏幕不复存在，甚至虚拟现实所营造的虚拟世界也荡然无存。人类不再需要在现实世界之中制造或嵌套一个虚拟世界，因为这个世界就存在于我们的中枢神经和意识之中。身体的形式变革不仅带来了人类主体性的变迁，同时"正在从根本上改变传播与人及世界的关系"[①]。

一、媒介的融合与泛在

进入21世纪，全球数字化进程使得新的媒介形式不断涌现，同时打破了报纸、广播、电视等媒体平台之间的壁垒，不同的媒介形态逐渐相互融合。近年来，这种融合不仅发生在媒介平台之间，还发生在媒介与其他物体之间。在技术大潮的裹挟下，社会进入了"万物皆媒"的时代。与前三次工业革命所伴生的媒介突显相反，5G带来了媒介的隐没和人与实在的新型连接方式。[②]媒介之于现代人，就如翅膀之于飞鸟——虽然不是生存必须，可离了它寸步难行。新生的媒介包围了人类的生活，除了电视、电脑、

[①]　孙玮.交流者的身体：传播与在场——意识主体、身体-主体、智能主体的演变［J］.国际新闻界，2018，40（12）：83-103.

[②]　孙玮.媒介的隐没与赛博人的崛起：5G时代的传播与人［EB/OL］.（2019-07-12）［2020-03-30］.https://mp.weixin.qq.com/s/S0c5wJMXzVay0uhoPIk7cg.

手机等传统渠道，主要展现在三个方面：一个是触发信息生产深层变革的传感器，一个是家居智能化带来的生活革命，一个是车联网技术孕育的汽车媒体。①有媒介的地方就有新闻。在这样的趋势下，催生了一种理解新闻的新范式——"泛在新闻"（ubiquitous journalism）。泛在新闻是指由于算法和人工智能的大量应用，记者、用户和机器人生产的新闻能够在多元的电子设备中进行传播，使得公众能够在任何时间、任何地点不间断地获取个性化和多感官的信息。其主要具有五大特征：第一，新闻生产的拓展，内容来源主要包括记者、用户和机器；第二，多终端获取信息，通过各种形式的视觉、听觉和触觉界面；第三，不间断的信息流，不受时间或空间限制；第四，人工智能系统对信息进行个性化分发，能够基于用户个人偏好和历史记录分配特定内容；第五，沉浸式新闻叙事，诉诸多重感官的多媒体内容。②

通过载体在现实环境中对用户的环绕，媒介制造了一种泛在的新闻体验。这种泛在感也体现在媒介所制造的虚拟环境中。狭义的虚拟现实能够为用户营造完全沉浸的经历，用户一旦进入就意味着与现实环境的暂时切割。并且理想的虚拟现实技术能够让用户在虚拟环境中无法察觉到媒介的存在，虽然他们目之所及皆是媒介的产物。"哈利·波特"系列小说中曾描述一种用来储存和查看记忆的魔法器具——冥想盆（Pensieve）。哈利·波特有一次偶然发现了它，当他的鼻尖触碰到冥想盆内的物质时，他整个人被一种力量吸引着，在一片冰冷漆黑的物质中坠落。当坠落停止时，他就进入了另一个时空——一个存在于某个人记忆中的时空。在这个记忆中，一切都和过去的某个时空如出一辙。唯一的差别就是，在这个世界没有人能看到进入记忆的人，这个人也无法改变任何事物。除了无法交互，冥想

---

① 彭兰.万物皆媒：新一轮技术驱动的泛媒化趋势［J］.编辑之友，2016（3）：5-10.
② SALAVERRÍA R，DE-LIMA-SANTOS M F. Towards ubiquitous journalism：impacts of IoT on news［M］//KACPRZYK J. Journalistic metamorphosis：madia transformation in the Digital Age（vol 70）. Cham：Springer，2020：1-16.

盆中的记忆世界几乎就是狭义虚拟现实能够塑造的虚拟世界的完美模型。当虚拟占据了全部的感官通道，用户就会"被迫"全神贯注于眼前正在发生的事情。一位受访者在体验虚拟现实报道之后表示："整段时间我都完全沉浸在故事之中，这意味着它获得了我全部的注意力。"①对真实世界的剥离和完全的沉浸更容易让用户进入一种"心流状态"。"心流"（flow）是指人们在全身心投入时的全面感知（holistic sensation）和忘我的状态②，这种状态可以使人获得高度的愉悦感和满足感。从这个角度来看，这种状态可以提升媒介叙事效果和用户好感度。未来的增强现实或许能够彻底消解虚实的边界——虚拟直接叠加、弥漫在现实之中，并最终与现实混合，难分彼此。当虚拟消弭于无形之际，就是其大获全胜之时。③泛在化使媒介最终消融，并成为现实世界的一部分。为实现这一目标，媒介就必然要摆脱复杂的技术设备，这就需依靠人类与机器的融合。

二、后人类与人机智能的耦合

自工业革命以来，人类与机器的关系愈加紧密。赛博格听起来具有强烈的科幻色彩，但它其实离我们并不遥远。机器早已与人体融合，与其他器官协同合作完成人类的部分生理活动，比如心脏起搏器、假肢、人工耳蜗等。著名的已故物理学家史蒂芬·霍金（Stephen Hawking）因罹患渐冻症全身肌肉萎缩，无法行走、说话和写字，他与世界的交流就是完全依赖机器实现的。他先后使用过目光拼字版、单按键鼠标，甚至在后来病情加重至眼睛和手指都无法运动时，他会借助眼镜上的红外探测器识别脸颊肌

---

① JONES S. Disrupting the narrative：immersive journalism in virtual reality［J］. Journal of media practice，2017，18（2-3）：171-185.

② CSIKSZENTMIHALYI M. Beyond boredom and anxiety：the experience of play in work and play［M］. San Francisco：Jossey-Bass，1975：36.

③ 施畅. 赛博格的眼睛：后人类视界及其视觉政治［J］. 文艺研究，2019（8）：114-126.

肉的抽动来实现对电脑的操作，并通过语音合成器发出声音。2019年，另一位同样身患渐冻症的科学家彼得·斯科特–摩根（Peter Scott-Morgan）比霍金更进一步，他选择将自己变成一个赛博格。他接受了一系列身体改造手术，以维持正常的营养输入和排泄。他现在可以在70厘米外看清电脑屏幕，还能够使用眼球运动同时控制多台计算机。为了成为"完全的赛博格"（full Cyborg），他还进行了喉管切除术，这使他丧失了说话能力并需要终生依靠呼吸机。借助机器，他的各种感官得以增强，也正是与机器的"融合"给予了他新的生命。在一条推文中，他将自己接受的一系列手术称为"升级"，并称是从彼得1.0向2.0的转变。

如哈拉威所言，机器模糊了人类与动物、有机体与机器、物质与非物质的边界。①对于绝大多数人来说，机器尚未嵌入身体，而智能手环、谷歌眼镜等可穿戴型设备已经使人初步具备了赛博格的特点。2019年6月，我国实现了世界上首次利用5G技术同时远程操控机器人完成两台手术的创举。随着机器日益深度地参与人类的生命活动，人与机器似乎已经难分彼此。技术所带有的最大限度的"透明性"，使其以难以觉察的方式"好像融入我自身的知觉–身体经验中"②。如果说前述仍然一种温和的改进，那么还有一种更为激进的赛博格——仅仅保留人类的部分特征，而对身体、神经系统进行完全再造。这样的设定经常出现在科幻作品中，比如2019年上映的影片《阿丽塔：战斗天使》。片中的女主角阿丽塔就是一位仅有头部和颈部呈现人类特征的"半人半机器"的赛博格，她具有人类的智慧和情感，同时还具备常人所没有的巨大身体能量。

赛博格颠覆了人类的主体性地位，同时改变了人类的生活和思维方式，

---

① HARAWAY D. A cyborg manifesto：Science，technology，and socialist-feminism in the late 20th century［M］//WEISS J，NOLAN J，HUNSINGER J，TRIFONAS P. The international handbook of virtual learning environments. Dordrecht，Netherlands：Springer，2006：117-158.

② 伊德. 技术与生活世界：从伊甸园到尘世［M］.韩连庆，译.北京：北京大学出版社，2012：78.

甚至是进化模式。在信息技术的推动中，人类成为后人类（posthuman）。"后人类"这一概念的蕴涵非常多样，缺乏统一严密的逻辑框架，其更像是一种隐喻，而不是一个严格意义上的概念。对于后人类主义的相关研究，也多以描述性和预测性的思辨为主。有学者将其定义为一个批判性和创造性的型构，以揭示现实和虚拟当下的复杂性。[①] 也有观点认为，后人类所包含的外在变化并未改变人类存在的价值或本能，后人类会比"我们"更加人性化。[②] 甚至有人提出，人类的本质是信息，因而在后人类时代"我们可以消除身体"。不过，意识是具身性的，无法独立于身体存在，即使在完全虚拟的化身中，人类仍然需要身体进行认知。[③]

在后人类语境下，媒介与人的关系也同样发生了剧变。孙玮沿用"赛博格"的思路提出"赛博人"的概念，认为技术与人的融合创造出了新的传播主体，媒介从人类的工具或机构转变为了身体本身。[④] 人机耦合的确在某种意义上转变了人的特质，技术逻辑与人类逻辑在不断冲突中取得一种动态的平衡。泛在的媒介成为人类的一部分，这也意味着机器智能将成为人类的一部分。人类智能与机器智能的叠加大大拓展了人类的认知能力，比如可以进行快速的数据处理、拥有不会遗忘的记忆等，这也将大幅提升人类对于信息的需求。信息传播的方式很有可能会从视觉化、感官化最终会走向"神经化"。就如人类进行思考时，大脑中产生的是一个个念头，是想法之间的对话一样。这种念头和想法在大多数情况下是以抽象的概念形式而非具象的图像形式表现的——当然，如果需要，可以随时在头脑中形成图像。这意味着信息的形式将具有无限可能，不会再受到任何条件的限

---

① BRAIDOTTI R. Posthuman critical theory［M］//BANERJI D，PARANJAPE M R. Critical posthumanism and planetary futures. New Delhi：Springer，2016：13-32.

② LAWRENCE D R. The edge of human?the problem with the posthuman as the 'beyond'［J］. Bioethics，2017，31（3）：171-179.

③ 海勒. 我们何以成为后人类：文学、信息科学和控制论中的虚拟身体［M］.刘宇清，译.北京：北京大学出版社，2017：15.

④ 孙玮.赛博人：后人类时代的媒介融合［J］.新闻记者，2018（6）：4-11.

制。媒介内化于人体之中，人类将成为世界上最强大的媒介。虽然媒介最终将直接诉诸人类的神经系统，但这并不意味着身体的消失。身体可以被技术改良、重塑，但它仍然是生之为人的基本条件和保障。正如弗朗西斯·福山（Francis Fukuyama）所坚称的，人的理性是浸润着情绪的，其运作也是由情绪推动。如果脱离了人的身体，那么其他的一切就失去了依存。[①]无论是人类还是后人类，身体始终是意识栖居的场所。

---

① 福山. 我们的后人类未来：生物技术革命的后果［M］. 黄立志，译. 桂林：广西师范大学出版社，2017：ix，117，173.

第六章

流动与重建：新闻生产的视觉边界

技术的进化速度永远要快于伦理。我们必须扪心自问："在我们拥有虚拟现实之前，我们讲述真相的标准是什么？现在我们拥有了新的技术，这些标准发生了什么变化？我们应该如何向公众解释？"[1]

新闻学在学科发展的过程中强调理论研究与行业实践之间的联系，再加上新闻业不存在特定的准入机制，因此一直存在"新闻无学"的论调。偏向实践的新闻学似乎总是挣扎于模糊的专业边界。特别是在北美和欧洲等地，记者、编辑等缺乏明确的职业门槛，如教育背景、能力证书等。在我国，情况稍有不同。新闻机构的采编人员在从事新闻采访工作时需要使用新闻记者证，该证是由新闻出版总署统一印制并核发，需加盖新闻出版总署印章、新闻记者证核发专用章、新闻记者证年度审核专用章和本新闻机构钢印方为有效。虽然记者证在一定程度上解决了从业者"身份"的问题，不过新闻学在初期被引入我国时就意涵暧昧，且学科归属多次摇摆。相比医学、物理学等学科，新闻学自身专业性不足及其天然的松散结构（porousness），导致不仅并未提高学科建设的正当性反而引发了诸多争议。[2]

① MARCONI F，NAKAGAWA T. The age of dynamic storytelling：a guide for journalists in a world of immersive 3-D content［M］. New York：Associated Press，2017：9.

② CARLSON M. Introduction：the many boundaries of journalism［M］//CARLSON M，LEWIS S C. Boundaries of journalism：professionalism，practices，and participation. New York：Routledge，2015：1-18.

正是因为正式专业地位的缺乏，导致其需要经常维护和规范自身的边界。^①

新闻也不是一成不变的坚固领域，而是受到社会环境、技术条件等影响处于不断流动、变迁的状态。不同新闻机构在实践中也可能应用不同的惯例（news routines）^②。尤其是在新媒体环境中，技术范式革命再加之新闻业吸纳的来自计算机、艺术、数学等跨学科血液，不同思维方式的碰撞对新闻自身和已有的专业标准及实践均提出了新的挑战。新闻生产的视觉化趋势使得新闻产品成为"技术化观视"渠道，破坏了部分已有边界并进行了重建。

在一实证研究中，相当一部分被访者在阅读财新网"数字说"栏目的交互可视化报道《从调控到刺激：楼市十年轮回》^③后提出，"这些信息不是新闻，更像是研究报告"。被访者对此判断给出的解释是该作品的时效性不足，与年度总结类型的报告更为接近。^④再如由《华尔街日报》制作的、获得了 2017 年全球数据新闻奖的报道《〈汉密尔顿〉背后的韵律》（The Rhymes Behind Hamilton）^⑤，该作品使用可视化手法展现了百老汇当红音乐剧《汉密尔顿》唱词背后的押韵结构，与传统意义上的新闻相去甚远，更加接近音乐与大数据技术结合的艺术研究。数据可视化的新闻作品普遍呈

① SJOVAAG H. Hard news/soft news：the hierarchy of genres and the boundaries of the profession［M］// CARLSON M，LEWIS S C. Boundaries of journalism：professionalism，practices，and participation. New York：Routledge，2015：101-117.

② FERRUCCI P，TAYLOR R. Blurred boundaries：Toning ethics in news routines［J］. Journalism studies，2019，20（15）：2167-2181.

③ 财新数据可视化实验室. 从调控到刺激：楼市十年轮回［EB/OL］.（2015-12-31）［2020-03-30］. http://datanews.caixin.com/2016/home/.

④ 楚亚杰，胡佳丰. 交互式可视化新闻的"阅读"：一项基于受众体验的探索性研究［J］. 新闻大学，2019（5）：59-73，118-119.

⑤ EASTWOOD J，HINTON E. The rhymes behind hamilton［EB/OL］.（2016-06-06）［2020-03-30］. http://graphics.wsj.com/hamilton/.

现出了"去新闻化"的特征。①

　　不过也有实证研究发现，技术虽然在部分方面完全颠覆了新闻规则，但并未动摇新闻存在的根基。②视觉再现比纯文字报道对用户产生的影响范围更深、更广，视觉新闻生产者在履行职责时必须要更加谨慎和负责。因此进一步廓清视觉新闻的专业边界是必需的。这才能在保证生产高水平产品的同时，还能始终坚持对公平准确的报道和公众利益的追求。本章首先通过回归新闻本质的讨论搭建分析体系，进而从现有的新闻实践、技术和环境入手，尝试厘清视觉逻辑主导下新闻边界的解构与重构，为实践和未来研究提供参考。

第一节　发掘新闻本质：对生命的关切

　　19世纪70年代美国《纽约太阳报》（ *The New York Sun* ）编辑约翰·伯加特（John Bogart）对新闻的经典描述至今仍然让人津津乐道："狗咬人不是新闻，因为这种事太常见了，但人咬狗就是新闻了。"③从新闻学出现开始，各国学者就尝试对新闻进行定义和描述，我国也不例外。1943年，陆定一将新闻定义为"新近发生事实的报道"④，这可以算得上是在我国知名度和认可度最高的定义之一。不过，这一定义远算不上完善，不少学者对其展开了批判与反思。比如有学者提出，这一定义完全站在传者视角，忽略

① 王秀丽.全球数据新闻奖"最佳可视化"奖作品解析［J］.当代传播，2018（1）：87-89.

② LEWIS S C. Epilogue：studying the boundaries of journalism：where do we go from here？［M］// CARLSON M，LEWIS S C. Boundaries of journalism：professionalism，practices，and participation. New York：Routledge，2015：218-228.

③ 德弗勒，丹尼斯.大众传播通论［M］.颜建军，王怡红，张跃宏，等译.北京：华夏出版社，1989：443.

④ 陆定一.我们对新闻学的基本观点［N］.解放日报，1943-09-01.

了新闻价值的判断，可能导致在"无形中异变为一种宣传"①。

学者基于不同角度、不同立场对新闻内涵进行阐释。比如从受众角度入手，范长江认为"新闻是广大群众欲知、应知而未知的重要的事实。这个说法不一定全面，但是它贯穿了一个为群众服务的精神"②；徐宝璜提出"新闻者，乃多数阅听者所注意之最近事实也"③。从新闻的功能入手，甘惜分提出"新闻是报道或评述最新的重要事实以影响舆论的特殊手段"④；也有学者强调其对现状的改变和对常态的打破⑤。还有人强调新闻的"信息"属性，如迈克尔·舒德森（Michael Schudson）提出，新闻工作是"生产和散播符合一般大众兴趣的重要时务信息（contemporary affairs）的商业行为或实践"⑥。宁树藩是国内提倡"信息观"的代表人物，认为"新闻是经报道（或传播）的新近事实的信息"⑦。此外，还有学者从其他角度对新闻进行解读，如"新闻是新近信息的媒介互动"⑧，或尝试将权力引入研究视野，将新闻定义为"现实权力关系新近变动的建构性呈现"⑨。也有人给出了更为广泛的定义，将新闻视作"一件能够阅读、观看或交互的事物和社会产物（social artifact）"⑩。

---

① 陈响园."新闻是新近信息的媒介互动"：试论新媒体传播背景下"新闻"的定义[J].编辑之友，2013（11）：45-49.

② 范长江.记者工作随想[J].新闻战线，1979（1）：15-18.

③ 徐宝璜.新闻学[M].北京：中国人民大学出版社，1994.

④ 甘惜分.新闻理论基础[M].北京：中国人民大学出版社，1982：49.

⑤ PATTERSON T E. Out of order[M].New York：Random House，1993：34.

⑥ SCHUDSON M. The sociology of news：contemporary societies series[M].New York：W.W. Norton & Company，2003：11.

⑦ 宁树藩.新闻定义新探[J].复旦学报（社会科学版），1987（5）：85-88.

⑧ 陈响园."新闻是新近信息的媒介互动"：试论新媒体传播背景下"新闻"的定义[J].编辑之友，2013（11）：45-49.

⑨ 尹连根.现实权力关系的建构性呈现：新闻定义的再辨析[J].国际新闻界，2011，33（4）：55-61.

⑩ SHOEMAKER P J，REESE S D. Mediating the message in the 21st Century：a media sociology perspective[M].3rd. New York and London：Routledge，2014：172.

　　本书无意为新闻下定一个更为完善的定义。如前所述，伴随社会发展及技术进步，新闻本身也在经历变革，其边界在打破与重建中不断变迁。曾经，新闻仅包含"新近发生的事实"，而随着电视直播的出现，新闻被扩展为"新近发生和正在发生的事实"。新闻与娱乐曾是泾渭分明的两个领域，然而随着互联网和社会文化的嬗变，二者之间的界限愈发模糊。不过，新闻的形态虽然不断转换，但是自其诞生以来，人类对新闻的核心诉求却是一以贯之的，即获取有价值的信息。我国最早的《邸报》为各地官员传达皇帝谕旨、朝廷法令、官吏奖罚等政治情报，罗马的《每日纪闻》是用于传递紧急军情的官报，资本主义的萌芽地意大利威尼斯出现了涉及商品信息的手抄报……吉布森认为，人们总是试图改变自身所处环境，其根本出发点是人类为了趋利避害、实现更好的生活："为什么人类要改变所处环境的样态和物质存在？为了改变环境能够给予（affords）他们的。人类努力增加对自身有益的，减少对自身有伤害的……数千年来，人类让很多事情变得越来越容易：得到食物、保暖、旅行、教育后代更容易。"①

　　新闻正是基于改善人类生存这一朴素的终极目标，通过提供新信息帮助人类认识和适应世界——"增加对自身有益的，减少对自身有伤害的"——其天然带有一种对生命的关切。最好的新闻报道"往往出来得恰逢其时，能为我们揭示一个未曾了解的世界"②。随着物质条件的丰盛，除了进一步在经济上改善生存条件，用户增益精神层面的需求也愈发凸显，即借助思维层次的共鸣与提升获得更好的生命体验。更进一步说，"新闻的本质，不属于技术、不属于资本、不属于流量，而属于关怀众生的崇高美德"③。这也是新闻从业者们一直以来努力追求的理想。

①　GIBSON J J. The ecological approach to visual perception［M］. New York：Psychology Press，1986：130.
②　罗杰斯. 数据新闻大趋势：释放可视化报道的力量［M］. 岳跃，译. 北京：中国人民大学出版社，2015：300.
③　杜骏飞. 杜骏飞：除夕札记（杜课 929 期）［EB/OL］.（2020-01-24）［2020-03-30］. https://mp.weixin.qq.com/s/naa2Gau8YMnnI0D4IGBEhQ.

　　然而，新闻作为一种社会现象，在实践过程中会受到自身组织因素和经济因素的影响，以及其所处的不同文化环境的制约。皮埃尔·布尔迪厄（Pierre Bourdieu）及其同事提出的"场域"概念，即不同位置间的客观关系网或结构，为理解场域中多种权力运作的复杂性提供了可能路径。布尔迪厄认为，社会作为一个整体是在两种主要的权力（或称资本）的斗争中建立的——经济权力和文化权力。因而，其所包含的每一个场域都是围绕相反的两极构成，即代表外部力量的他律极（heteronomous pole）和代表场域特有的资本的自律级（autonomous pole）。新闻作为权力场一部分，其特征是"高度的他律性"，也就是属于对其他场域依赖性较高、自主性较弱的场域。① 尽管如此，布尔迪厄仍然认为，新闻是"一个具有自身法则的微观世界（microcosm）"②。理解新闻场域结构和个体关系的基础是惯习（habitus），其是一种"结构化的结构"，用于组织实践以及对实践的感知。③ 惯习并非指"单纯反射性的习惯"，而是通过前期的生活实践累积形成的④，也就是说是在无意识的条件下自然形成的⑤。惯习并非永恒不变，在特定情景或较长的历史时期中会发生迁移。其在新闻场中具体表现为个体或机构的操作规范、组织惯例、职业准则等。职业准则作为一套业内共同认可的专业文化，新闻从业者将其应用于日常工作并使自己区别于其他社群。新闻价值体系奠定了媒体日常实践的基础，体现了操作规范和组织惯例。因而，新闻价值体系不仅影响新闻选题的确定，还决定着新闻机构如

① 本森，内维尔. 布尔迪厄与新闻场域［M］. 张斌，译. 杭州：浙江大学出版社，2017：5-7.
② BOURDIEU P. On Television［M］. New York：The New Press，1998：39.
③ 本森，内维尔. 布尔迪厄与新闻场域［M］. 张斌，译. 杭州：浙江大学出版社，2017：4.
④ 宫留记. 资本：社会实践工具——布尔迪厄的资本理论［M］. 开封：河南大学出版社，2010：170.
⑤ BOURDIEU P. Distinction：a social critique of the judgement of taste［M］. Cambridge：Harvard University Press，1984：170.

何报道、处理和呈现新闻。①在价值观的建构下，新闻场域按照专业框架进行编码，生产对现实的再现。

第二节　视觉客观性体系

客观性最初是在以美国为代表的资本主义市场发展时期，新闻界形成的一种报道策略，后来逐渐演变为西方新闻界共同认可的职业规范和报道原则。对于中国新闻业来说，由于基督教报刊及其所携带的宣传和教化的理念"先入为主"，且报刊在一系列革命中被打造成为救亡工具，我国新闻业的起步阶段并未注入客观性的基因。②早期中国新闻的职业追求更偏重"沟通和教化"。真实客观的理念是在改革开放后，中国出于对新闻规律的尊重，几乎全盘接受了西方新闻的话语体系。③虽然我国的经济文化环境与客观性诞生的资本主义存在根本差异，然而客观性所提供的尊重事实、平衡、价值分离等原则愈发深入人心。其在现代社会也符合新闻机构所追求的目标，并为实践提供了一个可行的操作指南。

但纯然的客观性是不存在的：对于现实世界，无论是个人还是机构都难以完全从中立、客观的超脱视角进行再现。这也成为一直以来"客观性"遭受学界质疑的核心。任何事件一经报道就不可避免地经过了某种机制和话语体系的过滤，"我们总是只能在已被建构的意义之内再去区分事实与价

---

① HARTLEY J. Understanding news：studies in communication［M］. New York：Routledge，1982：75-81.

② 王润泽，谭泽明. 沟通：百年中国新闻实践的核心理念［N］. 中国社会科学报，2018-10-12（4）.

③ 王润泽，张凌霄. 新闻价值的西方生产路径与话语权的确立［J］. 现代传播（中国传媒大学学报），2019，41（11）：42-46.

值"①。进入21世纪以来，西方新闻界开始提倡使用"透明性"替代"客观性"，试图以公开、透明的方式重新找回公众对于媒体的信任感。具体包括公开新闻生产过程、展示信源途径、记者个人偏好及背景的自我揭露、公开纠错、与公众协同完成报道等。有学者提出，透明性是在新的媒体环境下对客观性的推进而非颠覆。②但在实践中，透明性缺乏一套具有可操作性的标准，更倾向于是一种仪式化的存在：很少有媒体真正透露报道的动机和方法。③特别是对于视觉产品来说，透明性的实践难度似乎更大。不过，透明性对公开以及用户互动因素的引入的确为客观性理念提供了改进思路。

20世纪末，有学者基于瑞典和世界的广播系统实践，搭建了一套客观性的理论框架，系统化地呈现了客观性所包含的主要因素。④该框架整合了客观性的不同方面，为全面认识和研究客观性提供了思路（如图6-1所示）。框架将客观性分为事实性（Factuality）和公正性（Impartiality）两大组成部分，分别从报道的事实层面和价值取向入手。⑤真实性（Truth）是核心，甚至有人将客观性等同于真实性。相关性（Relevance）表现为对新闻的选择过程，如不同新闻之间的相关性、与用户的关联等。在报道冲突性内容时，需要平衡（Balance）或非党派性（Non-partisanhip）展现双方或多方的观点。中立陈述（Neutral Presentation）指记者在报道中不能暴露个人倾向，需要以尽量中立的方式对事实、他人观点进行呈现。

---

① 刘国强，涂骁睿.传统诠释学与事实符合论下的新闻客观性［J］.中国地质大学学报（社会科学版），2019，19（3）：100-107.

② 夏倩芳，王艳.从"客观性"到"透明性"：新闻专业权威演进的历史与逻辑［J］.南京社会科学，2016（7）：97-109.

③ 牛静.新闻透明性：技术变革下的媒体伦理新准则［J］.新闻与写作，2019（4）：22-28.

④ WESTERSTÅHL J. Objective news reporting：general premises［J］. Communication research，1983，10（3）：403-424.

⑤ MCQUAIL D. McQuail's mass communication theory［M］. 6th ed. London：SAGE Publications，2010：201-202.

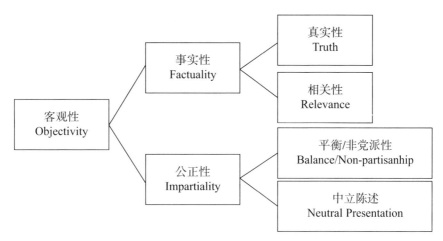

图6-1　客观性概念体系图示

在这个框架基础上，同时基于我国新闻媒体现阶段所处环境及对视觉技术的应用，本书建构了视觉客观性概念体系（如图6-2所示）。视觉客观性保留了事实和价值两种维度，同时增补了透明性这一维度。

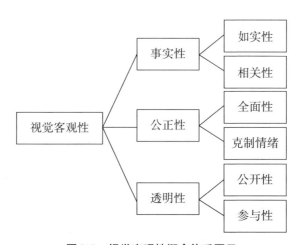

图6-2　视觉客观性概念体系图示

一、事实性

无论技术和环境如何变化，新闻的核心始终是事实。对于事实准确、真实地还原也就成为事实性的关键。当视觉化技术成为新闻领域的主导力量时，"真实性"的内涵发生了偏移，因而此处使用"如实性"替代了"真实性"。一直以来"真实"都是相对的，虽然新闻报道难免会存在小错误，但通常来说并不影响整体内容的真实性。此外，报刊只需忠实于内容层面的"事实内核"，而以电视新闻为代表的视觉新闻则不仅要保证"事实内核"的真实，还需要忠实于"形式事实"。① 在视觉时代，这两者都出现了新变化。

一方面，"形式事实"岌岌可危。视觉化再现手段将三维世界压缩成为二维影像，摄像机所拍摄下的画面存在一定程度的畸变，影像细节与事实存在出入。特别是虚拟现实技术的出现，进一步动摇了图像的"真实性"。虚拟现实虽然可以解决此前平面影像因降维所产生的畸变，但虚拟元素的加入使得事实本身更加扑朔迷离。由于现阶段技术发展的局限性，很多虚拟现实新闻需要借助3D建模技术以动画形式还原新闻现场，这样的呈现方式显然与事实本身存在较大差距。此前，《纽约时报》推出的虚拟现实新闻作品《无家可归》(The Displaced)使用计算机技术将多个犯罪现场的照片和视频拼接。为了达到更好的视觉效果，被摄者被要求多次重复动作以配合拍摄工作，"这等同于场景造假(faking a scene)，并不是完全的新闻"。② 美国全国公共广播电台(National Public Radio)的新闻总监、前任《纽约时报》编辑在称赞这部作品的同时也表达了担忧，"我们的故事不可能是真实的。它们必须是完全真实的"。因为在真假混杂的虚拟现实环境中，用户很难分辨什么是真实的、什么是虚假的。此外，由于自然的现实总是不够精彩，从电视新闻开始，对真实的修饰和夸张就已成为"稀松平

---

① 黄匡宇，黄雅堃. 当代电视新闻语言学［M］. 北京：中国社会科学出版社，2011：221.

② INGRAM M. We need to keep the 'reality' in virtual reality［EB/OL］.（2015-11-17）［2020-03-30］. https://fortune.com/2015/11/16/virtual-reality-journalism/.

常的操作"①。借助剪辑和蒙太奇思维，拼接镜头以增强报道事件的矛盾感和冲突性，在某种程度上也是对事实的损伤。另一方面，"事实内核"在视觉再现中被表象所替代。蒙太奇等视觉技术将表象性的规则当作事实本身，更易实现对事实的操控。②为达到良好的视觉呈现效果，事件本身也会发生改变。比如人们在面对摄像机时会不自觉地摆出姿态；很多事件（发布会、开幕式等）为了更上镜而做出形式上的调整，呈现景观化趋势。"对影像真实性的追求，从来都是营造'超逼真'的美幻视觉效果的风格修辞。"③通过对真实的操控来实现"超真实"，那么"真实"就成为一种手段。

本书提倡使用"如实性"的概念替代"真实性"，在新的技术环境下不再一味强调"形式事实"，转而专注"事实内核"的真实。新闻虽然无法改变视觉介入所引发的表象化趋势，但却可以通过对事实内核的揭露摆脱视觉再现的表象化陷阱。同时，愈是从头至尾精心加工现实，就愈损害真实性，不再刻意追求真实的视觉效果反而会减少对事实的雕琢，在一定程度上提高准确性。

二、公正性

公正性强调新闻报道的价值中立，主要经由给予事件各方公平的机会展示观点以及记者不带个人偏向的叙述实现。然而一个事件往往牵涉多方利益，传统报道中由于篇幅所限，必须舍弃细节、选择更加重要的方面进行表现。同时，需要区分公正与平衡的差异。平衡的报道并不等同于中立，

---

① EKSTRÖM M. Information，storytelling and attractions：TV journalism in three modes of communication［J］. Media，culture & society，2000，22（4）：465-492.

② GOFFMAN E. Frame analysis：an essay on the organization of experience［M］. Boston：Northeastern University Press，1986：144.

③ 高字民. 从影像到拟像：图像时代视觉审美范式研究［M］.北京：人民出版社，2008：212.

假如一件事情大多数人都支持，只有少数反对声音，如果在报道中平等呈现正面和负面的意见，那么反而改变了事实的原貌。全面性则可以较好地避免这一不足：对事件的全景式而非碎片化的再现有助于还原多方在事件中所处的位置与作用，相对完整的事件场景也允许用户进行一定程度的自主探索。

新闻是包裹了价值的事实再现。在视觉程度不断深化中，其展示性的属性愈加显著。如前所述，视觉对感官的接合和对身体的卷入使其在表达中更多诉诸感性，借助用户的情感认同获得说服力和传播力。在互联网时代，新闻媒体在新媒体平台似乎也完全放下了以往的严肃姿态，在短视频新闻中大量使用音效、配乐、表情包，甚至是流行段子播报新闻。本书无意对此类新闻报道进行批判，然而类似手法在中国媒体中的大量使用无疑消解了新闻业此前一直标榜的平衡报道与价值中立，甚至可能威胁传统媒体长期积累而塑造的权威形象。这种"游戏人生的快感"，往往是"以牺牲对世界的真实感受为代价的"[1]。

在虚拟现实新闻中，这一趋势更加凸显。超然中立的第三人报道视角被高度主观性的第一人视角取代，沉浸叙事的目的就是激发用户的情绪反应[2]，如同情、愤怒、悲伤等。在视觉再现中，感性因素已经成为新闻叙事的重要组成部分，因此特别需要新闻从业者在生产过程中能够保持克制的姿态，避免一味地刺激，甚至有意煽动用户情绪。若纵容媒体消费用户情绪，用户可能因干扰产生误判，使失实信息更易滋生和传播[3]；并且长此以往极易使用户因情感过载而陷入同情疲劳、麻木，使新闻生产进入一种恶性循环。故在新闻生产的视觉化环境中，克制情绪成为衡量报道公正性的

---

① 蔡骐. 文化·社会·传播 [M]. 长沙：湖南大学出版社，2007：249.

② MABROOK R，SINGER J B. Virtual reality，360° video，and journalism studies：conceptual approaches to immersive technologies [J]. Journalism studies，2019，20（14）：2096-2112.

③ 王炎龙. 重大突发事件信息次生灾害的生成及治理 [J]. 四川大学学报（哲学社会科学版），2010（6）：92-96.

重要部分。当然，情感对于新媒体时代的新闻业来说是必不可少的。数字新闻学在实践和理论层面都出现了"情感转向"，但如何发挥其积极作用，更好地实现建设性情感的使用仍需更多研究和讨论。

三、透明性

新闻报道，特别是新闻的视觉化作品，难以避免地带有主观性色彩，因而本书增加了"透明性"作为视觉客观性的第三大部分。已有研究显示，透明性的核心本质就是公开，具体表现为两个相互关联的方面：一是"公开透明性"（a disclosure transparency），指新闻生产者解释并公开新闻选题和制作过程；一是"参与透明性"（a participatory transparency），即邀请用户参与新闻生产的不同环节。① 二者相辅相成，共同构成了透明性的内核。

公开性主要是为用户展示新闻报道在选题、分析及呈现过程中所涉及的判断依据和相关利益集团等信息。以数据可视化新闻为例，大数据为人们提供了更为宏观的视角，新闻报道的源起、论据与结论几乎完全来自数据，所以数据来源就显得尤为重要。大数据资源目前几乎全部由商业公司、政府部门所掌握，少数数据可以通过数据采集获得。因而，这些数据所提供的并非对于世界中立、直接的再现，而是与政治、文化、金钱、权力等因素挂钩。② 将数据来源公开化，能够让读者意识到其背后可能隐含的立场。此外，数据新闻应将对数据处理和分析的方法、使用的软件等技术性工具作为附录在报道末尾呈现，力求将报道生成的逻辑链条与处理过程清晰、公开地展现。

---

① KARLSSON M. Rituals of transparency：evaluating online news outlets' uses of transparency rituals in the United States，United Kingdom and Sweden［J］. Journalism studies，2010，11（4）：535-545.

② GRAY J，BOUNEGRU L. Introduction［R/OL］. https://datajournalism.com/read/handbook/two/introduction/introduction#footnote1.

参与性希望将新闻由媒体的"预设""独断"转化为"与公众共享、对话的集体知识"①，营造"可体验感"。这主要体现在两个方面：一是将用户纳入新闻报道的生产过程中，二是通过新闻产品交互的方式将部分叙事主导权让渡给用户。一直以来，新闻生产过程均由媒体单方面主导，甚至有人用"黑箱"来形容该过程的封闭与不可知的特点。已有媒体对用户参与进行了成功实践。前述《卫报》邀请用户参与众包生产，共同查检英国下议院成员的开支收据。通过与用户对话，媒体得以站在一个全新的视角：不仅能够丰富报道内容、提高报道效率，同时也能在一定程度上抵消媒体自身的价值偏向。此外，产品的交互性让用户可以在互动中"二次生产"出满足个性化需求的报道碎片，同时激发其主观积极性和想象力。

第三节　新闻价值的新发展：视觉新闻价值

霍尔曾指出："新闻价值可以算得上是现代社会中最不透明的意义结构之一。"②所有新闻工作者都在实践中运用以发掘潜在新闻故事，但甚至连使用者都无法具体说清"新闻价值"的明确内涵。在被问到为什么某个事件具有新闻价值时，通常会得到类似"因为他就是有"③的回答。一般认为，新闻价值观主要用于判断某一事实所包含的新闻价值，是界定媒体应该报道什么以及如何进行报道的工具。梵·迪克从新闻机构与社会常规的密切联系角度指出，新闻的生产过程其实是在复制已有的社会结构，特别是精

① 夏倩芳，王艳.从"客观性"到"透明性"：新闻专业权威演进的历史与逻辑［J］.南京社会科学，2016（7）：97-109.
② HALL S. The determinations of news photographs［M］// COHEN S，YOUNG J. The manufacture of news：a reader. Beverly Hills：SAGE Publications，1973：176-190.
③ BRIGHTON P，FOY D. News values［M］. London：SAGE Publications，2007：147.

英人物、组织和国家，因而新闻价值内化了社会话语对经济、政治和意识形态的再现。①

20世纪20年代，李普曼在《舆论学》中阐述了新闻报道选题的基础观点，如报道关注知名场所、反常事件、时效等。虽然他没有明确将"新闻价值"作为独立概念，但在文章之中有使用到这一词语："除非工人组织起来向他们的雇主提出一种要求……如果不费力地达成了和解，其新闻价值也很低……但是，如果工人与雇主的关系破裂而发生罢工或封闭了工厂，新闻价值就增加了。如果这次停工立即影响到报纸读者的利益，或者涉及违反纪律，其新闻价值就更大了。"②1965年，两位学者首次明确在研究中阐释了影响新闻选择的新闻价值。③绝大部分与新闻学相关的书籍都会尝试对新闻价值进行界定和诠释。然而直到现在，学界也未能形成对于新闻价值所包含元素的一致意见。新闻价值观的复杂性源于学者在研究中采取的不同立场和进路。此外，新闻价值是社会文化所赋予的，并非某一事件天然的或内生的（inherent）特性。④其自身也因媒介环境、社会环境、媒介形态的改变而处于流动和变迁状态。

新技术的应用催生了新价值要素的出现，以及已有要素的重新平衡，互联网时代的新闻活动无法使用大众传播语境下的新闻价值观念进行理解⑤。比如，有学者在对《纽约时报》网站进行实地调研后发现，即刻性、互动性和参与性构成了数字时代《纽约时报》记者在实践中遵循的新的新闻价值要素。并由于《纽约时报》在业界所处的重要地位，这些新要素对

---

① 迪克.作为话语的新闻［M］.曾庆香，译.北京：华夏出版社，2003：125.

② 李普曼.舆论学［M］.林珊，译.北京：华夏出版社，1989：224-230.

③ MCQUAIL D. McQuail's mass communication theory［M］. 6th ed. London：SAGE Publications，2010：201-202.

④ BEDNAREK M，CAPLE H. The discourse of news values：how news organizations create newsworthiness［M］.Oxford：Oxford University Press，2017：42.

⑤ 胡翼青，李子超.重塑新闻价值：基于技术哲学的思考［J］.青年记者，2017（4）：11-13.

新闻业的整体实践也产生了深远影响。① 对于主要使用视觉话语的新闻产品，其价值要素构成自然也具有不同于传统的全新发展趋势。

一、中外新闻价值研究综述

我国学者在定义新闻价值方面存在不同看法，根据不同的主体立场可以大致分为三类。徐宝璜认为，新闻价值作为媒体选择的标准，"即注意人数多寡与注意程度深浅之问题也"②。同时，特别强调了新闻报道的时效性和相关性。王泽华也认为新闻价值是新闻记者选择事实的标准③，杜骏飞则将其视为一种"判断新闻原事和新闻文本的意义"的度量。④ 丁柏铨⑤、刘建明等则强调新闻价值对受众需求的满足。刘建明将新闻价值与受众的接受过程联系，提出"现代新闻价值"，以"有用、有益、有效"为出发点，"回归价值的本义"。⑥ 杨保军提出，新闻传播过程具有双重主体——传播主体和接受主体，新闻价值存在于二者的关系之中，不能有所偏废。因此，他将新闻价值定义为"新闻客体的属性、功能对新闻主体的效应"⑦。还有学者将新闻价值分为两个层面：一个是"尺度性新闻价值"——作为事实和素材的选择标准，一个是"功能性新闻价值"——从新闻活动对整个社会的功能性进行考量⑧，类似杨保军在《新闻价值论》中提出的"新闻的价值"。

对于新闻价值系统内的组成元素，我国主要沿用西方学界的观点。有

---

① USHER N. Making news at The New York Times［M］. Ann Arbor：University of Michigan Press，2014：4-5.

② 徐宝璜. 新闻学［M］. 北京：中国人民大学出版社，1994：24.

③ 王泽华. 新闻价值规律与市场经济［J］. 河北学刊，1995（3）：105-109.

④ 杜骏飞. 网络新闻学［M］. 北京：中国广播电视出版社，2001：121.

⑤ 丁柏铨. 论新闻的双重价值标准［J］. 新闻界，2000（4）：28-29.

⑥ 刘建明. 当代新闻学原理［M］. 北京：清华大学出版社，2003：200.

⑦ 杨保军. 新闻价值论［M］. 北京：中国人民大学出版社，2003：22.

⑧ 郝雨. 回归本义的"新闻价值"研究［J］. 上海大学学报（社会科学版），2006（6）：69-74.

研究首次提出了国际新闻报道的价值元素，即相关性、时效性、建议性、可预测性、出乎意料、连续性、组合方式、重要人物、重要国家、负面性。① 其为日后的新闻价值研究打下了基础。赫伯特·J.甘斯（Herbert J. Gans）通过调研美国主流媒体总结了国内新闻报道的新闻价值标准，补充了"趣味性"（interesting）因素，包括人物故事、角色反转、人情味故事、奇闻逸事、英雄故事和绝妙（gee-whiz）故事。② 此后，多位学者尝试总结了不同的新闻价值系统，如将异常性、时效性、显著性、接近性、人情味和重要性视为关键因素③。梵·迪克提出新奇性、新近性、预设（用户已有一定知识和信念基础）、一致性、相关性、反常性和反面性、接近性④；托尼·哈尔卡普（Tony Harcup）和迪尔德雷·奥尼尔（Deirdre O'Neill）重新反思了前人的研究成果，并在此基础上提出了新的价值系统，包含权力精英（故事涉及有权势的个体、组织或机构）、名人、娱乐性（包含性、演艺业、人情味、动物、正在进行的剧集或幽默元素）、惊奇性、坏消息、好消息、重要性、相关性、后续报道和报纸议程（故事设置或符合新闻组织自身的议程）⑤。还有学者从新闻摄影角度入手，提出负面性、时效性、接近性、极端性、精英性、冲击力、新奇性、个性化、协调性和审美性⑥。此外，

① GALTUNG J, RUGE M H. The structure of foreign news：the presentation of the Congo，Cuba and Cyprus crises in four Norwegian newspapers［J］. Journal of peace research，1965，2（1）：64-90.

② GANS H J. Deciding what's news：a study of CBS evening news，NBC nightly news，newsweek，and time［M］. Evanston：Northwestern University Press，2004：155-157.

③ METZ W. Newswriting：from lead to "30"［M］. 3rd ed. New Jersey：Prentice Hall，1991.

④ 迪克. 作为话语的新闻［M］.曾庆香，译.北京：华夏出版社，2003：125-129.

⑤ HARCUP T, O'NEILL D. What is news? Galtung and Ruge revisited［J］. Journalism studies，2001，2（2）：261-280.

⑥ CAPLE H, BEDNAREK M. Rethinking news values：what a discursive approach can tell us about the construction of news discourse and news photography［J］. Journalism，2016，17（4）：435-455.

新闻价值系统中可能存在不同因素的重要性等级，比如名气（celebrity）是其中最主要的一个①；也有学者通过统计读者喜爱的新闻报道发现，最受欢迎的新闻价值是接近性和冲突性。②哈尔卡普和奥尼尔于2017年再次重访对于新闻价值的讨论，提出了在网络传播环境中新兴的新闻价值——"可分享性"（shareability）③，同时否定了"名气"作为主导新闻价值在社交网络上的重要性。

一直以来，在我国获得较高认可度的是经典的新闻价值"五要素说"，包括时新性、接近性、显著性、重要性和趣味性。④然而，在新的媒体环境下，这一经典理论已经丧失了大部分解释力。目前国内关涉新闻价值的研究缺乏对新闻报道全面、系统、深入理解与把握，应从传统新闻的价值研究转向新兴媒介类型、新型传播技术相关的新闻价值研究。⑤其实，学界一直有尝试从不同视角对新闻价值进行重建。2001年杜骏飞就讨论了网络新闻走向统合性的价值观，即异常-寻常性、影响-交响性、及时-全时性、冲突-冲击性、显要-需要性、接近-亲近性和人情-人群性。⑥随着数据新闻的崛起，有学者尝试重新定义了数据新闻视域下的新闻价值，包括准确性、可靠性、易读性、参与性、公共性、适用性等⑦；还有人将"关联性"

---

① O'NEILL D. No cause for celebration：the rise of celebrity news values in the British Quality Press［J］. Journalism education，2012，1（2）：26-44.

② SCHAUDT S，CARPENTER S. The news that's fit to click：an analysis of online news values and preferences present in the most-viewed stories on azcentral.com［J］. Southwestern mass communication journal spring，2009，24（2）：17-26.

③ HARCUP T，O'NEILL D. What is news? news values revisited（again）［J］. Journalism studies，2017，18（12）：1470-1488.

④ 项德生，郑保卫. 新闻学概论［M］.武汉：武汉大学出版社，2000：54-55.

⑤ 杨保军. 准确认识"新闻的价值"：方法论视野中的几点新思考［J］.国际新闻界，2014，36（9）：108-121.

⑥ 杜骏飞. 网络新闻学［M］.北京：中国广播电视出版社，2001：130-151.

⑦ 吴小坤，童峥.数据新闻对传统新闻价值的突破与重构［J］.当代传播，2017（4）：15-19.

视作数据新闻最重要的新闻价值①。有学者从虚拟现实新闻入手考察了价值观的变化，虚拟现实技术所营造的"即时体验"语境弱化了时效的重要性；接近性更加强调心理层面的接近，地理接近的诉求显著降低；可参与性成为虚拟现实新闻的新要素，特别强调用户在虚拟环境中的主动性和融入感。②浸入式技术也使得评判新闻价值的标准不再仅仅取决于媒体的专业判断，"而要在用户和新闻文本的互动及协商中产生"。随着沉浸式新闻的主流化，包含事件自身的"可体验性"及用户进行体验的语境条件将成为新闻价值的首要标准。③

二、视觉新闻价值：新要素的出场

在前述讨论的基础上，本研究提出"视觉新闻价值"，专注视觉话语下的新闻报道实践。有学者建构了"新闻信念模式图"（如图6-3所示），以阐释新闻价值在新闻话语实践中所表现出的不同层面。④在日常的新闻生产活动中，部分实践属于"无异议领域"，对应"信念"（doxa）这一概念。信念作为场域理论的关键概念之一，指那些我们几乎不言明、也不会质疑的看似天生的社会实践，是特定社会"不言而喻的那些假设"⑤。新闻信念指涉一系列显著的、自然的和不解自明的新闻实践规范，特别是编辑和记者想

① 丁明秀.数据新闻：对传统新闻价值判断逻辑的解构［J］.青年记者，2017（2）：11-12.

② 徐帅.虚拟现实与当代新闻业：观念、实践、困境［J］.新闻春秋，2019（3）：63-71.

③ 常江.导演新闻：浸入式新闻与全球主流编辑理念转型［J］.编辑之友，2018（3）：70-76.

④ SCHULTZ I. The journalistic gut feeling: journalistic doxa, news habitus and orthodox news values［J］. Journalism practice, 2007, 1（2）：190-207.

⑤ 本森，内维尔.布尔迪厄与新闻场域［M］.张斌，译.杭州：浙江大学出版社，2017：39.

当然就适用的规则①。同时，还存在"话语领域（或争论领域）"，主要展现为可以被阐释和讨论的新闻判断领域。在这两大领域的基础上，新闻价值又可被划分为三种类型，即信念新闻价值（doxic news values），指业界虽未言说却毋庸置疑的通行理念；传统新闻价值（orthodox news values），指被明确表达的、被一致认可的新闻判断；非传统新闻价值（heterodox news values），指被明确表达的、尚存争议的新闻判断。

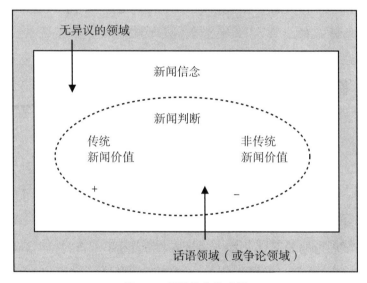

图6-3　新闻信念模式图

已经有许多研究者关注到了视觉在新闻报道中的重要性，将"视听元素"（audio-visuals）划归为新闻价值的因素之一②。对视觉产品来说，视觉性是内化于整个新闻生产过程之中的理念，即属于信念新闻价值。此外，本书无意建构一个兼收并蓄的价值系统，因此对于如重要性、显著性、趣味性等具有延续性和普遍认可度的传统新闻价值不再进一步展开讨论，主要关注新闻视觉产品与其他形式相比的特殊之处，深入剖析传统新闻价值

---

① 　BOURDIEU P. On Television ［M］. New York：The New Press，1998：25.
② 　HARCUP T，O'NEILL D. What is news? news values revisited（again）［J］. Journalism studies，2017，18（12）：1470-1488.

的变迁以及新出现的非传统新闻价值，如可体验性、美学性等。

（一）时新性的暂时退场

时新性一直是影响新闻报道价值的关键因素，在事件发生后第一时间发布与错过时机的"明日黄花"的新闻价值难以相提并论。不过，虽然新闻界一直强调时效是生命线，但在很长一段时间里，新闻都是严重滞后于现实的。比如，在电视刚刚走入家庭时，我国电视新闻的制作周期是一周；不同发行频率的报刊也都有一定的滞后性。卫星直播技术的出现和普及消除了新闻报道的滞后性，电视直播可以让用户实时观看正在发生的事件。到了移动互联网时代，各种形式的媒体通过网络技术实现了"无时差"报道，在突发新闻的报道中各媒体更是争分夺秒以实现报道的首发。

不过，对于现阶段的新闻视觉产品来说，时新性的重要性正在被逐渐弱化。有研究对2018年6月前CNN发布的100条虚拟现实新闻的分析发现，绝大部分都是没有时效要求或时新性较弱的"软新闻"。[1]其他西方主流媒体的虚拟现实新闻也多将时新性置于次要位置。这一方面是受到技术条件的限制，现阶段制作数据可视化新闻或虚拟现实新闻（不包含360度新闻）的周期相对较长，较难满足时效性要求。这也导致数据可视化新闻和虚拟现实新闻大多选择报道软性的或计划性新闻而较少触碰硬新闻；另一方面，虚拟现实技术为用户带来"无时间之时间"的体验，过去、现在、未来都可以被转换为其所经历的当下，时间的概念在虚拟环境中在某种程度上被消解。不过，时新性的退场是暂时的，属于技术因素所导致的不得已的权宜之计。未来，随着制作技术的成熟和门槛的降低，当新的视觉技术如传统视频一样可以即时完成制作之际，硬新闻也会成为被报道的对象，彼时时新性将会重新成为视觉新闻价值的重要组成部分。

---

① 徐帅.虚拟现实与当代新闻业：观念、实践、困境［J］.新闻春秋，2019（3）：63-71.

（二）服务性

国内主流媒体的数据新闻可视化生产正在从"新闻范式"转向"厂商范式"。[①]在"厂商范式"下，专业的新闻报道不再是必需品，差异化、以用户为中心的"信息产品"更受到市场欢迎。这一趋势同样发生在视觉新闻领域。这就要求媒体在新闻生产中除了专业判断，还需融入统合市场逻辑和产品属性的服务思维：从解决用户的"痛点"出发，发现并满足用户不同层面的需求。有学者援引外国研究将需求分为表层需求（want）和真实需求（need），并提出在互联网时代用户的表层需求是适配新场景，而真实需求是实现自我创造。[②]视觉新闻产品需要依据自身技术特色，提供区别于其他媒介形态的信息服务，满足用户的真实需求。其实，服务理念在新闻领域的应用并不是最近才出现的。20世纪初，西方就出现了"服务新闻学"（service journalism）的概念，直到20世纪末才被学界正式定义。新闻媒体帮助用户解决日常生活中的不满之处并警示风险，使用专家建议和知识帮助弥合在生活中浮现出的影响社会合法性和稳定性的裂隙（hairline cracks）。[③]不过，服务新闻学到近年来才在媒体中得到系统性的广泛实践，其主要目的是在数字环境中获取更多用户和营收。将"新闻当作服务"能充分展示新闻信息的价值和潜力，为新闻机构发掘不同的产品形态和路径。[④]在我国，"服务"的理念一直贯穿于新中国新闻事业的发展。我国新

---

① 杨奇光. 媒体融合时代的新闻室矛盾：基于新闻可视化生产实践的考察［J］. 新闻大学，2018（1）：18-26，148.

② 朱传欣. 网络文艺的产品思维刍议［J］. 艺术评论，2018（2）：68-74.

③ EIDE M，KNIGHT G. Public/private service：service journalism and the problems of everyday life［J］. European journal of communication，1999，14（4）：525-547.

④ WEBB A. Journalism as a service［EB/OL］. https://www.niemanlab.org/2016/12/journalism-as-a-service/.

闻媒体在坚持党性原则的同时也"坚持以人民为中心"①，为人民服务。

互联网时代，新闻正"从一种机构特权转变为信息传播生态系统的一部分，种种正式的组织、非正式的组织和众多的个人都杂处在这个生态系统中"②。我国的信息传播已经不再是媒体所独占的资源，大量非专业新闻平台也具有了传播信息的功能，只是由于资质所限不具备独立采访权。比如，2020年新冠疫情期间，微信微博、各大视频和音频平台，甚至是导航、天气、银行等客户端都设置了相关的新闻入口，转载与疫情相关的资讯。在信息空前丰富的环境中，新闻媒体需要依靠产品服务提高自身对于用户的价值，打赢用户注意力争夺战。因而，服务性成为视觉新闻价值的重要因素之一。

（三）可体验性

新闻的服务属性及视觉属性使得可体验性成为视觉新闻价值的重要组成部分。可体验性体现在新闻选题和产品设计两个方面。对于新闻选题，可体验性主要表现为事件能够让用户产生身临其境之感、适合于通过互动或沉浸方式进行表达。比如，具有较大场面的事故、灾难等突发事件或视觉感染力强的社会焦点议题是虚拟现实新闻潜在的选题。③一些具有典型性、重要性的社会焦点和热点题材也可探索其体验特征。④此外，那些能够提供不同于日常生活体验的事件也是报道的不二选择。比如，央视网推

---

① 　陈力丹.坚持以人民为中心的新闻工作导向［J］.国际新闻界，2016，38（7）：6-10.

② 　舍基.人人时代：无组织的组织力量［M］.胡泳，沈满琳，译.北京：中国人民大学出版社，2012：46.

③ 　邱嘉秋.财新视频：利用虚拟现实技术（VR）报道新闻的过程及可能遇到问题辨析［J］.中国记者，2016（4）：90-91.

④ 　柳溪，刘琛.虚拟现实新闻报道的叙事重构与价值转向［J］.中国出版，2019（21）：9-13.

出的《360º全景视频丨不用起早排队 "C位"看天安门升国旗》报道①，天安门升国旗本身不是突发事件，且报道发布的2019年12月23日也并非特殊节日。但该报道却抓住了"C位、近距离、360°全方位"看升国旗这一独特体验。因为即使是在现场观看升国旗，用户也无法获得如此全面和清晰的视角。

在产品设计中，可体验性表现为交互、沉浸等体验式经历。用户不再是单向、被动的接受者，而是可以参与生产和传播对话过程的协商者。如果说传统的信息传播停留在二维层面，那么新兴的视觉技术为用户打造了三维体验——从听别人的故事转变为经历自己的故事。这样的体验感和与个体的紧密关联性可以激发用户对于信息更深层次的认知，同时能够提升新闻的趣味性，进而增加用户对媒体的好感度和依赖性。一些学者担心，可体验意味着媒介框架作用的削弱。作为新闻生产的重要部分，媒介框架保证了信息快速、高效的处理。同时，通过刻意凸显、阐释和表现某些符码②，实现限制某些意义的效果③。而体验感则消解了对意义的限制。其实，在体验场景中，用户仍旧在新闻媒体所预设的框架内部进行解码，虽然框架范围稍有扩大，但仍然可以完成话语组织和产品生产的功能。

（四）审美性

"美作为感性与理性、形式与内容、真与善、合规律性与合目的性的统一，与人性一样，是人类历史的伟大成果……"④一位西方学者曾形容"审

---

① 360°全景视频丨不用起早排队 "C位"看天安门升国旗［EB/OL］.（2019-12-23）［2020-03-30］. http://v.cctv.com/special/webapp/70room/cwksq/index.shtml?spm=C90324.PcuO2udO9jWp.EVMHpvejiyqO.

② O'SULLIVAN T，HARTLEY J，SAUNDERS D，et al. Key concepts in communication and cultural studies［M］. 2nd ed. London and New York：Routledge，1994：122-123.

③ 塔奇曼.做新闻［M］.麻争旗，刘笑盈，徐扬，译.北京：华夏出版社，2008：194.

④ 李泽厚.美的历程［M］.北京：生活·读书·新知三联书店，2009：217.

美的快乐是天国的快乐而非人间所有"①，美能够给予人类精神的愉悦。视觉与美直接相关，审美性也因此成为衡量以视觉为主导的新闻产品价值的关键因素。美不仅是一种视觉享受，对于人类的选择和行动也存在重要影响。有研究发现，两款拥有相同工作原理、按键数量和操作方式的自动取款机，其中一台在按钮和屏幕布局上设计得更加美观的机器被人们认为更加好用。同样的取款机被放置在以色列进行实验，也取得了相同的效果，甚至效应更强。②可见，在不同的文化环境中，美观都起到了非常重要的作用。美可以唤起人类的积极情绪，进而影响人们思考和解决问题的途径。

新闻传播学领域一直忽视了审美的作用，视觉性的回归使得研究者们发现了美学价值的重要性。美是可视化所需要追求的终极效果，包括新奇性、知识性、高效性和审美等标准。③图像之美能够激发用户对新闻画面内容的欣赏和理解。④有学者对上游新闻客户端VR频道的229条新闻主题进行统计发现，占比最大的（44%）是有关自然风景或城市建筑的报道，排在第二的社会新闻仅占18%。⑤在新闻的视觉化生产过程中，美不仅体现在画面安排、设计以及颜色、光线等技术层面上，还隐藏在内容的深层结构之中。对美的追求可以从根本上拒斥作为纯粹视觉快感或"欲望挑逗"的新闻，避免使用低劣手段过度刺激用户情绪。更重要的是，审美体验提供了一条理解事实叙述的路径，而这在理性和经验主义框架下不容易得到解释。⑥新闻作为一种确证已经存在的"世界图像"的工具，出现了思想板结

---

① 滕守尧.审美心理描述［M］.成都：四川人民出版社，1998：287.
② 诺曼.情感化设计［M］.付秋芳，程进三，译.北京：电子工业出版社，2005：2-3.
③ ILIINSKY N. On beauty［M］// STEELE J，ILIINSKY N. Beautiful visualization：looking at data through the eyes of experts. Sebastopol：O'Reilly，2010：1-13.
④ BEDNAREK M，CAPLE H. 'Value added'：language，image and news values［J］. Discourse，context & media，2012，1（2-3）：103-113.
⑤ 严悦，张兢."眼见为虚"：浅析国内VR新闻生产现状——以上游新闻客户端VR频道为例［J］.视听，2019（1）：162-164.
⑥ LITHGOW M. Defying the news：new aesthetics of "truth" in popular culture［J］. Canadian journal of communication，2012，37（2）：281-302.

（an ideological sclerosis）的倾向。审美性与生俱来的穿透刻板印象、陈腐术语和过时符码的艺术展示力能够保护新闻免于屈从和僵化。[①] 审美不仅在再现层面，也在思维结构层面为新闻注入了新的活力。

① JONSSON S. Facts of aesthetics and fictions of journalism: the logic of the media in the age of globalization [J] . Nordic information centre for media and communication research, 2004, 3 (4): 57-68.

结　语

当世界被当作视觉对象来把握的时候，它表达的并不是世界存在本身，而是体现人类主体价值和欲望的意识形态……由视像技术构成的数字图像，满足着人类实现自身价值的普遍梦想和欲望，影响着人们的生存方式和态度。①

"媒介即讯息"，这是麦克卢汉享誉世界的警语。他曾做过一个形象的比喻：媒介内容只是"一片滋味鲜美的肉"，盗贼用它来涣散看门狗的注意力。在他看来，和内容相比，真正重要的是媒介本身。媒介作为人的延伸，二者是相互影响、相互作用的。"从生理上说，人在正常使用技术（或称之为经过多种延伸的人体）的情况下，总是永远不断受到技术的修改。反过来，人又不断寻找新的方式去修改自己的技术。"②新技术的出现与应用会在某种程度上改变信息以及人的感官和认知能力，进而影响创造新技术的社会。这一论调因其带有的技术决定论倾向而被许多学者批判，但媒介对于人类及社会的重要影响却是毋庸置疑的。

李普曼在18世纪初就意识到新闻媒介所再现的并不是现实世界，并提出"拟态环境"（pseudo-environment）的概念，即经由媒介对象征性事

① 李鸿祥.视觉文化研究：当代视觉文化与中国传统审美文化［M］.上海：东方出版中心，2005：336-337.
② 麦克卢汉.理解媒介：论人的延伸［M］.何道宽，译.南京：译林出版社，2019：66.

件或信息进行选择和加工、重新结构化之后的环境，是一种想象的现实。李普曼将其归因于审查制度、人的局限和新闻机构的选择与曲解。哈罗德·D. 拉斯韦尔（Harold D. Lasswell）将新闻视作公众获取无法从其他地方获得的信息的渠道，能够在复杂的社会发挥协调功能。① "新闻是人们了解世界的窗口。"② 盖伊·塔奇曼（Gaye Tuchman）在《做新闻》的一开篇就提出了这一观点。通过民族志研究，她进一步印证了新闻机构借助信息传播，不仅传播知识，同时也"规范着知识"③。北美传播学三大学派之一的媒介环境学派（media ecology）④ 提出"媒介即环境"，并将其划分为三个层次：符号环境、感知环境和社会环境。不同媒介形成不同的感知环境和符号环境，影响人对于世界的感知、认识；媒介本身处于社会环境中，符号结构也会影响人的互动和文化的生产。人类愈发沉浸于媒介环境并借助这一透镜理解世界、采取行动，媒介反过来建构着人类的日常生活。⑤ 这就要求我们在深入研究媒介变迁规律的同时，也要及时反思和批判随之可能产生的问题。

视觉将抽象的概念形象化，帮助人类更加简洁、直观、高效地认识复杂世界。不过，这种直观简易可能养成人类的思维惰性。甚至有学者将影像和碎片化叙事称为"视觉废墟"，并担心人类适应这种视觉刺激后会失去深层意义和情感的领悟力。⑥ 视觉不可避免地带来对痛苦的弱化与麻木。

---

① LASSWELL H D. The structure and function of communication in society［J］. The communication of ideas，2007（24）：215-228.

② 塔奇曼. 做新闻［M］. 麻争旗，刘笑盈，徐扬，译. 北京：华夏出版社，2008：30.

③ 塔奇曼. 做新闻［M］. 麻争旗，刘笑盈，徐扬，译. 北京：华夏出版社，2008：30.

④ 国内学界亦有"媒介生态学"的译法，不过考虑到一是与国内已经存在的、具有政治经济学派色彩的"媒介生态学"相区别，二是"环境"更加贴合学派自身的特点和观念，故在本书中译为"媒介环境学"。

⑤ TURNER R. Words，utterances and activities［M］// Ethnomethodology. Baltimore：Penguin Books，1974：197-215.

⑥ 蔡骐. 文化·社会·传播［M］. 长沙：湖南大学出版社，2007：248.

"对于电影而言，对于当代心理学而言，眩晕、愉悦、痛苦、爱恨情仇，都不过是若干举止罢了。"①再加上数字技术特别是虚拟现实等沉浸式技术，能够营造比现实生活更加精彩的场景，借助美颜、滤镜、CG合成等形式，不断展示并放大灾难、事故、犯罪抑或田园、美好、壮阔等具有冲击力的视觉因素，使得虚拟场景比平淡现实更具感染力和诱惑力。一方面，强烈的刺激提高了人类的感官阈值，在心理机制的作用下可能导致日常生活中的情感麻木；另一方面，虚拟似乎也在逐渐遮蔽甚至替代现实。影像虽然记录下了事物的真实样貌，但并不是真实本身。视觉影像只是截取了现实的一个片段，剥离了语境的影像只是"孤立的真相"并不是完整现实的再现。②就如鲍德里亚所描述的拟像发展的第四个等级，符号不只是表征现实，它就是它自身。复制的过程脱离了真实本身，而是"从另一种复制性中介"发起，因此其不再是真实的再现，而成为"否定和自身礼仪性毁灭的狂喜"③——拟像的自我复制使得社会进入了"超真实"的状态。

　　超真实意味着影像与现实不再有任何关联，它变成了纯粹自身的拟像，区分真实与虚假已经是不可能的了。人们身边充斥的视觉图像不再是客观、清楚认识事物的途径，反而成为消解真实的异质性拟像。"在这一真正颠倒的世界，真相不过是虚假的一个瞬间。"④鲍德里亚还借用了麦克卢汉的"内爆"概念，描述符号无休止地增长和传播导致界限、差异、意义的瓦解和丧失。⑤他对于后现代过于悲观的情绪招致了不少批判，但也为我们提供了反思的新视角。

　　在一段时间内，视觉将作为媒介的主导形态。若长期以视觉思维主导，

① 梅洛–庞蒂.电影与新心理学［M］.方尔平，译.北京：商务印书馆，2018：25-26.
② 徐开彬，段永杰.西方视觉传播研究的焦点问题与趋势展望［J］.西安交通大学学报（社会科学版），2019，39（1）：121-129.
③ 波德里亚.象征交换与死亡［M］.车槿山，译.南京：译林出版社，2006：94.
④ 德波.景观社会［M］.王昭风，译.南京：南京大学出版社，2006：3.
⑤ 仰海峰.超真实、拟真与内爆：后期鲍德里亚思想中的三个重要概念［J］.江苏社会科学，2011（4）：14-21.

很可能会导致自我与他人的隔离、"人与世界的疏离"①。媒介技术回归人类身体的发展趋势将指向自然的认知，视觉化未来会变成"全觉"②的媒介系统。在这一趋势下，触觉将成为重要的渠道之一。其作为具身认知的首要器官，可以对世界形成具体感知。乔治·柏克莱（George Berkeley）在其《视觉新论》中区分了视觉观念和触觉观念，视觉的直接感知对象只有光和色，而认知距离、形相、体积、位置等因素实际上是触觉的：视觉通过光、色"标记"事物，真正形成认知的其实是触觉观念。很多人将二者混淆是因为在思想中它们紧密相连，是人类习惯、经验和暗示的结果。③柏克莱对触觉的关注为理解感知系统提供了新的视角，也揭示了人类感知系统的整体性。未来主义者F.T.马里内蒂（F.T. Marinetti）更是提出了"触觉主义"（Tactilism），认为触觉是一切感觉的基础："视觉、嗅觉、听觉和味觉，都是由触觉这种单纯而灵敏的感觉转换而来。"④视觉产生于视网膜与反射光线的接触，嗅觉产生于嗅黏膜与气味分子的接触，听觉产生于鼓膜与声波的接触，味觉产生于味蕾与味分子的接触。有学者批判了视觉文化对人类超越性和自由性的桎梏，提出超越视觉文化、聚焦触觉文化。⑤他们引用伯格曼将信息划分为三种形态：自然信息，即有关现实的信息；文化信息，即为了现实的信息；以及技术信息，即作为现实的信息。视觉文化中，社会的主导信息方式是技术信息，触觉信息则包含了前信息时代的自然信息和文化信息，可凸显"人对现实生活世界的持续的在场参与性"。触觉文

---

① 朱平.感官联觉机制的历史书写：从古代绘画到当代艺术［M］.北京：中国美术学院出版社，2019：23.

② 杨保军.扬弃：新闻媒介形态演变的基本规律［J］.新闻大学，2019（1）：1-14，116.

③ 柏克莱.视觉新论［M］.关文运，译.上海：商务印书馆，1957.

④ 转引自谢宏声.图像与观看［M］.桂林：广西师范大学出版社，2012：163.

⑤ 李波，李伦.对待信息的伦理态度：从视觉文化到触觉文化［J］.云南社会科学，2017（3）：21-28，185.

化能够避免人类生存经验和本性的退化。不同于西方哲学对精神化"视觉"的关注，中国哲学重视身体性的"触觉"，古人的"温度伦理"、"痛感文化"、古代艺术、功夫等都展现出经由触觉把握活动的特征，是克服"思进身退"、身体麻木等现代病的解决方案。①

　　视觉向触觉的发展可以恢复人体的感知平衡，虚拟现实可以被视为二者之间的一种过渡类型。然而，触觉转向真的能够解决视觉文化中的表象与拟像问题吗？触觉传播可能会带来比视觉传播更为彻底、颠覆的主体性问题。鲍德里亚就曾表示，视觉世界中由于人与影像之间更加显著的间离效果，反思还是可能的。然而，当作为感官相互作用结果的触觉在影像刺激下摆脱身体存在的时候，其构建了一种仿真的传播图式。在这里，"信息使自己成为'信息'，成为触手般的煽动，成为测试"②。彼时，鲍德里亚指的还是电视影像对于触觉感官的调动，而当人类真正走进了触觉传播时代时，虚拟场景的感染力、真实感都必然更加强烈多倍。就像电影《黑客帝国》中尼布甲尼撒的舰长墨菲斯的反问："什么是真实的？你如何定义真实？如果说的是那些你能够感受到、能够闻到、能够尝到和看到的东西，那么真实就只是你的大脑翻译的电信号。"在这样的虚拟世界中，人类依然可以实现人与自然、身体与心灵的统一。一切都与现实相同，如现实般真实，只不过它是虚拟的。虚拟还意味着无限的可能性。赛博空间作为"一种全新的栖居环境"，允许人们参与整个文明的终极再创造。③甚至人类可以成为全知全能的造物主，按照自己的愿望创造自己"理想国"。人类在现实生活中惨淡经营，哪怕身心俱疲也要终其一生奋力追求幸福。如果在虚拟世界中，人类可以直接过上他/她所希望的幸福生活，不必再经历现实中

① 张再林.触觉与中国哲学［J］.江苏行政学院学报，2017（4）：5-17.
② 波德里亚.象征交换与死亡［M］.车槿山，译.南京：译林出版社，2006：83.
③ 翟振明.有无之间：虚拟实在的哲学探险［M］.北京：北京大学出版社，2007：3-4.

的辛苦，那么我们现在所努力辩护的"现实"还有意义吗？这似乎又回到了人类生命意义的终极哲学问题。技术迭代将引领新的媒介时代到来，这也势必引发人类社会、文化的再次革命，我们呼唤面向未来的规律性研究和批判性思考，以实现更加智慧地生存。

图书在版编目（CIP）数据

中国新闻生产的视觉逻辑变迁 / 王晓培著.—北京：中国国际广播
出版社，2024.3
ISBN 978-7-5078-5533-3

Ⅰ.①中…　Ⅱ.①王…　Ⅲ.①新闻工作－研究－中国　Ⅳ.①G219.2

中国国家版本馆CIP数据核字（2024）第057315号

中国新闻生产的视觉逻辑变迁

著　者	王晓培	
责任编辑	笑学婧	
校　对	张　娜	
版式设计	邢秀娟	
封面设计	赵冰波	

出版发行	中国国际广播出版社有限公司 ［010-89508207（传真）］	
社　址	北京市丰台区榴乡路88号石榴中心2号楼1701	
	邮编：100079	
印　刷	环球东方（北京）印务有限公司	

开　本	710×1000　1/16	
字　数	230千字	
印　张	15.25	
版　次	2024 年 3 月 北京第一版	
印　次	2024 年 3 月 第一次印刷	
定　价	48.00 元	